JN098248

経済学叢書 Introductory

# 読んで理解する
# 経済数学

多鹿智哉

新世社

# はしがき

　本書は数学を受験科目として使用しなかった，あるいは使用したけれど数学力にイマイチ自信がない私大文系の経済経営系学部の1，2年生などの学生に向けたもので，日本大学経済学部1年生向け講義である「基礎数理」，「経済数学Ⅰ，Ⅱ」および北星学園大学経済学部1年生向け講義である「経済数学基礎」，「経済数学」の講義ノートに基づいています．経済学入門の講義や学部初級レベルのミクロ経済学，マクロ経済学で使う数学はほとんどカバーしていますが，網羅的にはせず，あまり使わないものは省いています．テクニカルなものもなるべく避けています．一般性や厳密さよりもわかりやすさ・読みやすさを優先しています．

　高校で数学 ⅠAⅡ までひととおり学習した（理解は前提としない）ことは前提としますが，その知識がなくとも読めるように書いています．

　本書の執筆に際して，多くの方にご協力を賜りましたことをここに注記しておきます．安藤至大，栗田健一，小井田伸雄，新谷昌也，豊福建太，中村靖彦，南ホチョル，庭野稜大，山邑紘史，ならびに新世社編集部の御園生晴彦の各氏（敬称略）には本書の草稿をお読みいただき，また貴重なご意見を賜りました．さらに北星学園大学および日本大学における著者の講義の受講者の皆様とのやりとりが本書の記述に反映されております．この場を借りて皆様に感謝いたします．言うまでもなく，本書のすべての誤りの責任は著者に帰属します．

　誤り等見つけられましたら著者（✉tomoyatajika@gmail.com）までご連絡いただけましたら幸いです．

　　2023 年 3 月 3 日

　　　　　　　　　　　　　　　　　　　　　　　多鹿　智哉

# 目　次

目
次

# はじめに

## 注意事項（はじめに読むこと）

　本書は当たり前のこともちゃんと書くという方針です．一部の読者には常識かもしれませんが，下記の注意事項をよく読んでください．

- 話の本筋には影響しないが，関係する事柄，発展的な内容，あるいは行間を埋めるための説明は脚注に書いています．脚注があることを記す記号は * と数字が説明を追加する対象の文の右上に小さく書いてあります*1．その説明自体はページの下部に書いてあります．読んでいて「少し気になるな」というところがあった場合や「この記号はどういう意味だろう」，「もうちょっと説明がほしい」と思ったときに脚注の記号があればそれを読んでみましょう．

- 章末には練習問題をつけています．理解の確認のために練習問題を解いてみましょう．さらに本書にはウェブ付録があり，そこでは解答例および追加問題があります．

- 練習問題が解けないときや読んでいてわからないときは，用語の意味がわかっていない可能性があります．そんなときは，その用語がどういう意味で使われているか（定義）を確認してみましょう．定義はその用語が初めて出てくるページに書かれていることがほとんどです．索引などを使って，その用語がどういう意味で使われているかを確認しましょう．

- 本書では具体的な数字だけでなく，アルファベットなどの文字を使います．よく使うのは英字アルファベットとギリシャ文字の一部，$\alpha$，$\beta$，$\delta$，$\varepsilon$，$\lambda$，$\pi$などです*2．数学で文字をたくさん使う理由は具体的な数字で成り立つ話がしたいのではなく，一般的な（つまり具体

---

*1　これが脚注です．

例だけによらない）話をしたいからです*3. 一般的に成り立つことが言えるなら，いちいちこの場合はどうか，あの場合はどうかのように考える必要がなくなり，応用の可能性が広がります．ただし，具体例で考えることは理解の第一歩であるので，文字で書かれていて，わからないことがあれば具体的な数字を代入して考えてみましょう．逆に，具体的な数字だけで書いてあるところはもっと一般的に言うことができないか，と考えてみてください．

- ほとんどの教科書や論文には試行錯誤の過程は書かれていません．しかし，実際にはあーでもない，こーでもないと言いながら何回も色々な方法を試したり書き直したりしています．ですので，「こんな方法思いつかない！」などと諦めたりせず，試行錯誤して考えてみましょう．

- 数式だけでなく，言葉や図による直観も大事です．自分の言葉で考えたり，図を描いて考えてみることも大事です．本書では（類書よりも）言葉による説明を多めにしています．また，静止した図だけではわかりにくいところには動画も用意していますので QR コードからアクセスしてみてください．

- ★のついた節は他と比べて難易度の高い節です．すぐには理解できないかもしれませんので後回しにしてよいでしょう．★がついてなくても難しいと感じる箇所があるかもしれません．そんなときはそこは後回しにして，わかるところからどんどん進んでいき，つまったらあとで戻ってくればいいのです．このように本書は行ったり来たりしながら読んでください．

---

*2  $\alpha, \beta$ は $a, b$ のように普通の文字として使う場合が多いです．$a, b$ とは違うけれど似た役割をする文字を表現するときに使うと効果的です．たいていは $a, b$ などのアルファベットを使い切ったときに使います．$\varepsilon$ は非常に小さい数字を表現するときに使われます．後で出てきますが，経済学においては割引因子という概念には $\delta$ を，利潤という概念には $\pi$（円周率ではない）を使うことがあります．

*3  対義語は「特殊」です．例文としては以下のとおりです．「$x = x$ という等式は特殊な数字だけで成り立つのではなく，$x$ がどんな数でも一般的に成り立ちます．」

## サポートページについて

本書にはウェブ付録があり，以下のものが含まれます．

1. 本書の章末にある練習問題の解答例
2. 追加の練習問題
3. 本書の補足事項

ウェブ付録はサポートページにあり，サポートページには新世社ウェブサイト（https://www.saiensu.co.jp）にある本書のサポート情報欄か，あるいは以下の QR コードからアクセスできます．

# 1 基礎の計算

## 1.1 四則演算

まずは実数*1の計算を扱います．実数の基本的な計算方法は 4 種類，足し算（加法），引き算（減法），かけ算（乗法），割り算（除法）があります．これを**四則演算**と呼びます．足し算の記号には ＋，かけ算の記号には × あるいは・が使われます．かけ算の記号は × を使うか省略しますが，$x$ とまぎらわしいときには・をかけ算の記号として使うこともあります．例えば $a$ と $b$ のかけ算は $a \times b$，$a \cdot b$ あるいは $ab$ と書いたりします．

四則演算には次の法則が成り立ちます*2．まずは軽く眺めてみて，その後の説明を読んでみましょう．

**結合法則（加法）** すべての実数 $a, b, c$ について，$a + (b + c) = (a + b) + c$ $= a + b + c$

**結合法則（乗法）** すべての実数 $a, b, c$ について，$a \times (b \times c) = (a \times b) \times c$ $= a \times b \times c$

---

*1　$0, 1, 2$ などの自然数，$-1, -5$ などの負の数，$\frac{1}{2}$，$-\frac{3}{4}$ などの有理数に加え，$\sqrt{2}$ のような無理数などを含む数のことです．実数が何かは本書では重要ではないので，何となく普通の数だなあと思っていても問題ありません．

*2　実数 $a$ というのは $a$ という名前の実数です．そこに「すべての」とついていれば $a$ は実数であれば $1$ でも $-83.34$ でも $\pi$ でも $\sqrt{3}$ でも $0$ でも何でも代入してよい，何を代入してもその等式は成立すると言っているのです．ただし，条件をつける場合もあります．例えば $0$ でない実数 $a$ といえば $a$ に $0$ を代入してはいけません．

**交換法則（加法）** すべての実数 $a, b$ について，$a + b = b + a$

**交換法則（乗法）** すべての実数 $a, b$ について，$a \times b = b \times a$

**分配法則** すべての実数 $a, b, c$ について，$a \times (b + c) = (b + c) \times a = a \times b + a \times c$

**加法の単位元** すべての実数 $a$ について，$a + 0 = 0 + a = a$

**加法の逆元** すべての実数 $a$ について，$a + (-a) = 0$ を満たす実数 $-a$ がある．

**乗法の単位元** すべての実数 $a$ について，$a \times 1 = 1 \times a = a$

**乗法の逆元** 0 でないすべての実数 $a$ について，$a \times \left(\frac{1}{a}\right) = 1$ となる実数 $\frac{1}{a}$ がある．

**非自明性** $1 \neq 0$

　結合法則は，足し算，かけ算ともに計算する順番はどのようにしてもいいということです．通常，カッコの中身から先に計算します[*3]．$1 + (2 + 3)$ であれば $2 + 3$ を先に計算して，そのあとにその計算結果に 1 を足します．カッコがないとどう計算していいのかわからなくなったり，間違いのもとになるので，できるだけ**カッコをつけましょう**[*4]．

　交換法則は足し算，かけ算ともに順番を入れ替えても計算結果は同じだということです．$2 \times 3$ も $3 \times 2$ もどちらも 6 ですよね．分配法則はカッコを展開[*5]する方法とでも言えましょう．例えば $2 \times (4 + 5) = 2 \times 4 + 2 \times 5 = 18$ です．これはカッコの中を先に計算して $2 \times 9 = 18$ としても同じです．

　加法の単位元とは難しそうな用語ですが，要は 0 のことです．何に足して

---

[*3] かけ算と足し算がまざった式ではかけ算のほうを先に計算します．例えば $2 + 3 \times 4$ であれば $3 \times 4 = 12$ を先に計算し，それに 2 を足して 14 です．

[*4] なお，カッコには丸カッコ (,)，角カッコ [,]，波カッコ {,} がありますが，数式の整理のときにはどれを使ってもいいです．ただし，後の章でそれぞれのカッコが特殊な意味を持つときがあり，その場合には指定されたカッコを使う必要があります．

[*5] カッコを展開するとはカッコを外すこと．逆に共通の項を使って数式をまとめる作業を「くくる」「くくり出す」といいます．例えば「$ab + ac$ を $a$ でくくる」とは $ab + ac = a(b + c)$ と変形する作業のことです．

も変わらない数として定義されます*6.

逆元も難しそうな用語ですが，これはマイナスのついた数のことです．$-a$ とは $a$ に足してちょうど 0 になる実数として定義されます．例えば 10 の逆元は $-10$ で，実際 $10 + (-10) = 0$ になります．

乗法についても同様に単位元を定義できます．これは何にかけても変わらない数ということで，1 のことです．逆元についても 1 を使って定義します．$\frac{1}{a}$ とは $a$ にかけてちょうど 1 になる実数です．$\frac{1}{a}$ の代わりに $(1/a)$ という表記も使われます*7．また，$\frac{b}{a} = b \times \frac{1}{a}$ と定義します．$\frac{b}{a}$ は「$b$ を $a$ で割る」と読みます．

最後の非自明性は 0 と 1 は違うということを言っているだけです．

これらの法則は全く当たり前で取るに足りないものと思われるかもしれません．当然です．計算のルールとは日常の当たり前に成り立つ計算法則を集めたものなのです．逆にこれが成り立たないような世界は異世界です．計算法則のような当たり前のルールを示しておく理由の一つは，「私たちが今から考える数学の世界というのは現実離れした異世界ではないですよ」ということをハッキリさせるためのものです．逆に言えばルールをハッキリさせないと現実の話をしているのか，現実離れした異世界の話をしているのかがわからなくなります*8．現実と異世界をまぜこぜにして話をしても多くの場合は混乱を生み出すだけなので定義をちゃんと示しておくのは大事なことなのです．

しかしながらこれだけの当たり前の法則から言えることは色々あります．この「言えること」がなぜそう言えるのかを論理的に隙（すき）なく説明することを「証明する」といいます（あるいは単に「示す」ともいいます）．次の例では四則演算の法則を使って，「証明」をどのように行うかというのを見ていきます．難しいところもあるかもしれませんが，証明の雰囲気がつかめればOK です．

---

*6 定義とは，その用語や記号をどういう意味で使うかを決めることです．数学では定義が非常に大事です．何かわからなくなったときは定義がどんなものだったかを復習しましょう．

*7 ただし $1/a$ という表記では意味がわかりにくくなります．例えば $1 + a/cb$ だと $\frac{1+a}{cb}$ なのか $1 + \frac{a}{c}b$ なのか $1 + \frac{a}{c}b$ なのかがわかりません．$(1+a)/(cb)$ のように必ずカッコをつけて分母分子をわかりやすく書くようにしてください．

*8 異世界の話をしてもいいですが，そのときはそうわかるように書きましょう．

## 例1. 「どんな実数に 0 をかけても 0」

この事実はどのようにして成り立つのでしょうか. これを四則演算の法則たちを使って確かめてみましょう. まず加法の単位元である 0 の定義から, 何に 0 を足しても変わらないので以下の等式が成り立ちます.

$$0 + 0 = 0$$

上の式の両辺に $a$ をかけると分配法則によって次のように変形できます.

$$a \times (0 + 0) = a \times 0 \quad (両辺に a をかける)$$
$$\Rightarrow \quad a \times 0 + a \times 0 = a \times 0 \quad (分配法則で展開)$$

ただし右にあるカッコの中身はどういう変形をしたかの説明を, 二行目の矢印 ⇒ は等式を変形したことを示しています[*9].

さて, これの両辺に $a \times 0$ の逆元 $-a \times 0$ を足せば以下のとおりです.

$$a \times 0 + a \times 0 + (-a \times 0) = a \times 0 + (-a \times 0) \qquad (1.1)$$

ここで灰色で塗っている部分は逆元の定義より $a \times 0 + (-a \times 0) = 0$ となります. すると式 (1.1) は次のように変形できます.

$$a \times 0 + 0 = 0 \qquad (1.2)$$

0 は加法の単位元なので $a \times 0 + 0 = a \times 0$ です. これを式 (1.2) の左辺に代入してめでたく $a \times 0 = 0$ だということが証明されました. $a$ は適当にとってきたので[*10], どんな実数に 0 をかけても 0 ということです.

---

[*9] 読者自身が自身のノートで式を展開するときも同じように書いてみましょう. そうすると自分の考えた過程がわかり, 後で見返しやすくなります. こういうことをやらないと後でわからなくなるのでめんどくさがってはいけません.

[*10] 「適当にとってきた $a$」というのは特定の数字だけに許される何か特別な性質を使っていないということです. 四則演算のルールで紹介したどんな実数にも許される操作しか使わなければどんな実数についてもそのように変形できるということです.

## 例2.「$(-1) \times (-1) = 1$ である」

これも四則演算の法則を用いて証明できます．実際，まず定義から次の等式が言えます．

$$1 + (-1) = 0$$

この式の両辺に $(-1)$ をかけると以下の式が成り立ちます．

$$(-1) \times (1 + (-1)) = (-1) \times 0$$

例1 で学んだように右辺は 0 です．さて左辺を分配法則によって展開すると次のようになります．

$$(-1) \times 1 + (-1) \times (-1) = 0$$

1 が乗法の単位元であることから $(-1) \times 1 = -1$ となります．よって以下の等式が成立します．

$$-1 + (-1) \times (-1) = 0$$

ここで両辺に 1 を足しましょう．すると次のように変形できます．

$$1 + (-1) + (-1) \times (-1) = 1 + 0$$

逆元の定義から再び $1 + (-1) = 0$，また加法の単位元の定義から $1 + 0 = 1$ です．ゆえに以下の等式が成立することになります．

$$0 + (-1) \times (-1) = 1$$

したがって再び加法の単位元である 0 の定義から次の結論を得ます．

$$(-1) \times (-1) = 1$$

-------------------------------------------------------------

**例3.**「0で割ってはいけない」

　最後に，0で割ってはいけないという常識がなぜ必要か考えてみましょう．これを証明するために，「0で割るのがOKである世界」を考えてみます．もしこの世界でおかしなことが起きるならば「0で割るという操作」が悪さをしていることになり，そんな操作は禁止にしてしまったほうが都合がいいでしょう[*11]．

　さて「0で割るのがOKである世界」の話です．もしそんな世界があれば0の乗法の逆元として$\frac{1}{0}=b$という実数$b$があります．これに両辺0をかけてみましょう．すると次の変形ができます．

$$0 \times \frac{1}{0} = 0 \times b \quad \text{(両辺に0をかける)}$$
$$\Rightarrow \quad 1 = 0 \times b \quad \text{(逆元の定義)}$$
$$\Rightarrow \quad 1 = 0 \quad \text{(何に0をかけても0)}$$

よって$1=0$となる世界が誕生します．これは非自明性に反しますし，こういう世界は我々が見てきた世界とは異なり，あまり見ても仕方がないので，0で割るという操作を定義しないのです．

--------------------------------------------------

# 1.2　数式変形

　前節で何となくやってきたことですが，数式を変形してわかりやすい形に直すことがあります．数式変形におけるルールを以下で述べていきます．

## 1.2.1　等号の変形

　まずは等号で結ばれた数式の変形です．等式は，次のようなことをしても，左辺と右辺が等しい関係であることは変わりません．

---

[*11] このように「証明したいこと」を否定して，その結果，他の前提に矛盾することを示すことでその「証明したいこと」が正しいということを示す方法を**背理法**と呼びます．これは数学のいろんなところで使われます．

## 操作1. 同じ数を足す／引く

例えば $a = b$ という等式があったとしましょう．この場合，繰り返しになりますが，同じ数 $c$ を両辺に足す（あるいは引く）ことをしても左辺と右辺が等しいことは変わりません．

$$a = b$$
$$\Rightarrow \quad a + c = b + c \quad (c \text{ を両辺に足す})$$

もし $c = d$ という関係がわかっているのなら，以下のような変形も可能です．

$$a = b$$
$$\Rightarrow \quad a + c = b + c \quad (c \text{ を両辺に足す})$$
$$\Rightarrow \quad a + c = b + d \quad (c = d \text{ を右辺の } c \text{ に代入する.})$$

また，この方法を応用して，「移項」と呼ばれる変形もできます．つまり $a = b + c$ という等式があれば両辺に $-c$ を足すことで以下のような変形をします．

$$a = b + c$$
$$\Rightarrow \quad a - c = b + c - c \quad (-c \text{ を両辺に足す})$$
$$\Rightarrow \quad a - c = b + (c - c) \quad (c - c \text{ を先に計算（結合法則）})$$
$$\Rightarrow \quad a - c = b + 0 \quad (c - c = 0 \text{ より（逆元の性質）})$$
$$\Rightarrow \quad a - c = b \quad (+0 \text{ は省略可能})$$

移項と言われると右辺から左辺へ項が（この場合は $c$ が）移動したような印象を受けますが，実際にやっていることは同じ数を足すことです．なのでその操作をするときは**どの数を両辺に足したのか**を意識しなければいけません．

## 操作2. 同じ数をかける

例えば $a = b$ という等式があったとしましょう．この場合，同じ数 $c$ を両辺にかけたとしても右辺と左辺が等しいということに変わりありません．

$$a = b$$
$$\Rightarrow \quad a \times c = b \times c$$

もし $c = d$ という関係がわかっているのなら，同じ数を両辺に足すときと同じように，以下のような変形もできます．

$$a = b$$
$$\Rightarrow \quad a \times c = b \times c \quad (c \text{ を両辺にかける})$$
$$\Rightarrow \quad a \times c = b \times d \quad (c = d \text{ を右辺の } c \text{ に代入する})$$

また，この方法を応用して，かかっている数を移動させることもできます．例えば $a = b \times c$ という等式があれば $c \neq 0$ であるとき，両辺に $1/c$ をかけることで次のような変形ができます．

$$a = b \times c$$
$$\Rightarrow \quad a \times \frac{1}{c} = b \times c \times \frac{1}{c} \quad \left(\frac{1}{c} \text{ を両辺にかける}\right)$$
$$\Rightarrow \quad a \times \frac{1}{c} = b \times \left(c \times \frac{1}{c}\right) \quad \left(c \times \frac{1}{c} \text{ を先に計算（結合法則）}\right)$$
$$\Rightarrow \quad a \times \frac{1}{c} = b \times 1 \quad \left(c \times \frac{1}{c} = 1 \text{ より（逆元の性質）}\right)$$
$$\Rightarrow \quad a \times \frac{1}{c} = b \quad (\times 1 \text{ は省略可能})$$

これは右辺から左辺の分子に $c$ を移動させたような印象を受けますが，実際にやっていることは同じ数 $1/c$ をかけることです．注意すべきは，このような変形ができるのは $c \neq 0$ のときだけです．なぜならば $c = 0$ なら $1/0$ をかけることになり，これは前節の**例 3** で学んだとおり，やってはいけない行為だからです．

同じ数をかけるとき，左辺または右辺が複数の項からなる場合には注意が

必要です．例えば $ac = b+c$ という等式があったとしましょう．この両辺に $1/c$ をかけると次のようになります．

$$ac = b+c$$
$$\Rightarrow \quad a\frac{c}{c} = (b+c)\frac{1}{c} \quad \left(\frac{1}{c} \text{ を両辺にかける}\right)$$
$$\Rightarrow \quad a = \frac{b+c}{c} \quad \left(\frac{c}{c} = 1 \text{ を使う}\right)$$

ご覧のとおり，$b$ と $c$ の両方に $1/c$ がかかることに注意してください．

---

## 1.2.2 分数の変形

分数についてもわかりやすい式に変形することができますが，基本的に分数の変形で許されているのは同じ数を分母と分子にかけることです．例えば，以下のような変形です[12]．

$$\frac{a}{b} = \frac{a}{b} \times 1 \quad (1 \text{ をかける})$$
$$= \frac{a}{b} \times \frac{c}{c} \quad \left(1 = \frac{c}{c} \text{ を代入する}\right)$$
$$= \frac{ac}{bc} \quad (\text{分数のかけ算は分子同士，分母同士をかける})$$

こんな変形ができるのは，分母と分子にそれぞれ同じ数をかけるということが全体に 1 をかけるということと等しいからです．

これを応用して分数同士の割り算を考えてみます．例えば $\frac{a}{b}$ を $\frac{c}{d}$ で割ってみましょう．これは次のような分数の形で書けます．

---

[12] 左辺が上と同じ場合は省略して書かないことがよくあります．この式も本来は以下のような変形であるものを省略して書いています．

$$\frac{a}{b} = \frac{a}{b} \times 1 \quad (1\text{をかける})$$
$$\Rightarrow \quad \frac{a}{b} = \frac{a}{b} \times \frac{c}{c} \quad \left(1 = \frac{c}{c} \text{ を代入する}\right)$$
$$\Rightarrow \quad \frac{a}{b} = \frac{ac}{bc} \quad (\text{分数のかけ算は分子同士，分母同士をかける})$$

$$\frac{\frac{a}{b}}{\frac{c}{d}}$$

言うまでもありませんが，$\frac{a}{b}$ が大きい分数の分子で，$\frac{c}{d}$ が大きい分数の分母に当たります．

これを簡単にするため，分母と分子に同じ数をかけて計算していきます．

$$\frac{\frac{a}{b}}{\frac{c}{d}} = \frac{\frac{a}{b}}{\frac{c}{d}} \times \frac{b}{b} \qquad \left(\frac{b}{b} = 1 \text{をかける}\right)$$

$$= \frac{\frac{a}{b} \times b}{\frac{c}{d} \times b} \qquad (\text{分子同士・分母同士をかける})$$

$$= \frac{a \times \frac{b}{b}}{b \times \frac{c}{d}} \qquad (\text{かけ算の順序を変更})$$

$$= \frac{a \times 1}{b \times \frac{c}{d}} \qquad \left(\frac{b}{b} = 1 \text{を使う}\right)$$

$$= \frac{a}{b \times \frac{c}{d}} \qquad (\times 1 \text{を省略する})$$

$$= \frac{a}{b \times \frac{c}{d}} \times \frac{d}{d} \qquad \left(\frac{d}{d} = 1 \text{をかける}\right)$$

$$= \frac{a \times d}{b \times c \times \frac{d}{d}} \qquad (\text{分子同士・分母同士をかける})$$

$$= \frac{a \times d}{b \times c \times 1} \qquad \left(\frac{d}{d} = 1 \text{を使う}\right)$$

$$= \frac{a \times d}{b \times c} \qquad (\times 1 \text{を省略する})$$

ただし $\frac{a}{b} = a \times \frac{1}{b}$ であるという点とかけ算の順序は変更できるという点に注意してください．

また分数の分子と分母にはカッコが隠れていることに注意してください．例えば $\frac{\frac{a+b}{c}}{\frac{d+e}{f}}$ という分数を変形するときには次のようにします．

$$\frac{\frac{a+b}{c}}{\frac{d+e}{f}} = \frac{\frac{a+b}{c} \times c}{\frac{d+e}{f} \times c}$$

$$= \frac{(a+b)\frac{c}{c}}{\frac{d+e}{f} \times c}$$

$$= \frac{(a+b) \times 1}{\frac{d+e}{f} \times c}$$

$$= \frac{(a+b)}{\frac{d+e}{f} \times c}$$

$$= \frac{(a+b) \times f}{\frac{d+e}{f} \times c \times f}$$

$$= \frac{(a+b) \times f}{(d+e)\frac{f}{f} \times c}$$

$$= \frac{(a+b) \times f}{(d+e) \times 1 \times c}$$

$$= \frac{(a+b) \times f}{(d+e) \times c}$$

つまりそれぞれの分数の分子・分母はカッコをつけた一つの項として扱うわけです.

最後に，分母が異なる分数の足し算を考えます．例えば $\frac{a}{b} + \frac{c}{d}$ というものを計算します．こういったものは分母を同じにすると足すことができるようになります．その計算は次のようにします.

$$\frac{a}{b} + \frac{c}{d} = \frac{a}{b} \times \frac{d}{d} + \frac{c}{d} \times \frac{b}{b} \qquad \text{(分母が同じになるよう調整する)}$$

$$= \frac{ad}{bd} + \frac{cb}{bd} \qquad \text{(分子同士・分母同士をかける)}$$

$$= ad \times \frac{1}{bd} + cb \times \frac{1}{bd}$$

$$= (ad + cb) \times \frac{1}{bd} \qquad \left(\frac{1}{bd} \text{でくくる}\right)$$

$$= \frac{ad + cb}{bd}$$

このような計算作業は通分と呼ばれます.

# 1.3 練習問題

**問題1** 1. $a + \dfrac{a \times a}{b}$ を通分して計算しなさい（ヒント：$a = a \times \dfrac{b}{b}$ と書けますね！）.

    2. $(a+b) \times (a+b)$ を展開しなさい.

    3. $(a+b) \times (a-b)$ を展開しなさい.

**問題3**[*13] カッコを使わずに分数を書くと色々な答えが考えられ、あいまいになりやすい. $a=7$ のとき、$1+5/2a+3$ という表記から考えられる答えをなるべくたくさん書き、それぞれその答えになるようにわかりやすい表記に改めなさい.

**問題8** $-1 \times a = -a$ であることを示しなさい.

**問題11** 次の証明のどこが間違いか指摘しなさい.

---

$1=2$ を証明する. まず $b=a$ とする. これに両辺 $a$ をかけて $ab = a^2$ である. 両辺から $b^2$ を引くと $ab - b^2 = a^2 - b^2$ である. 因数分解をすると $(a-b)b = (a-b)(a+b)$ である. ここで両辺を $(a-b)$ で割ると $b = a+b$. さらに $a=b$ であることから $b = b+b$ となり、まとめると $b = 2b$ である. 両辺を $b$ で割れば $1=2$.

---

[*13]　練習問題は**ウェブ付録**に全問を掲載しており、本書にはその中から基本的な問題を選んで載せています. そのため、問題番号が続いていません（以下同様です）.

# 2 論理と集合

　論理と集合は現代数学の基礎となる部分です．この章では論理と集合について高校数学から大学初年度レベルの学習をします．

## 2.1 命題論理

　数学では命題と呼ばれるものが扱われます．この章ではその命題がどんなものかを学びます．

### 2.1.1 命題と真理値

　命題とは正しいか正しくないか（真か偽か）を判断できる文や式のことを言います*1．つまりは命題は真か偽かどちらかひとつの状態を必ず持つものなのです*2．例えば以下の文や式は命題です．

　　　「$1+1=2$」，「$2 \times 3 = 5$」，「白鳥は白い」，「象は卵を生む」

これは $1+1=2$ は正しい，$2 \times 3 = 5$ は誤り，などと明確に正誤（真偽）を判断できるからです．「$1+1=2$」，「$2 \times 3 = 5$」の例を見てわかるように，

---

*1　数学的に真であると証明された重要な命題は定理と呼ばれることがあります．重要さには決まった基準があるわけではなく，ある命題が定理かどうかというのは単に主観と習慣と歴史で決まります．

*2　この性質は排中律と呼ばれます．

文や式が正しいかどうかと命題かどうかは無関係です.

　一方で以下の文や式は命題ではありません.

$$「1」, 「2 \times 3」, 「白鳥」, 「白い」$$

これは「1」とか言われてもそれ自体には正しいも何もないからですね. 同じように「白鳥」とだけ言われても「白鳥がどうした？」ですし,「白い」とだけ言われても「何が白い？」となりますね. これには真も偽もありません.

　注意として $x$ を変数としたとき,以下の文や式は命題ではありません.

$$「x+1=2」, 「x は白い」$$

これは $x$ に違うものを代入すれば命題の真偽は変わりうるからです[*3]. ただし,『すべての $x$ について「$x+1=2$」』や『「$x$ は白い」となる $x$ がある』というように $x$ に「すべての」とか「〜がある」というものがついていれば命題になります. これについては **2.3 節**で詳しく学習します.

　この先,命題を抽象的に $p$, $q$, $r$ などの記号を使って表現します. 例えば命題 $p$ と言えば「$1+1=2$」,「$2 \times 3=5$」などの命題を省略したもののことです. これは「具体的にその命題が何であるか」とは無関係に成立するようなことについて考えたいからです. 命題であるかどうかと正しいかどうかは関係がないことに注意してください.

　命題が真か偽かである情報を**真理値**（しんりち）といいます. 命題が真であれば T（true の頭文字),偽であれば F（false の頭文字) を割り当てることにします. 例えば命題「1 は奇数である」の真理値は T,命題「1 は偶数である」の真理値は F となります. 真理値で表現すると,個別の具体的な命題の意味を考える必要がなくなり,抽象的・機械的に真理値を計算できるようになります.

## 2.1.2　論理演算子

　一つ以上の命題を使って新しい命題を作ることがあります. 論理演算とは

[*3]　例えば「$x+1=2$」については $x=1$ なら真ですが, $x=5$ なら偽になります.

表 2.1　連言の真理表　　表 2.2　選言の真理表　　表 2.3　否定の真理表

| $p$ | $q$ | $p \wedge q$ |
|---|---|---|
| T | T | T |
| T | F | F |
| F | T | F |
| F | F | F |

| $p$ | $q$ | $p \vee q$ |
|---|---|---|
| T | T | T |
| T | F | T |
| F | T | T |
| F | F | F |

| $p$ | $\neg p$ |
|---|---|
| T | F |
| F | T |

そういった作業のことをいいます．以下ではそれの代表例を紹介します．

■連　言　二つの命題，$p$, $q$に対して，$p$と$q$を「かつ」という言葉で結び
つけて「$p$ かつ $q$」という文を作ると，これは命題になります．これを$p$と$q$
の連言といいます．記号では$p \wedge q$と書きます．

　連言の真理値は真理表と呼ばれる表（表 2.1）を使って自動的に決まりま
す．真理表とは$p$と$q$のあらゆる真理値の組み合わせに対して，$p \wedge q$の真
理値を決める表のことです．例えば表 2.1の一行日を見ると$p$の列がT，$q$
の列がTで，$p \wedge q$の列がTになっています．これは$p$がT，$q$がTのとき
$p \wedge q$がTであることを意味します．同様に表を見れば，連言$p \wedge q$の真理値
は$p$と$q$の両方がTであるときのみTで，その他の場合はFになることが
わかります[*4]．

■選　言　連言に対して，二つの命題，$p$, $q$について$p$と$q$を「または」
という言葉で結びつけて「$p$ または $q$」という文を作ると，これも命題にな
ります．これを$p$と$q$の選言といいます．記号では$p \vee q$と書きます．

　選言の真理値は真理表（表 2.2）を使って自動的に決まります．表を見れ
ばわかるように，選言$p \vee q$の真理値は$p$と$q$のいずれか一方でもTであれ
ばTで，両方がFの場合のみにFとなります．

■否　定　命題，$p$に対して，「$p$ でない」という文も命題になります．これ

---

[*4]　$p$と$q$の真理値はそれぞれ真と偽の2パターーンずつあるので，組み合わせは$2 \times 2$で4パター
ンあります．真理表はそのすべての組み合わせについて書きます．

を$p$の**否定**といいます．記号では$\neg p$と書きます．

否定の真理値は**表2.3**の真理表を使って自動的に決まります．$p$の否定$\neg p$の真理値は$p$の真理値と真逆になるということに注意してください．

------------------------------------------------

これらで使われた$\wedge$，$\vee$，$\neg$という記号は**論理演算子**と呼ばれます．真理表を使うことの真価は命題の真理値を機械的に計算できることです．複数の論理演算子を組み合わせた複雑な命題の真理値も「命題の意味を考えずに」真理表を使って計算することができるのです．例えば少し複雑な命題として$\neg(\neg p \wedge (p \vee q))$を考えます．この命題の真理値はそれぞれのパーツに分解して次のように計算できます．

| $p$ | $q$ | $\neg p$ | $p \vee q$ | $\neg p \wedge (p \vee q)$ | $\neg(\neg p \wedge (p \vee q))$ |
|---|---|---|---|---|---|
| T | T | F | T | F | T |
| T | F | F | T | F | T |
| F | T | T | T | T | F |
| F | F | T | F | F | T |

例えば$p$が「太陽は西から昇る」で$q$は「地球は太陽の周りを回る」であれば$\neg(\neg p \wedge (p \vee q))$は「太陽は西から昇らない，なおかつ太陽が西から昇るか地球は太陽の周りを回る，ではない」という命題になります．何のことやらさっぱりわかりませんが，「太陽は西から昇る」が偽で「地球は太陽の周りを回る」は真なので「太陽は西から昇らない，なおかつ太陽が西から昇るか地球は太陽の周りを回る，ではない」という命題は上の表の$p$がF，$q$がTの行を見ると偽であることがわかります．命題そのものの意味が全くわからなくても真理値を計算できるとはこういうことです．

------------------------------------------------

命題のうち，いくつかは特殊な性質を持ちます．命題$p$について，$p \vee \neg p$の真理表は以下のとおりです．

| $p$ | $\neg p$ | $p \vee \neg p$ |
|---|---|---|
| T | F | T |
| F | T | T |

この命題は元々の命題 $p$ の値にかかわらず，恒に真になります．このような命題を**恒真命題**あるいは**トートロジー**と呼びます．逆に $p$ の値にかかわらず，恒に偽になる命題は**矛盾命題**と呼びます．例えば $p \wedge \neg p$ がそれです．真理表を書いて確認してみましょう．

### 2.1.3　命題代数

命題 $\neg p \wedge \neg q$ と $\neg(p \vee q)$ の真理値をそれぞれ計算すると以下のようになります．

| $p$ | $q$ | $\neg p$ | $\neg q$ | $p \vee q$ | $\neg p \wedge \neg q$ | $\neg(p \vee q)$ |
|---|---|---|---|---|---|---|
| T | T | F | F | T | F | F |
| T | F | F | T | T | F | F |
| F | T | T | F | T | F | F |
| F | F | T | T | F | T | T |

$\neg p \wedge \neg q$ と $\neg(p \vee q)$ の真理値は $p$, $q$ の真理値それぞれに対して同じになります．このように，真理値が常に一致する二つの命題は**論理同値**と呼ばれます．記号では $\equiv$ を使って $\neg p \wedge \neg q \equiv \neg(p \vee q)$ などと書きます．二つの命題が論理同値であることを証明する方法の一つは両方の命題の真理表を作り，その真偽が一致することを確かめることです．一方で，よく知られている論理同値な命題を使うと真理表を作らずとも「変形」できます．よく知られている論理同値な命題のパターンは**命題代数の法則**と呼ばれ，**表 2.4** にまとめてあります．

### 2.1.4　含意と同値

「$p$ ならば $q$ である」という形の文を**条件文**と呼びます．条件文「$p$ ならば $q$ である」について命題 $p$ をその条件文の**仮定**，命題 $q$ をその条件文の**結論**と呼びます．条件文の形は論理演算子 $\rightarrow$ を使って表現します．つまり「$p$ ならば $q$ である」は $p \rightarrow q$ と書くことができます．この形の論理演算子 $\rightarrow$ は**含意**と呼ばれます．含意の真理値は**表 2.5** の真理表から決まります．

表 2.4　有名な命題代数の法則（ただし $t$ は恒真命題, $f$ は矛盾命題を指す）

| 命題代数の法則 | |
|---|---|
| $p \lor p \equiv p$ | べき等律 |
| $p \land p \equiv p$ | |
| $p \lor (q \lor r) \equiv (p \lor q) \lor r$ | 結合律 |
| $p \land (q \land r) \equiv (p \land q) \land r$ | |
| $p \lor q \equiv q \lor p$ | 交換律 |
| $p \land q \equiv q \land p$ | |
| $p \lor (q \land r) \equiv (p \lor q) \land (p \lor r)$ | 分配律 |
| $p \land (q \lor r) \equiv (p \land q) \lor (p \land r)$ | |
| $p \lor f \equiv p$ | 同一律 |
| $p \land t \equiv p$ | |
| $p \lor t \equiv t$ | |
| $p \land f \equiv f$ | |
| $p \lor \neg p \equiv t$（排中律） | 補元律 |
| $p \land \neg p \equiv f$（矛盾律） | |
| $\neg t \equiv f$ | |
| $\neg f \equiv t$ | |
| $\neg(\neg p) \equiv p$ | 対合律 |
| $\neg(p \lor q) \equiv \neg p \land \neg q$ | ド・モルガンの法則 |
| $\neg(p \land q) \equiv \neg p \lor \neg q$ | |

表 2.5　含意の真理値

| $p$ | $q$ | $p \to q$ |
|---|---|---|
| T | T | T |
| T | F | F |
| F | T | T |
| F | F | T |

表 2.6　同値の真理値

| $p$ | $q$ | $p \leftrightarrow q$ |
|---|---|---|
| T | T | T |
| T | F | F |
| F | T | F |
| F | F | T |

言葉で書けば $p \to q$ が真であるということは「$p$ が真であるときには $q$ も真でなければならない」ということを意味します。一方で，$p$ が偽であるときには $p \to q$ は真となります。これはなぜなら通常「$p$ ならば $q$」というときは $p$ が真であるときの $q$ の真偽を考えているのであり，$p$ が偽であるときは話の対象外です。$p$ が偽であるときに $q$ が真（あるいは偽）であるからといって，「$p$ ならば $q$」という命題が間違っているとは言えないのです。なので $p \to q$ が間違いだと示すには $p$ なのに $q$ ではないということを示さないといけません。例えば「天気が雨ならば人は傘をさす」という命題があったとします。このとき，雨が降っていないときに傘をさしていない人がいたからといってこの命題を否定できませんね。この命題を否定したいのなら，雨のときに傘をさしていない人を見つけるべきです。

含意と関係する論理演算子として，**同値**という演算子もあり，それを $p \leftrightarrow q$ で表現します。真理表を使えば**表 2.6** のとおりに定義できます。言葉で言えば $p \leftrightarrow q$ が真であるということは $p$ と $q$ の真偽が一致することを意味します。また，同値であるといっことは $p \to q$ と $q \to p$ の両方が真であることを意味します。

## 2.2 集 合

### 2.2.1 集合とは

集合が何かという議論は実は難しいのですが，おおざっぱに言ってしまえばものの集まりです。集合のメンバーのことを**要素**と呼びます。$x$ が集合 $A$ の要素であるとき，$x$ は集合 $A$ に**属**するといいます。$x$ は $A$ のメンバーであると言えばわかりやすいかもしれません。そして記号では $x$ が集合 $A$ の要素であることを $x \in A$ と書き，そうでないときは $x \notin A$ と書きます。注意として $x \in A$ や $x \notin A$ は命題であり，真偽を判定できます。$x \notin A$ は $x \in A$ の否定命題で，$x \notin A \equiv \neg(x \in A)$ となります。

また要素を持たない集合もあります。要素がない集合を**空集合**と呼びます。

特別な記号で $\emptyset$（あるいは $\varnothing$）と書きます*5. 空集合にはどんな要素も属さないのであらゆる $x$ について $x \notin \emptyset$ となります.

## 2.2.2 よく使う集合

数学において基本的なものは数の集合で，よく使われるものには，「実数をすべて集めてきた集合」である $\mathbb{R}$，「有理数をすべて集めてきた集合」である $\mathbb{Q}$，「整数をすべて集めてきた集合」である $\mathbb{Z}$，および「自然数をすべて集めてきた集合」である $\mathbb{N}$ などがあります*6. これらの文字はそれぞれ $R$, $Q$, $Z$, $N$ を線を二重に引いて太字にしたもので，単なるアルファベットとの区別のためにこう書いています.

この中でとりわけよく使われるのは実数すべての集合です. なので実数の集合でも色々なバリエーションがあります. 例えば 0 以上の実数だけ，あるいは正の実数だけを対象にしたいことがあります. そのために $\mathbb{R}_+$ を 0 以上の実数すべての集合として表記します. 0 以上の実数のことを非負の数ともいいます. また $\mathbb{R}_{++}$ を 0 より大きい実数すべての集合として表記します.

$a, b$ を $a < b$ を満たす実数だとして，$a$ 以上 $b$ 以下の実数すべての集合を $[a,b]$ と表記します. これは閉区間と呼ばれます. これに対して，$a$ より大きく，$b$ より小さい実数すべての集合は $(a,b)$ と表記します. これは開区間と呼ばれます*7. つまり開区間 $(a,b)$ は閉区間 $[a,b]$ から $a$ と $b$ だけを取り除いた集合と言えましょう. 閉区間や開区間はまとめて区間といいます.

なお，$(a,b)$ や $[a,b]$ という表記は他の意味でも使われるので，区間であることを明らかにするために「区間 $(a,b)$」や「区間 $[a,b]$」などといいます.

---

*5　0 または O に斜線を引いたものです. $\varnothing$ はスカンディナヴィア文字であり，ギリシャ文字の $\varphi$（ファイ，フィーと読む）とは異なります.

*6　0 を自然数に含めるかどうかは人によります. 多くの場合で 0 は自然数です.

*7　開区間 $(a,b)$ は $]a,b[$ とも表記されることがあります.

### 2.2.3 集合の記法

集合の書き方には次の二通りがあります.

**外延的記法** 集合が持つ要素をすべて書き並べます.

2.2

集
合

例としては $A = \{a, b, c, d, e\}$ や $B = \{1, 2, 4, 8, 16, 32\}$ などです[*8]. この例だと例えば $1 \in B$ ですが,$3 \notin B$ となります.また,外延的記法で空集合を書くと $\{\}$ となります.どんな要素 $x$ についても $x \notin \{\}$ となるからですね.

------

**内包的記法** 集合が持つ要素が満たすべき性質を書きます.

例えば $A = \{x : x^2 = 1\}$,$B = \{x : x$ は自然数で $2$ の倍数$\}$ などです[*9]. つまり : の右側の命題が真になる $x$ を集めてきた集合ということです.

------

注意点として内包的記法では $x$ がそもそもどこからとってきたのかで集合が異なる場合があります.例えば $A = \{x : x^2 = 1\}$ は $x$ が自然数限定の話であれば $A = \{1\}$ ですが,負の数も含んだ整数全体の話であれば $A = \{1, -1\}$ です.したがって答えを明確にするにはどこの要素についての話をしているかを明確にする必要があります.話の対象とする集合のことを**普遍集合**といいます.内包的記法では普遍集合を明確にするため,例えば $A = \{x \in \mathbb{Z} : x^2 = 1\}$ と明示して書くほうが混乱が少なくてすみます.この $A$ は,「整数であり,$x^2 = 1$ を満たす $x$ の集合」という意味になります.しかし明らかなときにはよく省略されます[*10]. 本書ではたいていのケースでは普遍集合は実数すべての集合,$\mathbb{R}$ です.

------

[*8]  集合のカッコには慣例的に必ず波カッコ $\{,\}$ を使います.

[*9]  | を使って $\{x \mid x^2 = 1\}$ と書く人もいます.

[*10]  ただし,内包的記法を濫用するとまずいことが起きます.例えば $X = \{A : A \notin A\}$ と定義すれば $X \in X$ も $X \notin X$ も真理値を決定できなくなります(ラッセルのパラドックス).

*21*

## 2.2.4 集合間の関係

この節では二つの集合の間の関係について述べていきます.

二つの集合 $A$ と $B$ に属する要素が全く同じとき, $A$ と $B$ は**等しい**といいます. このとき $A = B$ と書きます. つまり $a \in A$ ならば $a \in B$ であり, 逆に $b \in B$ であれば $b \in A$ が成り立ちます. $A = B$ であるということは $A$ と $B$ に同じ要素が属することだけで判断され, 書き方や並べ方の順番には依存しないことに注意してください. これは集合に関する**外延の原理**と呼ばれます.

$A$ の要素がすべて $B$ の要素でもあるとき, $A \subset B$ と書きます. このとき $A$ は $B$ の**部分集合**であるといいます. 論理演算を使えば $A \subset B$ という命題は「すべての $x$ について $x \in A \to x \in B$」という命題として書くことができます. 例えば $A = \{1, 2, 3\}$, $B = \{1, 2, 3, 4\}$ であれば $A$ の要素はすべて $B$ の要素でもあるので, $A \subset B$ といえます. ここで $A \subset A$ であることに注意してください. また $A \subset B$ かつ $B \subset A$ であれば $A = B$ が成り立ちます. この事実は二つの集合が一致することを証明するためによく使われます.

$A \subset B$ であることを示す手段としては, $A$ の要素 $x$ をとってきて, その $x$ が $B$ にも属すことを示すという方法があります. 特に内包的記法を使えば, $A$ の要素が満たすべき条件を満たすのであれば, $B$ の要素であるための条件を満たしてくれることを示せばよいのです.

例えば $A = \{x \in \mathbb{N} : x は 4 の倍数\}$, $B = \{x \in \mathbb{N} : x は偶数\}$ という集合であるとします. $x \in A$ なら適当な自然数 $n$ について $x = 4n$ と書けるはずです (これは 4 の倍数の定義です). すると, $x = 2 \times (2n)$ とも言えますね. $2n$ はやはり自然数なので $x$ はある自然数の 2 倍の数です. これは偶数ですから $x$ は偶数となります. $x$ が偶数であれば $B$ のメンバーになる資格があるので $x \in B$ となります. これによって $A \subset B$ が言えることになります.

$A$ が $B$ の部分集合でないとき, $A \not\subset B$ と書きます. つまり $A$ の要素であって $B$ の要素でないものが見つけられるということです. これを証明したいときは $A$ の要素であって $B$ の要素でないものを見つけてくれば OK です. 例えば $A = \{x \in \mathbb{N} : x は素数\}$, $B = \{x \in \mathbb{N} : x は奇数\}$ だとします. このとき $2 \in A$ かつ $2 \notin B$ なので $A \not\subset B$ が示されることになります.

### 2.2.5 集合の演算

命題のときと同様に一つ以上の集合を使って別の集合を作ることができます。以下はその例です。**第9章**で主に使いますので，今は「こういうものがあるんだなー」と眺めていてください。

**例1.** $A \cup B = \{x : x \in A \lor x \in B\}$ と書きます。これを $A$ と $B$ の**和集合**といいます。つまり $A$ と $B$ の要素をすべて集めてきた集合のことです。

**例2.** $A \cap B = \{x : x \in A \land x \in B\}$ と書きます。これを $A$ と $B$ の**共通部分**といいます。つまり $A$ と $B$ の両方に属している要素だけをすべて集めてきた集合のことです。

**例3.** $A^{\complement} = \{x : x \notin A\}$ を $A$ の**補集合**と呼びます。$A$ に属さない（普遍集合の）要素の集合です。

**例4.** 二つの集合 $A, B$ について，$A \setminus B = \{x : x \in A \land x \notin B\}$ と定義します。これを**差集合**と呼びます。

**例5.** 二つの集合 $A, B$ について，$A \triangle B = \{x : (x \in A \land x \notin B) \lor (x \notin A \land x \in B)\}$ と定義します。これを $A$ と $B$ の**対称差**と呼びます。

# 2.3 述 語 論 理

## 2.3.1 述 語

命題は，真か偽かを判断できる文や式です。これに対し，**述語**とは，変数を含んでいてその変数を定めれば真偽を判断できる文や式のことです[*11]。例えば「$x = 1$」はそれ自体は命題ではありませんが，$x$ に $2$ や $0.3 + 0.7$ を代入すると真偽を判定できる命題になります。よって「$x = 1$」は $x$ を変数とする述語と言えます。ここに出てくる $x$ は**自由変数**と呼ばれます。自由に数を代入できるからですね。自由変数 $x$ についての述語を抽象的に表現する

---

[*11] 述語のことを**条件**ともいいます。

**図 2.1 的当てのイメージ**

のに $P(x), Q(x)$ などの記号を使います．述語に含まれる変数に代入できるものの全体の集合を**変域**と呼びます．

$P(x)$ を変数 $x$ についての述語，$x$ の変域を $U$ とします．自由変数 $x$ に $U$ の要素 $a$ を代入した $P(a)$ が真になる $a$ の集合を $\{x \in U : P(x)\}$ で表記します．これを述語 $P$ の**真理集合**と呼びます．つまりは集合の内包的記法です．例として，$P(x)$ が方程式である場合[*12]（例えば $x^2 - 2x - 3 = 0$ は $x$ についての述語である）を考えます．このとき，$P$ の真理集合は**解集合**と呼ばれます．この場合，解集合は $\{x : x^2 - 2x - 3 = 0\} = \{3, -1\}$ です．

二つの述語 $P$ と $Q$ の真理集合が同じとき，述語 $P$ と $Q$ は**同値**，あるいは $P$ は $Q$ の**必要十分条件**であるといいます．記号では $P \Longleftrightarrow Q$ で書きます．$\{x \in U : P(x)\} \subset \{x \in U : Q(x)\}$ であるとき，$P$ は $Q$ の**十分条件**であるといい，$Q$ は $P$ の**必要条件**であるといいます．これはやや不正確な言い方をすると「$P$ のほうが $Q$ より満たすことが難しい条件」ということです．的当てで喩えれば $P$ のほうが $Q$ より狭い的です．$P$ という的に当てられるのならば $Q$ という的には確実に当たっている，$P$ は $Q$ に当てるためには「十分」な出来だというイメージです．逆に言えば $Q$ は $P$ に当たっているならば必ず当たっている，つまり $P$ に当てるためには $Q$ にも当たっていることが「必要」だというイメージです（イメージ：図 2.1）．

述語に対しても論理演算子 $\land, \lor, \lnot, \to, \leftrightarrow$ は適用できます．例えば $P(x) \land Q(x)$，$P(x) \lor Q(x)$，$\lnot P(x), P(x) \to Q(x)$，$P(x) \leftrightarrow Q(x)$ の自由変数 $x$ に $a$ を代入すると命題になります．これによってできた命題の真理値は $P(a), Q(a)$ の真理値および論理演算の真理表で決まります．

---

[*12]　方程式については**第 3 章**も参照してください．

## 2.3.2 量 化

変数 $x$ の変域を整数とします．以下の二文を考えます．

(a) $x = 2x + 1$

(b) すべての $x$ について $x = 2x + 1$

(a) は自由変数 $x$ についての述語であり，$x$ に特定の値を代入すれば命題になります．これに対して，(b) はそれ自体が命題になります．$x$ はすでに「すべての」という限定詞がついているので自由に値を代入できる変数ではないからです．こういった命題は**全称命題**と呼ばれます．「すべての」の代わりに「任意の」と言うこともあります*13. ちなみにこの (b) は明らかに偽です．例えば $x = 0$ のとき，式 $x = 2x + 1$ は $0 = 1$ になってしまいます．なので，「すべての $x$ について $x = 2x + 1$」という命題は偽です．

同様に変数 $x$ の変域を自然数とし，以下の文を考えます．

(c) $x = 2x + 1$ となる $x$ がある．

この場合の (c) もそれ自体が命題になります．このような命題は**存在命題**といいます．この命題は真です．例えば $x = -1$ を $x = 2x + 1$ に代入すると $-1 = -1$ となるのでこの等式は成立します．等式 $x = 2x + 1$ を成立させる $x$ が実際にあったので「$x = 2x + 1$ となる $x$ がある」は真というわけです．

自由変数 $x$ についての述語 $P(x)$ に対し，全称命題「すべての $x$ について $P(x)$ が真」を $\forall x P(x)$ と表記し，また存在命題「$P(x)$ が真となる $x$ がある」を $\exists x P(x)$ と表記します．$\forall$ を**全称量化子**，$\exists$ を**存在量化子**と呼びます．

全称命題 $\forall x P(x)$ は変域すべての $x$ について $P(x)$ が真であるとき真であり，一つでも $P(x)$ が偽になる $x$ を変域の中で見つけることができれば偽という命題です．

---

*13　任意の，とは意に任せるという意味ですが，これは「どんな（意地の悪い，証明を否定したくてたまらない）読者の意に任せようとも」くらいのニュアンスなので「すべての」と同じように使われることが多いです．問題で「任意の○○について証明せよ」というものがありますが，これはどんな○○を選んでも証明が成り立つようにしなければいけません．

　これに対して，存在命題 $\exists x P(x)$ は $P(x)$ が真になる $x$ を変域の中で見つけることができるとき真であり，$P(x)$ が真になる $x$ が変域の中に一つも見つけることができなければ偽です．全称命題や存在命題で $\forall$ や $\exists$ がついている変数は自由に値を代入できる変数ではないので自由変数ではなく**束縛変数**と呼ばれます．束縛変数の変域を明示して，「$\forall x \in U$ について $P(x)$」，「$\exists x \in U$ について $P(x)$」と書くこともあります．どちらかと言えばこう書いたほうが意味がハッキリします．

　$\forall x P(x)$ を否定するとき，$\neg(\forall x P(x))$ と書きます．これは $\exists x(\neg P(x))$ と同値です．また，$\neg(\exists x P(x))$ は $\forall x(\neg P(x))$ と同値になります[*14]．これは（量化子に関する）**ド・モルガンの法則**と呼ばれます．

### 2.3.3　述語における「ならば」

　「$P(x)$ ならば $Q(x)$」と「$P(x) \to Q(x)$」は意味合いが異なります．$P(x) \to Q(x)$ は自由変数 $x$ に関する述語です．これに対して「$P(x)$ ならば $Q(x)$」と言えば数学での意味合いは「どんな $x$ でも $P(x)$ が真ならば $Q(x)$ も真」ということ，つまり $\forall x(P(x) \to Q(x))$ という命題を指します．

　「$P(x)$ ならば $Q(x)$」を否定するときは命題を変形して，

$$\neg \forall x(P(x) \to Q(x))$$
$$\equiv \exists x(\neg(P(x) \to Q(x))) \quad （量化子のド・モルガン法則）$$
$$\equiv \exists x(\neg((\neg P(x)) \lor Q(x))) \quad （\to の言い換え）$$
$$\equiv \exists x(\neg \neg P(x) \land \neg Q(x)) \quad （ド・モルガン法則）$$
$$\equiv \exists x(P(x) \land \neg Q(x)) \quad （対合律）$$

すなわち，$P(x)$ が真であり，なおかつ $Q(x)$ が偽である変数 $x$ を見つけることです．このような $x$ は命題「$P(x)$ ならば $Q(x)$」の**反例**といいます．例えば $P(x)$ を「$x$ はタコである」，$Q(x)$ を「$x$ は八本足の生き物である」という

---

[*14]　すべての $x$ について $P(x)$ が真となることを否定するなら $P(x)$ が偽になる $x$ を見つけてくればよいわけです．そんな $x$ が見つけられるということを論理式で表現すれば $\exists x(\neg P(x))$ です．同様に $P(x)$ が真になる $x$ が見つかるということを否定すれば，すべての $x$ について $P(x)$ が偽になります．それを論理式で表現すれば $\forall x(\neg P(x))$ です．

述語だとします.『「$x$ はタコである」ならば「$x$ は八本足の生き物である」』を否定したければとにかく八本足でないタコを見つけてくることです.例えば十本足のタコを見つけてくればそれが反例です.

注意として,述語 $P(x)$ が真となる $x$ が存在しないとき,命題「$P(x)$ ならば $Q(x)$」は $Q$ が何であるかにかかわらず真になります.理由は次のとおりです.「$P(x)$ ならば $Q(x)$」は $\forall x(P(x) \to Q(x)) \equiv \forall x(\neg P(x) \lor Q(x))$ です.したがって,$P(x)$ が真となる $x$ が存在しないとき,$\forall x(\neg P(x))$ は真となり,$\forall x(\neg P(x) \lor Q(x))$ も真というわけです.このようなときは**空ゆえに真**といいます.例えば『「$x$ は筆者が総理大臣であった日」ならば「$x$ という日において筆者の支持率は 100％であった」』という命題は筆者が総理大臣だった日が存在しないので真です.この手の虚しい命題はいくらでも作れます.

## 2.3.4 二変数以上の述語 ☆

今までは述語の例には一つの変数しかありませんでしたが,2 個以上の変数を持つ述語もあります.自由変数が $x, y$ であるとき,$P(x, y)$ という記号で $x$ と $y$ に関する述語を表現します.$P(x, y) =$ 「$x$ は $y$ より大きい」みたいなものが例です.3 つ以上の場合でも同様です.

2 変数以上の述語に量化子をつけた命題や述語もあります.

**例 1.** $\forall x P(x, y)$ ：$y$ に関する述語

**例 2.** $\exists y P(x, y)$ ：$x$ に関する述語

**例 3.** $\forall x(\forall y P(x, y))$ ：命題

**例 4.** $\forall x(\exists y P(x, y))$ ：命題

複数の変数を量化するとき,量化子の順番で意味が変わることがあります.例えば $P(x, y)$ を「$x \neq y \to x > y$」という命題だとします.このとき命題 $\forall x(\exists y P(x, y))$ を考えます.$\exists y P(x, y)$ が $x$ に関する述語で,「$x$ より小さい $y$ を見つけることができる」という意味であることに注意しましょう.すると $\forall x(\exists y P(x, y))$ は『どんな $x$ についても「$x$ より小さい $y$ を見つけることができる」』という意味です.

この命題の真偽について考えます．例えば $x$ が 10 だとしたらそれより小さい数（何でもいいですが例えば）$y = 8$ はそれより小さい数です．また，$x$ が $-5$ のときは例えば $y = -7$ と考えれば確かに満たされます．このように $x$ が違えば $P(x, y)$ を真にする $y$ は異なっても構いません．これは $y$ に関しては「$P(x, y)$ が真になる $y$ が存在する」とだけ言っているからです．とするとこの命題は正しそうに思えますね．実際これは変域を実数全体とすれば真です．言い換えれば命題 $\forall x (\exists y P(x, y))$ は一番小さい数というものが存在しないという意味になります．

一方で，これに対して $\exists y (\forall x P(x, y))$ は『「$y$ はすべての $x$ より小さい」が真になる $y$ を見つけることができる』という意味になります．つまりは「どんな $x$ よりも小さい」$y$ を見つけられるということです．言い換えれば命題 $\exists y (\forall x P(x, y))$ は一番小さい値が存在するという意味になります．命題 $\forall x (\exists y P(x, y))$ とは全く異なりますね[15]．これは変域を実数全体とすれば偽です．

# 2.4 練習問題

**問題 15** 以下の表を用いて $(\neg(\neg p \wedge q)) \vee q$ の真理値を計算しなさい．

| $p$ | $q$ | $\neg p$ | $(\neg p \wedge q)$ | $(\neg(\neg p \wedge q))$ | $(\neg(\neg p \wedge q)) \vee q$ |
|---|---|---|---|---|---|
| T | T | | | | |
| T | F | | | | |
| F | T | | | | |
| F | F | | | | |

**問題 21** 1. $A_1 = \{x \in \mathbb{N}: x^2 = 4\}$ を外延的記法で表記しなさい．

2. $\mathbb{R}_+$ を内包的記法で表記しなさい（普遍集合を $\mathbb{R}$ としてよい）．

**問題 23** $A = \{a, b, c, r, s\}, B = \{a, c, t\}$ とする．

1. $A \cap B$ と $A \cup B$ をそれぞれ外延的記法で書きなさい．

2. $A \setminus B$ と $B \setminus A$ をそれぞれ外延的記法で書きなさい．

---

[15] $\forall x$ と $\exists y$ の順番を入れ替えてもたまたま真理値が同じになることはあります．

**問題 24**　あらゆる集合 $A, B$ について，次を示しなさい.

1. $A \cap B \subset B$ であることを示しなさい.

2. $B \subset A \cup B$ であることを示しなさい.

**問題 29**　次の命題の真偽を答えなさい.

1. $\forall x \in \mathbb{N}, x < x + 1$

2. $\exists x \in \mathbb{Q}, x^2 = 2$

3. $\forall x \in \mathbb{R}, x^2 > 0$

4. $\exists x \in \mathbb{R}, x^2 + 2x + 1 = 0$

# 3 方 程 式

　「方程式を解<ruby>解<rt>と</rt></ruby>く」という作業を数学の授業でよくやってきたことかと思います．経済学でも「方程式を解く」という作業はよくやります．例えば，論理を突き詰めていくと，満たすべきある一つの（二つ以上のときもある）方程式にたどり着き，その方程式を満たすモノが我々の知りたかったモノだ，という具合です．この章では方程式について基本から学びます．

## 3.1　方程式を解く

　[$x$ を含む式] = [$x$ を含むまた別の式] という等式があったとき（ただし左辺，右辺どちらかの式は必ずしも $x$ を含まなくてもよい），この等式を満たす $x$ を**すべて見つける作業を方程式を解く**といいます．等式を満たす $x$ は方程式の<ruby>解<rt>かい</rt></ruby>と呼ばれます．見つけるための一つの方法は等式を $x =$ [ナントカカントカ（$x$ は含まれない)] という形に直すことです[*1]．

　例えば次の方程式を $x$ に関して解いてみます．

---
**例 1.** $3x = 2$
---

　これを $x =$ [ナントカカントカ（$x$ は含まれない)] という式に直すには両辺を 3 で割ります．すると $x = \frac{2}{3}$ となりました．これが方程式を解く方法の一

---
[*1] 「<ruby>勘<rt>かん</rt></ruby>」で見つけて，代入して等式が成立することを<ruby>示<rt>しめ</rt></ruby>しても一つの解を見つけたことになります．解が一つあり，他に解が存在しないとき，その解は**一意**であるといいます．

例です.

## 例 2. $2x + 1 = 3x$

これを $x=$[ナントカカントカ（$x$ は含まれない）] という式に直すには両辺に $-2x$ という項を足します. すると $1 = x$ という式になります. これは $x = 1$ と同じ意味の式ですので $x = 1$ が答えとなります.

## 例 3. $3x = 3x$

この式は特殊です. この等式を満たす $x$ は複数，というよりどんな実数でも満たしてくれます. したがって「$x$ はすべての実数」というものが答えになります. すべて見つけることが方程式を解くという作業なのですべて見つけないといけません*2.

## 例 4. $x = x + 3$

この式も特殊です. どんな $x$ を持ってきたとしてもこの等式は満たすことができません. 実際，両辺に $-x$ を足すと $0 = 3$ になってしまい，等式が矛盾します. したがって，「この等式を満たす $x$ は存在しない」という結果になります.

## 例 5. $ax + b = 0$

この式は色々場合分けが必要です. **例 1** や **例 2** のように解いて $x = -\frac{b}{a}$ と行きたいところですが，ここで大前提，「0 で割ってはいけない」があります. つまり $a = 0$ のときはこの手が使えません. したがって $a = 0$ と $a \neq 0$

---

*2　ちなみにこの等式のようにどんな $x$ でも満たしてくれるときには等式を **恒等式** と呼ぶことがあります. ただし，等式そのものからこれは恒等式，あるいはこれは方程式などという区別をすることはできません. 方程式は解くという作業や目的込みで考えます. 一方で恒等式はすべての $x$ で等式が成立しているという命題を指すものです.

のときで場合分けする必要があります．$a = 0$ のときはどうでしょうか？このとき等式は $b = 0$ となります．この式は本当に $b = 0$ のときは当然満たされるので「すべての実数」が答えです．一方で $b \neq 0$ のときは $b = 0$ と矛盾しますので「この等式を満たす $x$ は存在しない」が答えとなります．文字で書いた場合にはそれぞれの作業が禁忌に触れてないかどうかを確かめなければなりません．この方程式の解は，場合分けを用いて次のように書きます．

ケース 1．$a = 0, b = 0$ のとき．このとき，方程式 $ax + b = 0$ は $0 = 0$ になる．この方程式の解はすべての実数である．

ケース 2．$a = 0, b \neq 0$ のとき．このとき，方程式 $ax + b = 0$ は $0 = b$ になる．$b \neq 0$ より，解なし．

ケース 3．$a \neq 0$ のとき．このとき，

$$ax + b = 0$$
$$\Rightarrow \quad ax = -b \quad \text{（両辺に } -b \text{ を足す）}$$
$$\Rightarrow \quad x = \frac{-b}{a} \quad \text{（両辺を } a \text{ で割る）}$$

よって解は $x = -b/a$.

---

# 3.2 連立方程式

複数の等式を**すべて**満たす変数の組み合わせ**すべて**を見つけることを**連立方程式を解く**といいます．具体的に次の例を見てみましょう．

> 例 1. $\begin{cases} 3x + 2y = 3 \\ 2x + 4y = 2 \end{cases}$

解き方は何通りもありますが，ここは加減法が簡単でしょう．上の式を二倍すると $6x + 4y = 6$ となります．これの左辺を $2x + 4y = 2$ の左辺から，右辺を $2x + 4y = 2$ の右辺から引きます．

$$2x + 4y = 2 \qquad \text{(下の式)}$$
$$\Rightarrow \quad (2x + 4y) - (6x + 4y) = 2 - 6 \quad \text{(左辺に } -(6x + 4y)\text{, 右辺に } -6)$$
$$\Rightarrow \qquad\qquad -4x = -4 \qquad \text{(計算してまとめる)}$$
$$\Rightarrow \qquad\qquad\quad x = 1 \qquad (-4 \text{ で両辺を割る})$$

出てきた $x = 1$ をどちらでもいいので元の式に代入してみましょう．上の式で考えると $3 \times \boxed{1} + 2y = 3$ となりますので，これを解くと $y = 0$ となります．これが連立方程式の解と呼ばれるものです．答えは $(x, y) = (1, 0)$ と書きます．

-----

**例 2.** $\begin{cases} x + 3y = 2 \\ 3x + 9y = 4 \end{cases}$

これも同様に解きたいところですが，少し特殊です．**例 1** と同じように上の式の両辺を 3 倍すると $3x + 9y = 6$ になります．一方で下の式は $3x + 9y = 4$ と言っているので「$4 = 6$」となりますが，この命題「$4 = 6$」は偽です．したがって，「この連立方程式を満たす $(x, y)$ は存在しない」がこの連立方程式の解です．

-----

**例 3.** $\begin{cases} x + 2y = 2 \\ 2x + 4y = 4 \end{cases}$

これも特殊例です．**例 1** と同じように上の式の両辺を 2 倍すると下の式と一致します．したがって「すべての $(x, y)$ の組み合わせ…」と行きたいところですが，これは**違います**．例えば $x = y = 1$ という組み合わせだとこの等式は満たされません．したがって「$x + 2y = 2$ を満たすすべての $(x, y)$ の組み合わせ」というのが答えです．こういった $x, y$ は複数（例えば $x = 0$, $y = 1$, $x = 2$, $y = 0$ など）あるのでこういう答え方しかできないのです．

-----

## 3.3 応用：市場均衡

この章の最後に経済学の例として市場均衡というものを紹介します．経済学において**価格理論**という理論は価格が一体何によって決まるのかという疑問に答える学問分野です．

例えば，消費者と生産者という二種類の人物がいるとしましょう．消費者はモノやサービス（財といいます）を消費する人々で，生産者はその財を作る人々です．これらの人々が財とお金を交換する場を市場と呼びます．この市場におけるお金と財の交換レートが価格というわけです．

それでこの価格がどう決まるかですが，価格理論では「**価格は需要と供給を一致させるように決まる**」と説明します．ここで**需要**とは価格が与えられたとき，消費者がどれだけ財を消費したいかという消費計画であり，需要量はそのときの量を指します．**供給**とは価格が与えられたとき，生産者がどれだけ財を生産したいかという生産計画のことで，供給量はそのときの量を指します．需要量と供給量が一致しているということは消費者が消費したい量と生産者が作りたい量がピッタリ一致している状態です[*3]．この市場の状態は**均衡**状態といいます．

具体的な例を見てみましょう．価格が $p$ のときの需要量を $1000 - 25p$，価格が $p$ のときの供給量を $200 + 15p$ であるとします．需要量と供給量が与えられた価格で一致しているとき，その価格のことを**市場均衡**価格といいます．つまり，市場均衡価格とは以下の方程式を満たす価格 $p$ のことです．

$$\underbrace{1000 - 25p}_{需要量} = \underbrace{200 + 15p}_{供給量}$$

またこのときの一致した数量のことを市場均衡取引量といいます．

実際に解いてみましょう．上記の方程式は $1000 - 25p = 200 + 15p$ という

---

[*3]　そうでなければ消費者と生産者のどちらかに不満があります（例えば買いたいのに売っていないなど）．これは価格が変化していくきっかけになるので，そういった状態は永続しません．なのであまり注目しても仕方ありません（**第16章**も参照してください）．というわけでそんなことが起きない「均衡」に注目するのです．

形になるので，これを満たす価格 $p$ を見つけてやると $p = 20$ になります．
（需要量の式と供給量の式のどちらでもいいですが），需要量の式 $1000 - 25 \times p$ にこの $p = 20$ を代入すると $1000 - 25 \times \boxed{20} = 500$ となります．これが市場均衡取引量になります．この場合，「市場均衡価格が20，市場均衡取引量が500」と答えます．

# 3.4 練 習 問 題

**問題 31** 次の方程式を $x$ に関して解きなさい．

1. $x - 2x = 2 - x$
2. $2x = 3x$
3. $2x = 2x + 1$

**問題 32** 次の連立方程式を $x, y$ に関して解きなさい．

1. $\begin{cases} x + 3y = 3y \\ 3x + 2y = 4 \end{cases}$

2. $\begin{cases} x + y = 2 \\ x + y - 3 = 0 \end{cases}$

**問題 35** 価格が $p$ のときの需要量が $250 - 3p$，供給量が $100 + 2p$ であったとする．市場均衡を求めなさい．

**問題 37** 財が財1と財2の2種類あるとする．財1の価格を $p_1$，財2の価格を $p_2$ とする．財1の需要量は $40 - 2p_1 + p_2$，財1の供給量は $20 + 4p_1 - p_2$，財2の需要量は $50 - 3p_2 + p_1$，財2の供給量を $10 + p_1 - 2p_2$ とする．このときの市場均衡価格とは次の連立方程式の解 $p_1, p_2$ のペアのことである．

$$\begin{cases} \text{財1の需要量} = \text{財1の供給量} \\ \text{財2の需要量} = \text{財2の供給量} \end{cases}$$

市場均衡価格を求めなさい．

# 4 不 等 式

経済学では等式だけではなく不等式もよく出てきます．ここでは不等式の性質を簡単にまとめましょう．

## 4.1 不 等 号

二つの実数 $a$ と $b$ について，$a$ のほうが $b$ より大きいとき，$a > b$ と表現します．読み方としては「$a$ 大なり $b$」と読まれます．実数の符号も不等式を使って定義され，$a > 0$ となるとき，$a$ は正の数であるといい，$0 > a$ となるとき，$a$ は負の数であるといいます[*1]．

$a > b$ と書くときには「$a$ と $b$ が等しいこと（つまり $a = b$）」はありえません．例えば $3 > 2$ は正しい（真）ですが，$2 > 2$ は誤り（偽）です．

これに対して，$a > b$ か $a = b$ のどちらか一方だけでも真なのであれば $a \geq b$ と表記されます[*2]．例えば $3 \geq 2$ も $2 \geq 2$ も真となります．一方で $1 \geq 2$ は偽です．$a \geq b$ の読み方は「$a$ 大なりイコール $b$」です．

逆向きの不等号，$<$, $\leq$ も同様に定義されます．つまり $a < b$ と書けば $b$ のほうが $a$ より大きいことをいい，$a < b$ あるいは $a = b$ の少なくともどちらか一方が真なのであれば $a \leq b$ は真です．読み方は，$<$ は「小なり」，$\leq$

---

[*1] 正確には実数の大小は次のように定義されます．まず，実数には正の数，ゼロ，負の数の三種類があり，正の数同士をかけても足しても正の数であるということを仮定します．そして $a > b$ は $a - b$ が正の数であることとして定義されるのです．

[*2] $\geq$ は $\geqslant$ とも書かれます．これは同じ記号の異体字で断りがなければ意味はすべて同じです．

は「小なりイコール」です.

# 4.2 不等式・連立不等式

## 4.2.1 不等式の変形

■**両辺に同じものを足す・かける**　不等式にも等式と似たような変形ができます.例えば次の不等式を考えてみましょう.

$$1 - 2x > 4$$

この不等式の両辺に同じ数字を足したとしても左辺 > 右辺という関係は引き続き成り立ちます[*3].したがって,両辺に $-1$ を足して計算してみると次のとおりです.

$$-1 + 1 - 2x > -1 + 4 \quad (両辺に-1を足す)$$
$$\Rightarrow \qquad -2x > 3$$

一方で,同じ数字をかけたり割ったりするときには注意しなければなりません.正の数をかけるときには不等式の向きは変わりませんが,負の数をかけるときには不等号は逆向きになります.実際に次の例を見てみましょう.

$$-2x > 3$$
$$\Rightarrow \quad -\frac{1}{2} \times (-2x) < -\frac{1}{2} \times 3 \quad \left(両辺に -\frac{1}{2} をかける\right)$$
$$\Rightarrow \qquad x < -\frac{3}{2}$$

これは「両辺に同じ**負の数**をかける」という操作を**使わずに**変形した次の

---

[*3]　これを正確に確かめるために $a > b$ という不等式の両辺に $c$ を足すことを考えてみましょう. $a > b$ の定義より $a - b$ が正の数ということになります.また,$a - b = a + c - c - b = (a + c) - (b + c)$ となり,$a - b$ が正の数であることから $(a + c) - (b + c)$ も正の数になります.よって不等号の定義(本章の脚注 *1 参照)から $(a + c) > (b + c)$ となり,あたかも不等式の両辺に $c$ を足すような式変形ができることが証明されました.

結果と同じになります.

$$-2x > 3$$
$$\Rightarrow \quad 2x + (-2x) > 2x + 3 \quad \text{(両辺に } 2x \text{ を足す)}$$
$$\Rightarrow \quad 0 > 2x + 3$$
$$\Rightarrow \quad -3 > 2x \quad \text{(両辺に } -3 \text{ を足す)}$$
$$\Rightarrow \quad -\frac{3}{2} > x \quad \text{(両辺を } 2 \text{ で割る)}$$

ではなぜこうなるのかを考えてみましょう. いま, $a > b$ が成り立っているとしましょう. この不等式の両辺に $-b$ を足し, $a - b > 0$ とします. そうすると $(a - b)$ は正の数ということになります. これに正の数 $c$ をかけても正の数ですので $c \times (a - b) > 0$ となります. 分配法則で展開し, $c \times b$ を両辺に加えれば $c \times a > c \times b$ となります. 正の数をかければ不等号の向きがそのままなことが確認できますね.

一方で, 今度は負の数 $d$ を $(a - b)$ にかけるとどうでしょうか. 正の数に負の数をかけると負になるので $d \times (a - b) < 0$ となります. よって, 同様の式変形を行えば $d \times a < d \times b$ となり, $a > b$ と不等号が逆向きになるのです.

■**片方の辺に足す・かける** 不等式は両辺に同じものを足したりかけたりする以外に, 片方だけに数字を足したりかけたりして変形することもあります. 例えば $a > 0$ であり, $b > c$ なのであれば $a + b > c$ になります. 要するに大きいものに正の数を足すとより大きくなるということです[*4].

同様に $a < 0$ かつ $b > c$ であれば $b > c + a$ になります. 要するに小さいものにさらにマイナスのものを足せばより小さくなるということです[*5]. 似たような話として, $a > 0$ かつ $b = c$ であるときに, $a + b > c$ が言えますし, $a < 0$ かつ $b = c$ のときには $b > c + a$ が言えます. こういった変形は後々よく使われますので注意してください. 片方の辺に数字をかける話については**ウェブ付録の練習問題**の**問題 45, 46, 47, 48** を参照してください.

---

*4 これは $a$ と $b - c$ が正の数であることと正の数同士を足しても正の数である (つまり $(a + b) - c > 0$ になる) ことから来ています.
*5 これは $b - (c + a) = b - c + (-a) > 0$ と正の数同士の和に変形できることよりわかります.

■**不等式をつなげる** 不等式には次の性質があります．もし $a > b$ と $b > c$ の両方が真ならば $a > c$ が成り立ちます．この性質は**推移性**（すいいせい）と呼ばれます．例えば $x > 3$ であるならば $3 > 2$ であることから $x > 2$ が言えます．これは当然の事実ですが有用です．同様に $\geq$ にも推移性が成り立ちます．

応用例として，次の事実を考えてみましょう．「正の実数 $a, b$ について，$a > b$ ならば $a \times a > b \times b$ である．」この事実を不等式の推移性を使って証明します．まず，$a > b$ であることと，$a > 0$ であることから，$a > b$ の両辺に $a$ をかけて $a \times a > b \times a$ が成立します．同様に $a > b$ と $b > 0$ であることから，$a > b$ の両辺に $b$ をかけて $b \times a > b \times b$ が成立します．よって，$a \times a > b \times a$ と $b \times a > b \times b$ の二つの不等式が成立するので，推移性より $a \times a > b \times b$ であることがわかります．

### 4.2.2　連立不等式

不等式が複数ある場合に連立方程式ならぬ**連立不等式**を考えることがあります（変数の数は一つの場合も二つの場合もある）．例えば，次の二つの不等式 $\begin{cases} x + y > 2 \\ 2x - 3y < 3 \end{cases}$ を連立させたとき，この連立不等式の解とはこの二つの不等式を**同時**に満たす $(x, y)$ の組み合わせの集合を求めることです．通常は複数の実数の組が連立不等式を満たすので，連立不等式の解は集合になるわけです[*6]．一方で，解が存在しない場合もあります．連立不等式 $\begin{cases} x + y > 3 \\ x + y < 2 \end{cases}$ がその例です．$2 > x + y$ かつ $x + y > 3$ であれば推移性から $2 > 3$ となってしまい矛盾しますね．

## 4.3　応用：組織デザイン

本書および問題集では「解なし」が正答となるパターンがいくらかありますが，これは経済学を学ぶ上でも実際に起こりえることで，そこから経済学

---

[*6]　2.3.1 節で出てきた解集合のようなものですね．

的に興味深いことが言えたりします．次の例を考えてみましょう．

> アダムとイヴに共同でプロジェクトをさせることを考えています．両者が努力をすればプロジェクトは「大成功」し，彼らは利益100万円を得ます．一方で片方だけが努力をするが，もう片方はサボるならばプロジェクトは「小成功」で，利益60万円を得ます．ただし，どちらがサボってどちらがちゃんと努力したのかを証明することはできません．そして両者ともにサボればプロジェクトは「大失敗」，利益は0円です．ただしアダムもイヴも努力をするとお金の価値に直して21万円の費用がかかるとします（つまり21万円以上もらわないと努力したくないと思ってる）．

　このときの問題は「利益をどのように山分けすることにすれば両者が努力してくれるようになるのか」ということです．これを考えてみましょう．いま，「大成功」のときのアダムの取り分を$x$万円としましょう．このときにはイヴの取り分はその残り$100-x$万円です．また，「小成功」のときのアダムの取り分を$y$万円とします．イヴの取り分はこのとき，$60-y$万円です．小成功のときはどちらがサボったかはわからないので「サボったほうは取り分0」などということはできないものとします．

　いま，$x$と$y$をうまく調整して，両方ともに努力してもらえないかを考えてみます．アダムはイヴが努力しているという前提では，努力すれば$x-21$万円，サボってしまえば$y$万円が得られます．なので，アダムが努力するなら$x-21 \geqq y$でなければいけません．一方で，アダムが努力している前提では，イヴが努力すれば$(100-x)-21$万円，サボってしまえば$60-y$万円が得られます．したがって，イヴが努力するなら$(100-x)-21 \geqq 60-y$でなければいけません．つまり両者ともに努力するなら$x$と$y$は以下の連立不等式を満たします．

$$\begin{cases} \underbrace{x-21}_{\text{イの取り分（大成功）}-\text{努力費用}} & \geqq & \underbrace{y}_{} & (\text{アダムの努力条件}) \\ \underbrace{(100-x)-21}_{\text{イの取り分（大成功）}-\text{努力費用}} & \geqq & \underbrace{60-y}_{\text{イの取り分（小成功）}} & (\text{イヴの努力条件}) \end{cases}$$

ところが，上の式 $x - 21 \geqq y$ を変形すると $x - y \geqq 21$，下の式 $(100 - x) - 21$ $\geqq 60 - y$ を変形すれば $19 \geqq x - y$ という式が得られ，この二つの不等式を同時に満たす $(x, y)$ は存在しません．つまり，山分け方法を工夫してアダム・イヴの両者に努力させる方法は存在しないということがわかります．

ただし，ここでは『「山分け方法」が存在しないこと』しか言っていません．つまり，『「得られた利益は必ずアダムとイヴで山分けしなければならない」ならば両者に努力をさせられない』としか言っていないのです．「どんなときも山分けしなければいけない」ということを諦めれば次の方法でこの問題を解決することができます．

> 「小成功」のときには利益をすべて捨てる（あるいはどこかへ寄付する）

このとき，例えば「大成功」のときにアダムとイヴが 50 万円ずつ山分けすれば以下のように両者ともに努力するほうが良くなるのです．

$$
\text{努力する} \quad \Rightarrow \quad 50 - 21 = 29 \text{万円の利益}
$$
$$
\text{サボる} \quad \Rightarrow \quad 0 - 0 = 0 \text{万円の利益}
$$

「中途半端な利益なら捨ててしまうほうがいい」という背水の陣戦略の有効性を不等式を使って示すことができるのです[7]．

# 4.4　練 習 問 題

**問題 51** $x < y < 0$ であるとき，不等式の推移性を用いて，$x^2 > y^2$ であることを示しなさい．

---

[7]　詳細は伊藤・小林・宮原（2019）を参照のこと．

# 5 関　数

## 5.1　関数とは？

　今まで数学を学習してきて関数という言葉を聞いたことがあるでしょう.
一次関数や二次関数などです.

　数学で「関数」とはあるものに別のものを関係づけるもののことをいいます[*1]. 例えば $f(\Box) = 5 \times \Box^2 + \Box$ というものがあったとしましょう. 試しに $\Box$ に 3 を入れてみましょう（$\Box$ には同じ数字を入れます）. すると $f(3) = 5 \times \boxed{3}^2 + \boxed{3} = 48$ となり, この $f$ は 3 という数字に 48 という数字を関係させています. 関数というのはこういった $f$ のようなものを呼びます[*2]. 言い換えれば, 関数というのは要素に別の要素をひとつ割り当てるルールということです.

　ここで言う $\Box$ の値を「入力」, $f(\Box)$ の値を「出力」ということもあります. 注意すべきは入力が決まれば出力はただひとつに定まるということです. 自販機を例にしてみると, ボタンを押すのが入力で, ジュースが出てくるのが出力と考えればいいですね.（故障していない限り）1 個のボタンで二つのジュースは出てきません.

---

[*1] 他にも似たようなものとして写像, 対応, 作用素などがあり, 細かい違いはありますが, だいたいは関数と同じ意味です.

[*2] よく, $f(x)$ が関数, と書く人がいますが, これは正確に言えば間違いです. $f(x)$ とは $x$ を代入した具体的な値であり, 関数そのものではないからです. 関数とはあくまで関係付けのルールそのもので, 関数として考えるときには単に $f$ と書きます.

□ に当たる部分は**変数**と呼びます。変数には普通は $x$ や $y$ という文字を使います。もう少し色々な例を見てみましょう。同じ例，$f(\square) = 5 \times \square^2 + \square$ を使って今度は文字の計算をしてみます。□ の部分に $x$ を入れると $f(x) = 5x^2 + x$ となります。また □ の部分に $x+1$ を入れると $f(x+1) = 5(x+1)^2 + (x+1)$ となります。慣れないうちは $f(x) = [$ナントカカントカ$]$ となっていたら $x$ のところを □ に変えて，その箱の中に色々文字を入れて計算してみましょう。

また，変数は一つだけとは限りません。例えば $f(\square, \bigcirc) = \square \times \bigcirc^2 + 3 \times \square + 4$ となっていれば □ と ○ それぞれに文字を入れて計算します。例えば □ に $x$，○ に $y+1$ を入れるのであれば $f(x, y+1) = (x) \times (y+1)^2 + 3x + 4$ と計算します。変数が複数ある関数のことを**多変数関数**と呼びます。

関数の定義の仕方としては単純に $f(x) = 2x^2 + x$ のようにするほかに，下記のように場合分けして定義する方法もあります。

$$f(x) = \begin{cases} x+3 & \text{if} \quad x < 0 \\ 2x & \text{if} \quad x \geqq 0 \end{cases}$$

この場合は $x < 0$ の場合，$f(x)$ は $x+3$ となって，$x \geqq 0$ なら $2x$ となるという意味です。例えば $x = -1 < 0$ ならば $f(-1) = \boxed{-1} + 3 = 2$ ですが，$x = 1 > 0$ ならば $f(1) = 2 \times \boxed{1} = 2$ となります。こういった形で定義される関数の例として**絶対値**があります。$x$ の絶対値は $|x|$ と表現し，次のように定義されます。

$$|x| = \begin{cases} x & \text{if} \quad x \geqq 0 \\ -x & \text{if} \quad x < 0 \end{cases}$$

絶対値は必ず負でない値（つまりプラスか $0$ か）をとります。

■**定義域・値域・終域** 関数というものを正式に定義しようとするには**定義域**と**終域**という二つの集合を用意する必要があります。関数 $f$ とは，定義域の任意の要素 $x$ について，終域の要素 $f(x)$ を一つだけ割り当てるルールとして定義されます[*3]。注意すべきは，定義域すべての要素について割り当てな

いといけないということで，定義域の中に割り当てられない要素があれば関数として成立しません．例えば $f(x) = \dfrac{1}{x}$ であるとき，$f(0) = \dfrac{1}{0}$ は定義できません．したがって，$f(x) = \dfrac{1}{x}$ は定義域をすべての実数の集合としたときには関数と言えなくなります．ただし，定義域が「0 より大きい実数すべての集合」などであれば定義域に 0 を含まなくなるので OK です[*4]．

また，ただ一つの要素を割り当てないといけないので，二つ以上の要素を割り当てることはできません．例えば $f(x) = $「$y^2 = x$ となる実数 $y$」としたとき，$x = 4$ であれば $y = 2$ も $y = -2$ もその条件を満たしてしまうのでどちらを割り当てたらいいのか困ってしまいます[*5]．関数は困らせてはいけないのです．

定義域を $X$，終域を $Y$ として持つ関数 $f$ を $f: X \to Y$ と表記します．これを $X$ から $Y$ への関数と呼ぶこともあります．終域が実数である関数のことを特に**実数値関数**と呼びます．

また，定義域内の $x$ を動かしたとき，関数の値 $f(x)$ がとりうる値の集合のことを**値域**といいます[*6]．関数と定義域が決まれば値域は自動的に決まります．例えば絶対値 $|x|$ の定義域は，多くの場合，実数全体の集合です．そしてこのとき，値域は負でない実数全体の集合です．

## 5.2 合成関数・逆関数

■**合 成 関 数**　関数が二つ与えられたとき，二つの関数の**合成関数**というも

---

[*3]　$X$ を定義域，$Y$ を終域とするとき，この定義を論理式を使って書けば「$\forall x \in X\ (\exists y \in Y\ (f(x) = y))$」となります（上級者向けの注）．

[*4]　他にも場合分けを使って $f(0)$ をテキトーに定義してやれば定義域がすべての実数の集合だとしても関数になります．例えば次のものが例です（不自然ですが）．

$$f(x) = \begin{cases} 1/x & \text{if } x \neq 0 \\ 100 & \text{if } x = 0 \end{cases}$$

[*5]　ただし $f(x) = $「$y^2 = x$ となる実数 $y$ **の集合**」とすれば割り当てられるものは集合としてはただ一つに決まってくれるので OK です．しかしながらこのときは関数の値は実数ではなく集合になります．集合を値とする関数は「対応」と呼ばれます．

[*6]　正式に書けば $\{y \in Y : \exists x \in X (y = f(x))\}$ です．ただし $X$ は $f$ の定義域，$Y$ は終域です（上級者向けの注）．

のを考えることができます．例えば $f(x) = x^2 + 1$, $g(y) = y^3 + 3y$ という二つの関数があったとします．このとき，例えば $x = g(y)$ だと思って，$f(g(y))$ というものを考えます．このようにある関数の変数の部分に別の関数を代入して作った関数のことを合成関数と呼びます．この場合は

$$f(g(y)) = (g(y))^2 + 1$$
$$= (y^3 + 3y)^2 + 1$$

となります．$f(g(y))$ を $f \circ g(y)$ と書くときもあります．

注意事項として，ほとんどの場合には $f \circ g$ と $g \circ f$ は異なります（たまたま一致することはある）．例えば上の例であれば $g \circ f(x) = g(f(x)) = (f(x))^3 + 3(f(x)) = (x^2 + 1)^3 + 3(x^2 + 1)$ となります．

何のためにこんなことを？ と思われるかもしれませんが，ある関数を複数の関数の合成関数とみなして考えることはいろんなところで役立ちます[*7]．本書では特に第 11 章で微分の計算において役立ちます．

■逆関数 関数 $f$ があったとき，定義域に属するすべての $x$ について，$g(f(x)) = x$ となる関数 $g$ が存在することがあります．このような関数 $g$ を $f$ の逆関数と呼び，$f^{-1}$ と書きます．つまり $f^{-1}(f(x)) = x$ となる関数です．

このときには $f(f^{-1}(y)) = y$ も成り立ってくれます．実際，$f^{-1}(f(x)) = x$ の両辺に $f$ を作用させれば以下のように整理できます．

$$f^{-1}(f(x)) = x$$
$$\Rightarrow \quad f(f^{-1}(f(x))) = f(x) \quad (両辺に f を作用させる)$$
$$\Rightarrow \quad f(f^{-1}(y)) = y \quad (y = f(x) とおく)$$

例として $f(x) = 2x + 1$ で考えてみましょう．$f^{-1}$ は $f(f^{-1}(y)) = y$ を満たすことから，次の方法で求めることができます[*8]．

$$f(f^{-1}(y)) = y$$
$$\Rightarrow \quad 2 \times f^{-1}(y) + 1 = y \quad (f(x) = 2x + 1 の x に f^{-1}(y) を代入)$$

---

[*7] 中高数学で複雑なものをひとまとめにして文字としておく，というのをやったと思いますが，アレと似たようなものです．

[*8] これはあくまで求め方の一例です．例えばパッと関数を思いついて，その思いついた関数が定義をちゃんと満たしていれば，回答として OK です．

$$\Rightarrow f^{-1}(y) = \frac{y-1}{2} \ (f^{-1}(y) = \text{の形に直す})$$

ただし逆関数はいつでも存在するとは限りません．例えば $f(x) = x^2$ を考えてみましょう．このとき，$f(2) = f(-2) = 4$ となることに注意します．もし仮に「逆関数 $f^{-1}$ が存在する」としましょう[*9]．$f^{-1}(4) = 2$ であれば，

$$f(f^{-1}(4)) = f(2) = (2)^2 = 4$$

となるので，一見これが正しそうに見えます．一方で，$f^{-1}(f(x)) = x$ でなければいけないので，$x = -2$ を入れると

$$f^{-1}(f(-2)) = f^{-1}(4) = 2$$

となるので $f^{-1}(f(-2)) \neq -2$ となり，逆関数の定義を満たしてくれません．$f^{-1}(4) = -2$ であっても同様です．この場合は $f^{-1}(f(x)) = x$ が $x = 2$ のときに成立しなくなります．というわけで「逆関数 $f^{-1}$ が存在する」という命題は偽，つまり逆関数は存在しないということになります[*10,*11]．


## 5.3　関数とグラフ


関数を理解するためにグラフは非常に便利な道具です．そのため，まずグラフの描き方を復習しましょう．図 5.1 は座標平面と呼ばれるものです[*12]．$(2,3)$ という位置は原点 $O$ から $x$ 軸方向に 2，$y$ 軸方向に 3 進んだところを指します[*13]（将棋やチェスの棋譜のようなものです）．

さて関数をグラフ上で表現します．これはどう表現するかというと，

---

[*9]　これも背理法です．

[*10]　一般に，ある $y$ について $f(x) = y$ となる $x$ が複数あれば逆関数は存在しません．

[*11]　ただし，定義域を制限すれば逆関数が存在するようになります．例えば $f(x) = x^2$ であれば定義域を $x \geq 0$ となる実数の集合に制限します．そうすると逆関数を $f^{-1}(y) = \sqrt{y}$ とできるようになります．一般に，定義域を制限していいのであれば一定の条件下で逆関数は存在することが知られています．逆関数定理で調べてみてください．

[*12]　哲学者，ルネ・デカルトの考案によるものなのでデカルト座標（Cartesian coordinates）とも呼ばれます．

[*13]　この場合の $x$ 軸方向は右，$y$ 軸方向は上です．

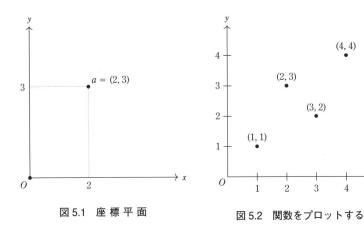

図 5.1　座 標 平 面

図 5.2　関数をプロットする

$(x, f(x))$ という点を座標平面にすべて打っていく（プロットするといいます）という作業をします．例えば $f$ が次のような関係を定めていたとしましょう．

$$f(1) = 1, \quad f(2) = 3, \quad f(3) = 2, \quad f(4) = 4$$

この関数をプロットすると図 5.2 のようになります．後で見ていくように関数を図にプロットすることで，関数の色々な性質を図形的に調べることができるようになります．

# 5.4　一 次 関 数

関数の中で，$f(x) = ax + b$ と書けるものを**一次関数**と呼びます．$a$ を **傾き**，$b$ を（縦軸の）**切片**と呼びます．$a$ と $b$ には色々な実数が入ります．一次関数はグラフで描くと直線になります（**図 5.3** 参照）．座標の中に二つ点があれば，その二点を通る直線は一つだけです．つまり二点が決まればその二点を通る一次関数を求めることができます．例えば次の例を見てみましょう．

**例 1.** $(1, 2), (2, 4)$

点 $(1, 2)$ を通る一次関数なので $f(1) = a \times \boxed{1} + b = 2$ が満たされます．ま

47

た $(2,4)$ も通るので $f(2) = a \times \boxed{2} + b = 4$ も満たされます．この二つを満たす $a, b$ を求めることでこの二点を通る一次関数を求めることができます．実際に連立方程式

$$\begin{cases} a \times \boxed{1} + b = 2 \\ a \times \boxed{2} + b = 4 \end{cases}$$

を $a, b$ について解くと，$a = 2, b = 0$ と得られるので，求めたい一次関数は $f(x) = ax + b$ に $a = 2, b = 0$ を代入した $f(x) = 2x$ です．

---

## 例2. $(1, 5), (2, 3)$

例 1 と同様にして求めることができます．

---

## 例3. $(1, 3), (2, 3)$

例 1 と同様にして計算してみましょう．すると $f(1) = a \times \boxed{1} + b = 3$, $f(2) = a \times \boxed{2} + b = 3$ となります．ところがこのとき，この二つを満たす $a, b$ を計算すると $a = 0$, $b = 3$ となります．これを図に描くと水平の直線になります．

---

## 例4. $(3, 1), (3, 2)$

例 1 と同様にして計算してみましょう．すると $f(3) = a \times \boxed{3} + b = 1$, $f(3) = a \times \boxed{3} + b = 2$ となります．しかしこれを満たす $a, b$ は存在しません．これは一次関数とは言えないのです．しかしこのような条件を満たす直線を図に描くことはできます．それは $x = 3$ という垂直な直線です[14]（図 5.3）．

---

[14] $\{(x, y) : x = 3\}$ という集合に属する座標の点をすべてプロットしているとも言えます．このように関数とは言えないもの（同じ $x$ に対してそれに対応する $y$ が複数あるもの）もグラフに描くことができます．

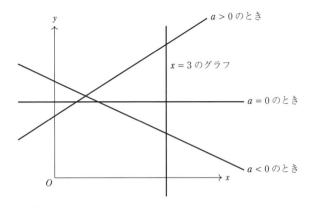

**図 5.3 一次関数と直線のグラフ**

## 5.5 応用：需要関数と価格弾力性

最後に経済学の例を使って考えてみましょう．ある財を一つ固定します．その財の価格と，ある消費者がその価格で買いたい量（需要量）の関係を需要関数と呼びます．もし需要関数が一次関数ならば，価格と売上のデータがそれぞれ二つあればその需要関数を求めることができるということになります[*15]．例えば次の状態を考えます．

> 「あるコンビニではパンが 120 円のときには 20 個売れ，100 円に値下がりしたときには 100 個売れる．」

もし需要関数が一次関数であれば需要関数は $D(p) = ap + b$ と書けます．ただし $p$ は価格（price の p）で $D(p)$ は価格が $p$ のときの需要量を指します．このとき，需要関数は $D$ と表します．記号は Demand の D を意味します．小文字で書くと $a$ とか $b$ みたいな定数に見えるので大文字で書いています．

実際に求めてみましょう．120 円のときに 20 個売れるのですから $D(120)$

---

[*15] 実際には一次関数とは限りませんし，誤差などもありますので必ずしもこんな簡単ではありません．計量経済学というタイトルがついた教科書を読んでください．

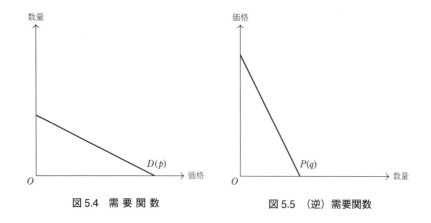

図 5.4　需 要 関 数　　　　　　　　図 5.5　（逆）需要関数

$= 120a + b = 20$ で，また $100$ 円のときには $100$ 個売れるので $D(100) = 100a$ $+ b = 100$ です．この二式を満たす $a, b$ を求めると需要関数を求めることができます．これを描いたものが**図 5.4** です．

　一方で経済学では需要関数を図示するとき，基本的に価格を縦軸にとります．なのでこのグラフを上下左右反転させる必要があります．**図 5.5** はそれを描いています．こう見ると需要関数は価格の関数ではなく数量の関数に見えるかもしれません．実際価格と需要量の関係が一対一であれば[*16]，需要関数を反転させることができます．

　もし需要関数が $D(p) = a \times p + b$ と書けるとすると，このとき，$q = D(p)$, $p = P(q)$ とおけば（$q$ は数量（quantity）），需要関数を $q = a \times P(q) + b$ と書き直すことができます．この $P(q)$ の部分が価格です．これを数量の関数とみなすのです．これを解けば $P(q) = \frac{1}{a}(q - b)$ と書き換えることができます．この $P(q)$ は**逆需要関数**と呼ばれます．経済学では需要関数を図示するとき，逆需要関数のほうを書くのです[*17]．そして，逆需要関数は需要関数の逆関数です．

　需要関数に関係して，**需要の価格弾力性**という概念を紹介します．需要の価格弾力性とは価格が $1\%$ 変化したときに需要量は何 $\%$ 変化するかという指標で，需要関数を $D(p)$, 変化前の価格を $p^{前}$, 変化後の価格を $p^{後}$ とすれば

---

[*16]　一対一とは価格が違えばそのときの需要量は異なり，また量が違えば，需要量がその量になる価格も違うということです．

[*17]　どうしてそういうことをするかについてはミクロ経済学の教科書で学んでください．

$$需要の価格弾力性 = -\frac{\dfrac{D(p^{後}) - D(p^{前})}{D(p^{前})}}{\dfrac{p^{後} - p^{前}}{p^{前}}}$$

$$= -\frac{D(p^{後}) - D(p^{前})}{p^{後} - p^{前}} \times \frac{p^{前}}{D(p^{前})}$$

と定義されます．つまりは需要の変化率 $\dfrac{D(p^{後}) - D(p^{前})}{D(p^{前})}$ を価格の変化率 $\dfrac{p^{後} - p^{前}}{p^{前}}$ で割ったものです[18]．通常は価格が低下すると需要が増えるので，変化率はマイナスになります．したがってマイナスをつけて絶対値で表現することがよくあります．

例として，需要関数が一次関数，$D(p) = b - a \times p$ だとします．すると価格弾力性は次のように計算できます．

$$需要の価格弾力性 = -\frac{(b - a \times p^{後}) - (b - a \times p^{前})}{p^{後} - p^{前}} \frac{p^{前}}{(b - a \times p^{前})}$$

$$= \frac{a \times p^{前}}{b - a \times p^{前}}$$

少し観察すればわかるように，この需要関数については例えば需要関数の傾き $a$ が大きければ大きいほど，あるいは価格が高ければ高いほど大きくなります[19]．

---

[18] 変化率とは，変化した分の差を変化する前の量で割ったものです．なぜこんなことをするのかと言えば，変化した分の差だけ見てもイマイチどれだけその変化のインパクトが大きいかがわからないからです．例えば価格 1000 万円のものが 1001 万円になったとして，たいした変化ではないですが，10 円のものが 1 万 10 円になったら大ニュースです．しかしこの場合どちらも変化した大きさは 1 万円です．一方で変化率で見ると，前者の変化率は $\frac{1万}{1000万} = 0.001$ ですが，後者の変化率は $\frac{1万}{10} = 1000$ です．変化率がインパクトの大きさの違いを表していますね．

[19] 逆需要関数の傾きとしては逆に傾きが小さい財が弾力性の高い財です．通常目にする需要曲線は逆需要関数ですので，弾力性の大きい財は水平に近い傾きをしています．もちろん価格の高さにも依存することには注意が必要です．

# 5.6 練習問題

**問題 54** 関数 $f$ を $f(x) = x^2 + 3x$ と定める.

1. $f(2)$ を計算しなさい.
2. $f(x+2)$ を計算しなさい.
3. $f(x^2)$ を計算しなさい.

**問題 57** $f(x) = (x+1)^2, g(x) = 2x + 1$ とする.

1. $f \circ g(x)$ および $g \circ f(x)$ を計算しなさい.
2. $g^{-1}(y)$ を計算しなさい.

**問題 59** 関数 $f$ がある.定義域に属する二つの異なる数 $x, x'$ について,$f(x) = f(x') = y$ であるという.この関数に逆関数が存在しないことを証明しなさい.

**問題 61** あるコンビニではパンが 120 円のときには 40 個売れ,100 円に値下がりしたときには 70 個売れる.さらにパンの売上個数と価格は一次関数の関係にある.

1. パンの需要関数を求めなさい.
2. 逆需要関数を求めなさい.
3. 需要関数の傾きが 1/2 倍になったという.パンの価格が 120 円のとき,パンはいくら売れるか答えなさい.
4. 価格が 120 円から 100 円に値下がりしたときの需要の価格弾力性を求めなさい.

# 6 二次関数

## 6.1 二次関数と平方完成

一次関数が $ax + b$ という形で書けたのに対して，これに $x^2$ の項をつけ足した関数を**二次関数**といいます．正確には次のように定義される関数です（$a, b, c$ は定数で次数が上のものから順に割り当てています）．

$$f(x) = ax^2 + bx + c$$

この形を**一般形**と呼びます（ただし $a \neq 0$ である[*1]）．一方で他の形として，**標準形**と呼ばれる次の形で定義されることもあります．

$$f(x) = a(x - \alpha)^2 + \beta$$

標準形と一般形はお互いの形に直すことができます．標準形を一般形に直すには展開すればいいだけです．これに対して一般形を変形して標準形に直すという作業は多少複雑です．

----

まずは $x$ が含まれる項を一つにまとめます．

$$f(x) = ax^2 + bx + c = (ax^2 + bx) + c$$

次に，$x^2$ の係数である $a$ でくくります[*2]．

----
[*1] $a = 0$ ならば一次関数です．

$$(ax^2 + bx) + c = a\left(x^2 + \frac{b}{a}x\right) + c$$

さらに，少しおまじないとして，次のような変形をします．

$$a\left(x^2 + 2\frac{b}{2a}x\right) + c$$

そうしたら何となく $0 = \left(\frac{b}{2a}\right)^2 - \left(\frac{b}{2a}\right)^2$ を足します[*3]．

$$a\left(x^2 + 2\frac{b}{2a}x\right) + c = a\left(x^2 + 2\frac{b}{2a}x + \left(\frac{b}{2a}\right)^2 - \left(\frac{b}{2a}\right)^2\right) + c$$

すると $x^2 + 2\frac{b}{2a}x + \left(\frac{b}{2a}\right)^2$ の部分は，展開公式[*4]を思い出してみると，$\left(x + \frac{b}{2a}\right)^2$ と一致するのでした．したがってこの変形を行います．

$$a\left(x^2 + 2\frac{b}{2a}x + \left(\frac{b}{2a}\right)^2 - \left(\frac{b}{2a}\right)^2\right) + c$$
$$= a\left(\left(x + \frac{b}{2a}\right)^2 - \left(\frac{b}{2a}\right)^2\right) + c$$

さらにこの式をもう少し変形していきましょう．目標は標準形です．

$$a\left(\left(x + \frac{b}{2a}\right)^2 - \left(\frac{b}{2a}\right)^2\right) + c = a\left(x + \frac{b}{2a}\right)^2 - a\left(\frac{b}{2a}\right)^2 + c$$
$$= a\left(x + \frac{b}{2a}\right)^2 - \frac{b^2}{4a} + c$$
$$= a\left(x + \frac{b}{2a}\right)^2 - \frac{b^2 - 4ac}{4a}$$

これで完成です．ここの式と標準形を見比べてみましょう．$\alpha = -\frac{b}{2a}$，$\beta = -\frac{b^2 - 4ac}{4a}$ とおけばこの式が標準形に対応するものだとわかるでしょう．この作業を平方完成（へいほうかんせい）と呼びます[*5]．これではわからないという人はウェブ付録第Ⅲ部の具体例を使った平方完成のやり方を読んで，感覚をつかみま

---

[*2]　係数とは変数にかかっている数です．例えば $ax$ という式があったときには $x$ の係数は $a$ という言い方をします．

[*3]　0 を足しても値は変わりませんのでこういう変形ができます．このような $a - a = 0$ みたいに結果として 0 になる項を足して計算を工夫するというテクニックは数学ではよく使われます．

[*4]　$(A + B)^2 = A^2 + 2AB + B^2$ であることを確認してください．$A = x, B = \frac{b}{2a}$ とおいてみましょう．

[*5]　ここでもう一息頑張れば二次方程式の解の公式が出てきます．この公式は古代バビロニアの時代から知られていたものです．

しょう．後で見るように一般形より標準形のほうが使いやすいので平方完成
はよく使われます．

# 6.2　二次関数とグラフ

　次に二次関数の図形的な特徴を見ていくことにしましょう．これを見るた
めに次の二次関数をプロットしてみましょう[6]．

**例 1.** $f(x) = x^2$

**例 2.** $f(x) = -x^2 + 2x$

**例 3.** $f(x) = x^2 + 2x$

**例 4.** $f(x) = x^2 - 2x$

　描画をしてみるとわかるように，二次関数，$ax^2 + bx + c$ は一般に図 6.1
のような形状をしています．$a > 0$ のとき，グラフの形状を**下に凸**といい，
$a < 0$ のとき，**上に凸**といいます．この形状から，二次関数は $a > 0$ のとき，
**最小値**を持ち，二次関数は $a < 0$ のとき，**最大値**を持つということが言え
ます[7]．

　実際にこれを数式でチェックするために二次関数の標準形，$f(x) = a(x - \alpha)^2 + \beta$ を考えます．すべての $x$ について $(x - \alpha)^2 \geqq 0$ であることに注意して
ください．そうすれば $a > 0$ であれば，すべての $x$ について $f(x) \geqq \beta$ である
ことがわかります[8]．また $f(\alpha) = \beta$ となることから，すべての $x$ について
$f(x) \geqq f(\alpha)$ となり $f(\alpha) = \beta$ が最小値であることがわかります．一方で $a < 0$
であれば $f(\alpha)$ は最大値になります．

---

[6]　WolframAlpha（https://www.wolframalpha.com）などの計算ソフトウェアを使うことをおす
　　すめします．

[7]　定義域のすべての $y$ に対して $f(x) \geqq f(y)$ となるときに $f$ は $x$ で最大値 $f(x)$ をとるといいます．
　　同様に定義域に属するすべての $y$ に対して $f(y) \geqq f(x)$ となるときに $f$ は $x$ で最小値 $f(x)$ をとると
　　いいます．詳しくは**第 11 章**で触れます．二次関数では $a > 0$ のとき，頂点の $y$ 座標が最小値，
　　$a < 0$ のときには頂点の $y$ 座標が最大値です．

[8]　こういった不等式の変形については **4.2.1 節**を復習してください．

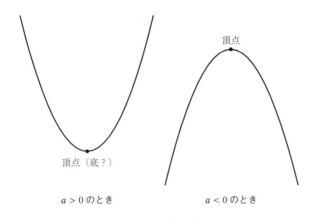

頂点

頂点（底？）

$a > 0$ のとき         $a < 0$ のとき

図 6.1　二次関数の形状

## 6.3　応用：独占企業の利潤最大化問題

　経済学における二次関数の応用例として，独占企業の利潤最大化問題を考えます．独占企業とは，ある財を販売する唯一の企業のことで，その企業が作った財の個数がそのまま市場への供給量になります．独占企業はその会社の利潤（儲けのこと，利益）を最大にするために，消費者の需要関数を見ながら価格や生産量を決定するとします．

　まずは生産量を決定する場合を考えてみましょう．消費者の需要関数が $D(p) = 5 - \frac{1}{20}p$ で表される場合を考えてみます．独占企業の生産量が $q$ であれば，それがそのまま供給量になりますので，市場均衡価格は $D(p) = q$ を満たす価格です．そしてこれは次のように計算できます．

$$D(p) = q$$
$$\Rightarrow \quad 5 - \frac{1}{20}p = q \qquad \left( D(p) = 5 - \frac{1}{20}p \text{ を代入} \right)$$
$$\Rightarrow \quad 100 - p = 20q \qquad (\text{両辺に } 20 \text{ をかける})$$
$$\Rightarrow \quad p = 100 - 20q \quad (p = \text{ の形に直す})$$

ここに出てくる $100 - 20q$ というものが逆需要関数になります．これは $q$ の関数と考えることができるので $P(q) = 100 - 20q$ とおくことにしましょう．

また財を一個作るごとに費用が $c$ かかることとします．このとき，この独占企業が $q$ だけ財を作るときの利潤は，生産量が $q$ のときの利潤を $\pi(q)$ とおけば以下のように計算できます[9]．

$$\pi(q) = \underbrace{P(q) \times q}_{\text{売上金額}} - \underbrace{c \times q}_{\text{費用}} \tag{6.1}$$

この $P(q) \times q$ は売上金額を表現します．例えば一個 100 円のものを 7 個売ればその売上金額は $100 \times 7$ で 700 円になります．ここの 7 に対応するものが $q$ であり，100 に対応するものが価格を表現している $P(q)$ なのです．売上金額は収入ともいいます．その売上金額から $q$ だけ作るためにかかった費用 $c \times q$ を引いたものが利益になるわけです．

さて，具体的に利潤を計算していきます．逆需要関数 $P(q) = 100 - 20q$ を式 (6.1) に代入すると利潤は次のように計算できます．

$$\pi(q) = \underbrace{(100 - 20q)}_{\text{価格}} \times q - c \times q \tag{6.2}$$

これを使って利潤を最大化する $q$ を求めましょう．式 (6.2) を整理すると

$$\begin{aligned}
\pi(q) &= -20q^2 + (100 - c)q \\
&= -20\left(q^2 - \frac{100 - c}{20}q\right) \\
&= -20\left(q - \frac{100 - c}{40}\right)^2 + \frac{(100 - c)^2}{80}
\end{aligned}$$

となります．二次の項の係数が負ですのでこの関数は上に凸の二次関数です．よってこの関数は $q = \dfrac{100 - c}{40}$ で最大値をとります．したがって利潤を最大化する生産量は $q = \dfrac{100 - c}{40}$ というわけです．

独占企業が価格を決定する場合も同様に考えることができます．この場合，消費者の需要関数 $D(p)$ を考えます．価格が $p$ のとき，$D(p)$ だけ売れるのですから，その分だけ作らなくてはなりません．結果，独占企業が価格 $p$ をつ

---

[9]　利潤は英語で profit といいますが，頭文字 p は価格 price で使うことが多いのでギリシャ文字で p に相当する $\pi$ を使うことがよくあります．

けるときの利潤は次のとおりです.

$$\pi(p) = p \times D(p) - c \times D(p)$$

例えば $D(p) = 100 - 20p$ であったとき, この利潤を最大化するときには $p$ を
いくらにすればいいでしょうか. これも考えてみましょう.

# 6.4 練 習 問 題

**問題 64** あるコンビニではパンが 100 円のときには 30 個売れ, 120 円に値
上がりすると 10 個しか売れない. パンの需要関数は価格の一次関数で
あるという. この街には一つしかコンビニがないとする.

1. 需要関数を求めなさい.
2. 逆需要関数を求めなさい.
3. パンを作るには一つ 20 円かかるという. 需要関数を使ってこのコ
   ンビニの利潤を書き, 利潤を最大化する販売価格を求めなさい.

# 7 指数・対数

## 7.1 指　数

かけ算は足し算として書けるということを思い出しましょう．例えば

$$5 \times 4 = 5 + 5 + 5 + 5 \quad (\text{または} 4 + 4 + 4 + 4 + 4)$$

つまり同じ数を何度も足すという操作がかけ算として表現されているということになります．同じように，同じ数を何回もかけるという操作を**べき乗**[*1]といいます．例えば 5 を 4 回かけたものは次のように書きます．

$$5 \times 5 \times 5 \times 5 = 5^4$$

これは「5 の 4 乗」と読みます[*2]．右上の小さな数字[*3]は**指数**といいます．

指数には任意の正の実数 $a, b$ と任意の実数 $m, n$ について次の法則が成り立ちます．

**指数法則 1.** $a^{m+n} = a^m \times a^n$

**指数法則 2.** $a^{mn} = (a^m)^n$

**指数法則 3.** $(ab)^n = a^n b^n$

---

[*1] 漢字では冪乗と書きます．巾乗という略字が使われることもあります．

[*2] 注意事項として，かけ算と違い，例えば $5^4$ と $4^5$ は異なる値をとります．

[*3] 俗に「肩の数字」や「上添字」と言ったりすることもあります．

指数法則は $m, n$ の部分が正の整数のときには容易に確認できます．例えば指数法則1の左辺は「$a$ を $m+n$ 回かける」という意味で，一方で「右辺は $a$ を $m$ 回かけたあと，さらに追加で $n$ 回かける」という意味です．両者とも $a$ をかける回数が同じなので同じ数になるというわけですね．**指数法則2，3** も同じように確かめることができますのでやってみましょう．

■**正の整数以外の指数**　べき乗 $a^n$ は $n$ が正の整数以外にも定義することができます．この場合，$n$ の部分をかける回数と考えると妙なことに思えるかもしれません．例えば「7.32 を $-\sqrt{2}$ 回かける」と言われても何のことかわかりません．

　実際には $n$ が正の整数でない場合のべき乗は指数法則と四則演算の法則が矛盾しないように定義されるものです．つまり $n$ が正の整数のときに成り立っている法則が $n$ が正の整数以外でも成り立つ世界を想定して，そこから逆算してべき乗を計算するのです．このようにいま成り立っている法則がそのまま他でも成り立つように他の数についても演算の計算方法を定義していくことを**拡張する**といいます．拡張すると計算の上で便利なことがあるので，元々の意味を離れて利用されることがよくあります．

### ケース1.　$a^0 = 1$

　こうすれば $1 \times a^n = a^0 \times a^n = a^{0+n} = a^n$ となるので指数法則と四則演算の法則が矛盾しません．

--------------------------------------------------

### ケース2.　$a^{-1} = \dfrac{1}{a}$

　これを使えば指数法則も $a^{m-n} = \dfrac{a^m}{a^n}$ という形にすることができます．こうすれば $= a^n a^{m-n} = a^{n+m-n} = a^m$ となるのでやはり指数法則と四則演算の法則が矛盾しません．

--------------------------------------------------

## ケース 3. $a^{\frac{1}{m}}$ は $m$ 乗したら $a$ になる正の実数

例えば $a^{\frac{1}{2}} = \sqrt{a}$ です．このようにするのは指数法則から $(a^{1/m})^m = a^{m/m}$ $= a^1 = a$ となるからです．

- - - - - - - - - - - - - - - - - - - - - - - - - - - - - - - - - - - - - - - - - - - - -

現実でも指数の計算は使われています．例として複利計算を考えてみましょう．銀行などで預金というシステムがあることはご存知でしょう．預金をすると預けた金額に比例して利子がつきます．例えば，年利1%で1万円を10年間預けるといくらになるでしょうか．年利の一つの計算方法は，1年で1%[*4]の利子，100円がつくのだから10年だと1000円というのが一つの答えです．この計算方法を**単利計算**と呼びます．もう一つの方法は**複利計算**と呼ばれるものです．これはすでについている利子もすべてまとめた金額にさらに利子をつけるという計算です．

例えば，1万円を預けて一年後には預金金額は次のとおりになります[*5]．

$$\underbrace{10000}_{元本} + \overbrace{\underbrace{0.01}_{} \times 10000}^{利子率} \atop 利子$$

これを 10000 でくくると $10000 \times (1 + 0.01)$ となります．二年後にはこの $10000 \times (1 + 0.01)$ を新しい元本とみなし，これに利子がつくのです．つまり二年後の預金金額は次のとおりです．

$$1 \times \overbrace{10000 \times (1 + 0.01)}^{新しい元本} + \underbrace{0.01 \times \overbrace{10000 \times (1 + 0.01)}^{新しい元本}}_{利子}$$

これを $10000 \times (1 + 0.01)$ でくくれば $10000 \times (1 + 0.01) \times (1 + 0.01) = 10000$ $\times (1 + 0.01)^2$ となります．

同様に 10 年後の預金額を計算すると以下のようになります．

$$(10000 \times \underbrace{(1 + 0.01)) \times (1 + 0.01) \times \cdots \times (1 + 0.01)}_{全部で10個} = 10000 \times (1.01)^{10}$$

---

[*4]  1% = 0.01 です．%は百分率といいますが，その名のとおり，100 で割ったものです．
[*5]  元本とは預けた元の金額です．これに利子率をかけたものが利子になり，その金額が口座に振り込まれます．

指数はこの手の計算を扱う便利な手段です[*6].

■**指数を含む方程式を解く**　指数が含まれる方程式の解き方というものは一般的にはありませんが[*7]，いくつかの形は簡単に解くことができます．例えば，$3^{x+1} = 3^2$ という方程式を考えてみましょう．この形ですと，両辺ともに 3 のナントカ乗という形をしていますので，肩の数字同士を比較して $x + 1 = 2$ という等式に持ち込んで計算できます．つまり $x = 1$ が解になります．

次に，$x^5 = a + b$ という方程式を考えてみます．この形は本来は $n$ 次方程式というものを解く必要があります．しかし，この形の場合，以下のように両辺を 1/5 乗することで解の一つを簡単に求めることができます．

$$(x^5)^{1/5} = (a+b)^{1/5}$$
$$\Rightarrow \quad x^{5/5} = (a+b)^{1/5}$$
$$\Rightarrow \quad x = (a+b)^{1/5}$$

正の整数以外のべき乗が確かに計算の上で役に立ってますね．電卓などで計算すれば実際の数値を計算できます．例えば $a + b = 2.6$ とかであれば (2.6)^(1/5) と書いて Google などで検索すれば計算してくれます．

## 7.2　応用：割引現在価値

年利子率 $r$ で $c$ 万円を 1 年間預けると，1 年後には $c(1+r)$ 万円になります．では，いま $c$ 万円もらうことと 1 年後に $z$ 万円もらうことのどちらがいいでしょうか．計算すると，今すぐ $c$ 万円もらうことと 1 年後に $z$ 万円もらうことが 1 年後に得られる金額の面で等しくなるのは $c$ が次の等式を満たす

---

[*6]　…は同じような項がたくさんあるけれど書ききれないので省略しているということを意味します．

[*7]　五次以上の方程式には四則演算とべき乗のみによる解の公式は一般的には作ることができないことが知られています（アーベル・ルフィニの定理）．ただし解そのものは存在することが知られています（代数学の基本定理）．

ときです.

$$c(1+r) = z \quad \Rightarrow \quad c = \frac{1}{1+r} \times z$$

このときの $c$ の値である $\frac{1}{1+r} \times z$ 万円 を $z$ 万円の**割引現在価値**と呼びます.
これは未来にもらえる予定の金額を今すぐもらえるときの価値に直したもの
です. 今すぐもらえる代わりにそれだけ金額を割り引いているのです. この
$r$ の部分を**割引率**, $\frac{1}{1+r}$ を**割引因子**と呼びます. この場合は割引率から割引
因子を計算しましたが, 逆に割引因子の値がわかっていれば割引率を計算す
ることができます. もし割引因子が $\delta$ という値であれば $\delta = \frac{1}{1+r}$ という関係
が成り立つので, このときの割引率は $r = \frac{1-\delta}{\delta}$ となります.

さて, 話を元に戻して, 2 年後に 1 万円もらう場合に割引現在価値がどう
なるかを考えてみましょう. この場合, $c$ 万円を 2 年預けると $c(1+r)^2$ 万円
になるので, 等式 $c(1+r)^2 = z$ が満たされる $c$, つまり $c = \frac{1}{(1+r)^2}z$ が 2 年後
に $z$ 万円をもらうことの割引現在価値になります. 同じような考え方により,
$t$ 年後に $z$ 万円をもらうことの割引現在価値は $\frac{1}{(1+r)^t}z$ となります. $1^t = 1$ な
ので $\frac{1}{(1+r)^t} = \frac{1^t}{(1+r)^t} = \left(\frac{1}{1+r}\right)^t$ とも書けます. 割引因子を $\delta = \frac{1}{1+r}$ とおくと, $t$
年後に $z$ 万円をもらうことの割引現在価値は $\delta^t z$ と書けますね.

割引現在価値の考え方の応用例として**債券**[*8]を考えます. 債券はその支払
い方によって二種類に分かれます. **ゼロクーポン債**とは決められた期日にな
ると券面に記された額が支払われる債券です. 一方で**利付債**とは最終的な償
還[*9]に加えて償還までの間に一定期間に一度支払いがある債券です. 例えば
10 年後に 5 億円がもらえるゼロクーポン債の割引現在価値はいくらでしょ
うか. これは年単位での割引率を $r$ とすれば $5 \times \left(\frac{1}{1+r}\right)^{10}$ 億円となりま
す[*10].

7.2

応用：割引現在価値

---

[*8] 会社などの団体が発行する, 持っていたら（その会社などに）決められた額のお金などがもら
えるチケットのようなものです. 会社などはこれを売ることで事業のための資金を集めます. 株
式と違って会社の所有権は得られません.

[*9] 決められたお金がすべて支払われること.

[*10] 割引現在価値が $c$ 億円であるとします. これを利率 $r$ で 10 年預ければ $(1+r)^{10}c$ 億円となり
ます. これが 5 億円に等しくなるためには $(1+r)^{10}c = 5$, つまり $c = 5 \times \left(\frac{1}{1+r}\right)^{10}$ となる必要が
あるわけです.

# 7.3 対 数

$a^x$ などといった指数を使った関数（指数関数）は $a > 1$ のとき，$x$ が増加するととてつもなく大きい値になることがあります。このとき，扱いやすい数にするために対数（logarithm, log）というものを使うことがあります。

対数 $\log_a b$ とは次の関係を満たす数のことをいいます。

$$a^{\log_a b} = b$$

つまり，$\log_a b$ は「$a$ を何乗すれば $b$ になるか」という問題の答えです。

$\log_a b$ と書くとき，$a$ の部分を底，$b$ の部分を真数と呼びます。底も真数も通常，正の数を考えます。真数の部分を変数にした関数 $\log_a x$ は対数関数と呼ばれることもあります[*11]。$\log_a x$ という関数は $a > 1$ なら右上がりで，$a < 1$ ならば右下がりです。

対数には次の法則が成り立ちます。

**対数法則 1.** $\log_a(xy) = \log_a x + \log_a y$

**対数法則 2.** $\log_a\left(\frac{x}{y}\right) = \log_a x - \log_a y$

**対数法則 3.** $\log_a(x^p) = p \log_a x$

これらの性質は対数の定義と指数法則から導かれます。

## 対数法則 1.

$\log_a(xy)$ は $(a)^{\log_a(xy)} = xy$ を満たす数であることを思い出してください。一方で，$a^{\log_a x} = x$，$a^{\log_a y} = y$ も成立します。ゆえに

$$
\begin{aligned}
&(a)^{\log_a(xy)} = xy \\
\Rightarrow\quad &(a)^{\log_a(xy)} = (a)^{\log_a x}(a)^{\log_a y} \quad (x = a^{\log_a x}\ \text{などより}) \\
\Rightarrow\quad &(a)^{\log_a(xy)} = (a)^{\log_a x + \log_a y} \quad (a^m a^n = a^{m+n}\ \text{より}) \\
\Rightarrow\quad &\log_a(xy) = \log_a x + \log_a y \quad (\text{指数の部分を比較})
\end{aligned}
$$

---

[*11] 真数は正なので，対数関数の定義域は正の実数すべての集合ということになります。$\log_a 0$ は通常は定義されませんが，$a > 1$ のとき，$\log_a 0 = -\infty$ とすることもあります。

対数法則2，3も同様に導出できますのでやってみてください．対数法則が示すように，対数にはかけ算を足し算に，そしてべき乗をかけ算に分解するという性質があります．この性質は便利で色々なところで使われます．特に第11章で大活躍するので「何に使うのコレ…」と思った人はそこまでお待ちください．

# 7.4 練 習 問 題

**問題 72** 次の二つを比べ，最終的にどちらの方法が金額が高くなるか答えなさい（電卓を使ってよい）．ただしどちらの方法も複利計算で，さらに他に預け替えができないとする．

    (a) 年利2%で1万円を10年間預ける．

    (b) 年利1%で3年間，年利3%で次の5年間，最後の2年を年利1%で1万円を預ける．

**問題 74** いま，銀行に $X$ 円預けるとする．利子率は1%である．

    1. $t$ 年経ったときの預金額を求めなさい．

    2. 1の結果が $2X$ 以上であるという不等式を書きなさい．

    3. 2の不等式の両辺に $\log_2$ を作用させることで何年経てば預金額が $2X$ 円以上になるか計算しなさい[*12]．ただし，整数で答えなさい．また，$\log_2(1.01) = 0.014$，$\log_2(1.02) = 0.028$ として計算してよい．

---

[*12] $x > y$ ならば $\log_2 x > \log_2 y$ であることに注意．

# 8 数列と極限

## 8.1 数　列

　実数を並べたものを数列と呼びます*¹. ただし並べられた数字に法則がなければ何も分析できませんので，何らかの法則を持つ数列に着目します．例えば次の例を考えてみましょう.

$$10000, 10500, 11025, 11576.25, \ldots$$

これは年利 $5\%$ で 10,000 円を預けたときの複利計算による毎年の預金残高です．数式で書くと以下のとおりです.

$$10000 \times (1.05)^0, 10000 \times (1.05)^1, 10000 \times (1.05)^2, \ldots$$

この数列は $t$ 番目の項と $t+1$ 番目の項の比が一定 (1.05) という性質を持ちます．このような性質を持つ数列のことを等比数列と呼びます.

　記号を使って書くことにしましょう．数列の $t$ 番目の項を $a_t$ と書くことにします*². 「数列そのもの」は $(a_1, \ldots, a_T)$ あるいは $(a_t)_{t=1}^T$ などと書きます.

---

*¹　難しそうな書き方をすると「自然数（など）を定義域に実数（など）を終域に持つ関数を**数列**と呼ぶ」ということもできます．終域を実数に限定する必要は特にありませんが，多くの場合は実数です.

*²　この小さい $t$ は添字といいます．下についているので下添字ともいいます．こうする理由は次のとおりです．同じ数列なので $a$ を使って表現したいのですが，$a$ だけでは何番目の数字かわからないので，$t$ をつけて区別をしているのです．演算の記号であるべき乗の数字（これは上添字）とは違います．ただし上添字を区別のための記号として使う人は少なくありません（本書では上添字が数字のときはべき乗の記号です）.

後者の書き方は $t$ が 1 から $T$ までの値をとっていくということを表現したものです*3.

数列 $(a_t)_{t=1}^{T}$ が**等比数列**であるとは，すべての $t = 1, 2, \ldots, T$ について，$\dfrac{a_{t+1}}{a_t} = \delta$，（$\delta$ は何らかの実数）であることをいいます．比が等しいので等比数列ということです．このときは $a_{t+1}$ を $\delta$ と $a_1$ を使って

$$a_{t+1} = a_1 \times \underbrace{\delta \times \cdots \times \delta}_{t\,\text{個}} = a_1 \delta^t$$

と書くことができます．実際これを確かめると，$\dfrac{a_2}{a_1} = \delta$ ですので，$a_2 = \delta a_1$ です．さらに $\dfrac{a_3}{a_2} = \delta$ ですので，$a_3 = \delta a_2$. これに $a_2 = \delta a_1$ を代入して $a_3 = \delta^2 a_1$ となります．この作業を続けていくと $a_{t+1} = \delta^t a_1$ となるわけです．このとき $a_1$ を**初項**と呼び，$\delta$ を**公比**と呼びます．

## 8.2 数列の和

$a_1 + a_2 + a_3$ などの数列の和を**級数**と呼びます．これを短く便利に書く方法として

$$a_1 + a_2 + \cdots + a_k = \sum_{i=1}^{k} a_i$$

があります．つまりは「$(a_i)$ という数列の第 1 項目から $k$ 項目まですべて足しました」というのが $\sum_{i=1}^{k} a_i$ の意味です．この $\sum$ を**シグマ記号**と呼びます．シグマの中の $i$ は「$a_i$ の $i$ の部分に 1 から $k$ までを代入して足し合わせますよ！」という目印の記号であり，他に使っているものと記号がかぶってなければ何でも構いません．ただしその目印を $\sum$ の外で使ってはいけません．スペースの節約のため，$\sum_{i=1}^{k} a_i$ を $\sum_{i=1}^{k} a_i$ と書くこともあります．

等比数列の和は以下のように計算できます（等比数列の和の公式）．

---

*3 注意点ですが，数列の始まりは 1 でなくてもいいです．例えば 3 や −4 から始まってもいいですし，また終点 $T$ は無限大でもいいです．範囲が明らかなときや重要でないとき，数列を単に $(a_t)$ と書くこともあります．

$$\sum_{k=1}^{t} a_1 \delta^{k-1} = a_1 \frac{1-\delta^t}{1-\delta}$$

これを以下で証明していきます．まず，シグマの中身を分解しましょう．

$$\sum_{k=1}^{t} a_1 \delta^{k-1} = a_1 + a_1 \delta + \cdots + a_1 \delta^{t-2} + a_1 \delta^{t-1}$$

そして $\sum$ を長々と書くのも面倒なので $S = \sum_{k=1}^{t} a_1 \delta^{k-1}$ と一つの記号で置き換えます．つまり以下の等式が成り立ちます．

$$S = a_1 + a_1 \delta + \cdots + a_1 \delta^{t-2} + a_1 \delta^{t-1}$$

次に $\delta S$ を考えます．これは上の式の両辺に $\delta$ をかけたものです．

$$\delta S = a_1 \delta + a_1 \delta^2 + \cdots + a_1 \delta^{t-1} + a_1 \delta^t$$

これを $S$ と比べれば，$S$ と一項ずつずれた数列の和であることがわかります．つまり $\delta S$ の第 1 項目が $S$ の第 2 項目になっていて，$\delta S$ の第 $k-1$ 項目が $S$ の第 $k$ 項目になっているわけです．これによって $S - \delta S$ を計算すると

$$S - \delta S = (a_1 + \cdots + a_1 \delta^{t-1}) - (a_1 \delta + \cdots + a_1 \delta^t)$$
$$= a_1 + (\underbrace{a_1 \delta}_{S \text{の第2項}} - \underbrace{a_1 \delta}_{\delta S \text{の第1項}}) + \cdots + (\underbrace{a_1 \delta^{k-1}}_{S \text{の第} k \text{項}} - \underbrace{a_1 \delta^{k-1}}_{\delta S \text{の第} k-1 \text{項}}) + \cdots - a_1 \delta^t$$
$$= a_1 - a_1 \delta^t$$

となり，まんなかの項が打ち消し合います[*4]．$S$ と $\delta S$ の項の数は同じなので $S$ の最初の項と $\delta S$ の最後の項が余ることになるわけです．

上の結果から $S - \delta S = a_1 - a_1 \delta^t$ を計算して $S$ についてまとめると[*5]

$$S = a_1 \frac{1-\delta^t}{1-\delta}$$

となります．$S = \sum_{k=1}^{t} a_1 \delta^{k-1}$ でしたのでこれで証明終了です．

---

[*4] よくわからない人は 3，4 項くらい書いて並べてみてください．例えば $t = 4$ のとき，$S = a_1 + \delta a_1 + \delta^2 a_1 + \delta^3 a_1$ で $\delta S = \delta(a_1 + \delta a_1 + \delta^2 a_1 + \delta^3 a_1) = \delta a_1 + \delta^2 a_1 + \delta^3 a_1 + \delta^4 a_1$ です．これについて $S - \delta S$ を計算すれば $a_1 - \delta^4 a_1$ となることがわかるでしょう．

[*5] 左辺は $S$ で，右辺は $a_1$ でそれぞれくくる．そのあと $1 - \delta$ で両辺を割ります．

## 8.3 応用：割引現在価値の和

数列の和の応用例として，割引現在価値の和を考えます．次のような状況を考えてください．とある利付債は1年に一度，$z$ 万円の振り込みが行われ，これが1年後から $t$ 年間続きます．このときこの利付債によって支払われる金額の割引現在価値はいくらでしょうか？ いま，割引因子が $\delta$ だとしましょう．このとき1年後に振り込まれる金額は $z$ 万円ですので割引現在価値は $\delta z$ 万円です．2年後にもやはり $z$ 万円支払われますので割引現在価値は $\delta^2 z$ 万円です．これを $t$ 年間続けていきますので，これらの割引現在価値の総額は以下のとおりです．

$$\delta z + \delta^2 z + \cdots + \delta^t z = \sum_{k=1}^{t} \delta^k z = \sum_{k=1}^{t} \delta \times \delta^{k-1} z = \delta \times \sum_{k=1}^{t} \delta^{k-1} z$$

よって等比数列の和の公式を使うと $\delta \dfrac{1-\delta^t}{1-\delta} z$ と計算することができます．

## 8.4 極　限

### 8.4.1 極　限　と　は

数列 $(a_t)$ が与えられたとき，$t$ が大きくなるにつれてある一定の値に近づくことがあります．例えば数列 $a_t = \left(\frac{1}{2}\right)^{t-1}$ は $t$ が大きくなるにつれて0に近づいていきます．実際この数列は

$$\frac{1}{2}, \frac{1}{4}, \frac{1}{8}, \frac{1}{16}, \cdots$$

とだんだん小さくなっていき，$t$ が無限大に大きくなると0に近づいていくことを確かめられます．

数列 $(a_t)$ が $t$ が大きくなるときに一定の値 $\alpha$ に限りなく近づくとき，$a_t$ は $\alpha$ に収束するといいます．これは記号を使って次のように書きます．

$$\lim_{t \to \infty} a_t = \alpha, \quad \text{あるいは} \quad a_t \to \alpha \quad (t \to \infty)$$

ただし $\infty$ は無限大を意味し，これはどんな実数よりも大きいものです．$a_t$ が $\alpha$ に収束するときに $\alpha$ を数列 $(a_t)$ の極限(きょくげん)といいます．

　数列の中には収束しないものもあります．例えば $a_t = 2^{t-1}$ は $t$ が大きくなるといくらでも大きくすることができます．数列 $(a_t)$ が $t$ が大きくなるときにいくらでも大きくできるとき，正の無限大に発散(はっさん)するといい次のように書きます．

$$\lim_{t \to \infty} a_t = \infty, \quad \text{あるいは} \quad a_t \to \infty \quad (t \to \infty)$$

逆に $a_t = -t$ は $t$ が大きくなるにつれ，いくらでも小さくなります．数列 $(a_t)$ が $t$ が大きくなるときにいくらでも小さくできるとき，負の無限大に発散するといい，次のように書きます．

$$\lim_{t \to \infty} a_t = -\infty, \quad \text{あるいは} \quad a_t \to -\infty \quad (t \to \infty)$$

　数列には $-1, 1, -1, 1, -1, 1, \ldots$ というように収束も発散もしない場合があります．これを振動(しんどう)するといいます．

■**数列の極限の例**　ここでいくらか数列の極限の例を見てみましょう．

**例1.** $a_t = 1/t$.

　イメージとしては $t$ が大きくなれば $1/10, 1/1000, 1/100000, \ldots$ とだんだん小さくなっていく数列です．この場合，限りなく $0$ に近づくので $\lim_{t \to \infty} 1/t = 0$ となります[6].

---

[6]　これを真面目に証明するには次のようにやります．まずものすごく小さい数 $\varepsilon > 0$ を用意します．このとき，$\varepsilon \neq 0$ なので $1/\varepsilon$ は実数です．すると $t$ をものすごく大きくすれば $1/\varepsilon < t$ となります．この式を変形すれば $1/t < \varepsilon$ となります．つまり $1/t$ はものすごく小さい数 $\varepsilon$ よりも小さいことになります．このようにどんな小さい $0$ に近い数についても $t$ を十分大きくすれば $1/t$ はそれより $0$ に近づけられます．限りなく $0$ に近づけられるとはそういうことです．

例 2. $a_t = (a)^t$ （ただし $a > 1$）.

例えば $a = 2$ であれば $2, 4, 8, 16, 32, \ldots$ とだんだん大きくなっていくので無限に大きくなっていくイメージです．実際，$\lim_{t \to \infty} (a)^t = \infty$ となります．

これを真面目に証明するには次のようにします．まず $a > 1$ であることから $(a)^t$ を次のように変形します．

$$
\begin{aligned}
(a)^t &= (1 + (a-1))^t \\
&= 1^t + t1^{t-1}(a-1) + \frac{t(t-1)}{2}1^{t-2}(a-1)^2 + \\
&\quad \cdots + {}_tC_k 1^{t-k}(a-1)^k + \cdots + (a-1)^t \\
&\geq 1 + t(a-1)
\end{aligned}
$$

1 行目から 2 行目の変形は**多項定理**を使います[*7],[*8]．$a > 1$ であることからすべての項は正となるので二番目の不等式が成立します．ここで $t \to \infty$ となると，$1 + t(a-1)$ は無限大に大きくなるので，それより大きい $(a)^t$ も無限大に大きくなります．よって $\lim_{t \to \infty} (a)^t = \infty$ となります．

-------------------------------------------------

例 3. $a_t = (a)^t$ （ただし $a < 1$）.

このとき $(a)^t = \frac{1}{(1/a)^t}$ と書き換えられます．$a < 1$ であれば $1/a > 1$ であるので $\lim_{t \to \infty}(1/a)^t = \infty$ となります．あとは $\lim_{t \to \infty} 1/t = 0$ を示したときと同じように，$\lim_{t \to \infty}(a)^t = 0$ であることがわかります．

-------------------------------------------------

---

[*7] 多項定理とは $(a+b)^n = \sum_{k=0}^{n} {}_nC_k a^{n-k} b^k$ という展開ができることを言っています．${}_nC_k = \frac{n!}{(n-k)!k!}$ であり，$n! = 1 \times 2 \times \cdots \times n$ であることに注意してください．詳しくは高校数学 A の順列と組み合わせの章を復習してください．ここでは ${}_nC_0 = 1, {}_nC_1 = n, {}_nC_k > 0$ であることだけがわかっていれば OK です．

[*8] 2 行目と 3 行目の不等式は以下の意味です．

[第 2 項目まで + 第 3 項目以降] ≥ [第 2 項目まで]

第 3 項目以降がすべて正なのでこの不等式が成立します．

71

### 8.4.2 収束する数列の性質

収束する数列には次の性質があります．$\lim_{t \to \infty} a_t = \alpha$ かつ $\lim_{t \to \infty} b_t = \beta$ であり，$\alpha, \beta \neq \infty, -\infty$ かつ $\beta \neq 0$ ならば以下の公式が成り立ちます．

$$\lim_{t \to \infty} a_t + b_t = \alpha + \beta$$

$$\lim_{t \to \infty} a_t b_t = \alpha\beta$$

$$\lim_{t \to \infty} \frac{a_t}{b_t} = \frac{\alpha}{\beta}$$

また，数列 $(c_t)$ について，$a_t \leqq c_t \leqq b_t$ がすべての $t$ について成り立ち，かつ $\alpha = \beta$ であれば，$\lim_{t \to \infty} c_t = \alpha = \beta$ が成立します．この結果は**はさみうちの定理**と呼ばれます．

上の結果は極限が無限大，または分母の極限がゼロにならないパターンについてのものでしたが，無限大を含む場合には次のように考えます．いま，$\lim_{t \to \infty} a_t = \infty$, $\lim_{t \to \infty} b_t = \beta$ （ただし $\beta \neq \infty, -\infty$），$\lim_{t \to \infty} c_t = \infty$, $\lim_{t \to \infty} d_t \neq 0$ とします．このときには以下の式が成立します．

1. $\lim_{t \to \infty} a_t + b_t = \infty$
2. $\lim_{t \to \infty} a_t + c_t = \infty$
3. $\lim_{t \to \infty} a_t d_t = \begin{cases} \infty & \text{if} \quad \lim_{t \to \infty} d_t > 0 \\ -\infty & \text{if} \quad \lim_{t \to \infty} d_t < 0 \end{cases}$

ただし極限の結果が $\frac{\infty}{\infty}, \frac{0}{0}, \infty - \infty, \infty \cdot 0$ などとなる場合は計算できないのでうまく式を変形しないといけません．この手の式変形は試行錯誤の末ですので，一発でできなくても，以下の例での方法を参考に色々試してうまくいく方法を見つけてみましょう．

**例1.** $a_t = \dfrac{t^2 + 1}{t}$

この式の分子と分母は両方無限大に発散しますので，上の公式を適用することができません．この場合，どうするかというと，分母分子両方に $\frac{1}{t}$ をかけます[*9]．すると次のように変形できます．

$$\frac{t^2+1}{t} = \frac{(t^2+1) \times \frac{1}{t}}{t \times \frac{1}{t}}$$

$$\Rightarrow \qquad = \frac{t + \frac{1}{t}}{1} = t + \frac{1}{t}$$

$\lim\limits_{t \to \infty} t = \infty$ かつ $\lim\limits_{t \to \infty} 1/t = 0$ なので，これに公式を適用して $\lim\limits_{t \to \infty} a_t = \infty$ がわかります.

---

**例 2.** $a_t = t^2 - 2t$

この式も極限では無限大 − 無限大になってしまうので次のように変形します.

$$a_t = t^2 - 2t = t \times (t - 2)$$

そうすると無限大に発散するもの × 無限大に発散するもの，になるので公式が適用できて，$\lim\limits_{t \to \infty} a_t = \infty$ がわかります.

---

極限は $t \to \infty$ になるものだけではありません．例えば $t \to 0$ にするような極限も考えることができます．次の例を考えてみましょう.

**例 3.** $a_t = \dfrac{(x+t)^2 - x^2}{t}$

これは分母分子ともに $t \to 0$ にすると 0 に収束するので，公式はそのまま適用できません．したがって次のように変形します.

$$\frac{(x+t)^2 - x^2}{t} = \frac{x^2 + 2xt + t^2 - x^2}{t}$$

$$= \frac{2xt + t^2}{t}$$

$$= 2x + t$$

---

*9 分母分子に（0 以外の）同じ数字をかけることは 1 をかけることと等しいのでこれをやっても値は変わりません.

この状態で $t \to 0$ にすれば $\displaystyle\lim_{t \to 0} \frac{(x+t)^2 - x^2}{t} = 2x$ となります.

### 8.4.3 ネイピア数

極限を使って定義する特別な数として，**ネイピア数**，または**自然対数の底**と呼ばれる定数があります．これは $e$ という記号で書かれ，次のように定義されます．

$$e = \lim_{n \to \infty} \left( 1 + \frac{1}{n} \right)^n$$

これは無理数（かつ超越数[*10]）ですが，近似値を小数点表記をすると，$e = 2.718281828459\ldots$ となります.

ネイピア数を底とする対数のことを**自然対数**と呼びます．つまりは $\log_e(x)$ のことです（$x$ は任意の正の数）．英語で log natural というので頭文字を取り省略して $\ln(x)$ と書くこともあります[*11].

### 8.4.4 収束することの厳密な定義 ☆

収束するとは限りなく近づくこと，という言い方は直観的ですがあいまいです．ここで厳密な収束の定義を紹介します．$a_t$ が $t \to \infty$ とするとき $\alpha$ に**収束する**とはどんなに小さな正の実数 $\varepsilon$ についても以下を満たす整数 $n_\varepsilon$ を見つけられることをいいます．

$$t > n_\varepsilon \text{ ならば } |a_t - \alpha| < \varepsilon.$$

これだけ見ると何を言っているのかわからないかもしれませんので解説します．$|a_t - \alpha|$ というのは $a_t$ と $\alpha$ の距離です．距離が「近い」という感覚は人によって違いますが，どんな「距離」（この場合は $\varepsilon$ が小さければ近い）に対しても，$t$ を大きくすれば，「その要求されている距離よりも近づけるこ

---

[*10] どんな自然数 $n$ についても係数が有理数である $n$ 次方程式の解にならない実数のこと．円周率も同様に超越数になります.

[*11] $\ln$ は小文字のエル・エヌであり，アイ・エヌ，イチ・エヌではないことに注意してください.

とができますよ！」ということが，上の定義の意味です．どんな人間に対しても「$t$ が大きいのなら $a_t$ と $\alpha$ は近い」と納得してもらうというイメージですね．重要なのは求められる距離 $\varepsilon$ ごとに $n_\varepsilon$ の大きさを変えていいという点です．距離をもっと小さくすれば，$n_\varepsilon$ は大きくなります．

　例を見てみましょう．$a_t = 1/t$ とします．これが 0 に収束することを確認します．例えば要求される距離が 0.1 だとすれば $|a_t - 0| = |1/t| = 1/t$ ですので，$n_{0.1} = 100$ とすれば易々クリアできます [*12]．0.01 だとしても $n_{0.01} = 1000$ とすればいいでしょう．一般的な距離 $\varepsilon$（ただし $\varepsilon > 0$）についてやろうとすれば，$1/t < \varepsilon$ になる $t$ を考えればいいということです．例えば $n_\varepsilon = 10/\varepsilon$ とすれば基準の距離 $\varepsilon$ をクリアすることができます．実際，$t > n_\varepsilon$ なら $1/t < \varepsilon/10 < \varepsilon$ ですのでちゃんと条件を満たしてくれますね．

　これに対して「収束しない」というのは，ある人物が求めてる近さをクリアできない $a_t$ が $t$ をどれだけ大きくしても見つかってしまうことを言います．収束しない数列の例を見ましょう．例えば $t$ が偶数のとき $a_t = 0.1$ で，$t$ が奇数のとき $a_t = 0$ という数列だとします．このとき，$t$ がどれだけ大きかったとしても $t$ が奇数なら $|a_t - 0.1| = 0.1 > 0.05$ ですので，例えば 0.05 という「距離」をクリアできません．距離が 0.05 以下でないと近いと思わない人にとっては（$t$ が奇数なら）$a_t$ と 0.1 は近くないのです．したがって $a_t$ は 0.1 には収束するとは言えません．同様に $t$ が偶数であれば $|a_t - 0| > 0.05$ ですので，やはり 0.05 という「距離」がクリアできません．ですので $a_t$ は 0 にも収束しません．同じような方法で他のどんな数でも一定の距離の基準をクリアできなくなるので，どんな実数にも収束しないのです．

## 8.5　応用：乗数効果

　経済学への応用として，乗数効果というものを考えます．ケインズ経済学と呼ばれる分野では（短期的に，需要が足りないのであれば），需要が市場

---

[*12]　別に $n_{0.1} = 11$ とかでもいいです．ギリギリを求めなくてもとにかくクリアできれば何でもいいです．

における取引量を決定すると考えます．この考え方においてはある需要の増加（仮に $X$ とする）はそれだけの生産量の増加を意味します．それだけ生産量が増加すればどうなるでしょうか．このとき，売上（＝誰かの所得）も $X$ だけ増加します．もし人々が所得のうち $c$ の割合だけ消費するという行動をとっていれば（この $c$ を**限界消費性向**と呼びます），需要はさらに $cX$ だけ増加することになります．この需要の増加分はさらなる生産量の増加を呼び起こします．するとこれが再び誰かの所得になり，また需要を増やします．こういったフィードバック効果を**乗数効果**と呼び，公共事業への支出が経済全体の所得を増やすことの根拠の理論となっているのです[*13]．

　この乗数効果によってどれだけ需要が増えるかを計算してみましょう．まず，$X$ だけ需要が増えたとしてみます．すると乗数効果による増加分は

$$X + cX + c(cX) + c(c(cX)) + \cdots$$

となります．これをさらに計算していくと

$$X + cX + c(cX) + c(c(cX)) + \cdots = X + cX + c^2X + c^3X + \cdots$$

となりますので，これは等比数列の和になっています．さて，この乗数効果が需要を増やすプロセスが $K$ 回続いたとしましょう．するとこの和は等比数列の和の公式を使って次のように計算できます．

$$X + cX + c^2X + c^3X + \cdots + c^KX = X\sum_{k=1}^{K+1} c^{k-1} = X\frac{1-c^{K+1}}{1-c}$$

さて，このプロセスが無限回続くとしたらどうでしょうか．これを考えるためには $K \to \infty$ の場合を考えます．$c$ は割合ですので $0 < c < 1$ という条件を満たします．したがって $c$ を何回もかければその値はどんどん小さくなり，最終的に $0$ に収束します．よって $\lim_{K \to \infty} c^{K+1} = 0$ です．したがって

$$\lim_{K \to \infty} X\frac{1-c^{K+1}}{1-c} = X\frac{1}{1-c}$$

となります．最初に $X$ だけだった需要の増加は最終的には $X\frac{1}{1-c}$ となり，

---

[*13]　実際にどういう場合にこういった議論が正当化されるのかはマクロ経済学の教科書で勉強してください．

$\frac{1}{1-c}$ 倍になります. この $\frac{1}{1-c}$ は乗数と呼ばれます.

# 8.6 練習問題

**問題 86** 現在の口座残高が 0 で利子率 $r$ の複利計算の口座に $t$ 年間毎年 $c$ 万円を追加して預け入れるとする. $t$ 年目に預け入れられた時点での口座残額 $S_t$ を求めなさい.

**問題 90** 次の極限の計算をしなさい.

1. $\lim\limits_{t \to \infty} \dfrac{t}{t-1}$
2. $\lim\limits_{t \to \infty} \dfrac{t}{1/t}$
3. $\lim\limits_{t \to \infty} (t - \sqrt{t-1})$

**問題 97** 利子率が 2% であるとする. いま, 1 年後から $t$ 年後まで毎年 $X$ 万円が振り込まれるという債券があるとする.

1. 1 年後に振り込まれる金額の割引現在価値を求めなさい.
2. $k$ 年後に振り込まれる金額の割引現在価値を $a_k$ とする. $a_k$ を求めなさい.
3. $t$ 年後まで振り込まれるとしたときの振り込まれる金額の割引現在価値の合計を求めなさい.

**問題 100** 10 万円の品物をローンを組んで買うことを考える. 以下の問いに答えなさい. ただし, 小問 3, 4 には電卓などを使ってよい.

1. 毎月 1 万円支払うとする. 未払い分の残金には月当たり 1% の利子がつく. つまり, $t$ ヶ月目の支払いが終わった後の未払い残金を $a_t$ 万円とすると $a_{t+1} = 1.01(a_t - 1)$ である. このとき, $a_{t+1} - k = 1.01(a_t - k)$ を満たす $k$ を求めなさい.
2. $a_0 = 10$ であることから $a_t$ を求めなさい.
3. $a_t < 0$ となる最小の $t$ (つまり完済までにかかる期間) を求めなさい.
4. 支払い総額を求めなさい.

# 9 確 率

## 9.1 確率の定義

　世の中にはどのような結果が実現するのかが確実にはわからないものはたくさんあります. 例えばサイコロの目のどれが出るかは投げてみるまでわかりませんし, コイントスをしたときに裏が出るか表が出るかは投げる前にはわかりません. 宝くじで当たる金額も買う前にはわかりません. 車に乗って事故に会うかどうかだって実際に運転してみないとわかりませんし, 明日の天気も明日になってみるまでわかりません. こうしてみるとそもそも確実なものなどないと思われるかもしれません.

　**確率**とはそういった不確実な事柄（事象）について, それぞれの事象がどれくらい起こりやすいかを数値化したもののことです. これを厳密に定義するには色々用語を定義しなければなりません. まず, 結果がランダムになる行為を**試行**と呼びます. さらに試行によって起きるそれぞれの結果を**標本**と呼びます. 標本すべての集まりを**標本空間**と呼び, 本書では標本空間を $\Omega$ と書きます. また標本のいくつかの集まりを**事象**と呼びます.

　用語を羅列されても何のことかわからないでしょうから, サイコロを使った例を見ていきましょう. 「サイコロを一回振る」や「サイコロを二回振る」というものは試行です. 「サイコロを一回振る」の場合, 振った結果, 例えば「1 が出た」や「2 が出た」は標本です. 事象はそれよりももっと広い概念で, 例えば「1 か 2 のどちらかの目が出た」や「偶数の目が出た」も

事象に含まれます.

　一つの標本だけを含む事象を**根元事象**（こんげん）と呼びます. また一つも標本を含まない事象を**空事象**と呼びます. つまり「何も起きない」という事象です. 二つの事象 $E$ と $F$ について「$E$ か $F$ かのどちらかが起きる事象」を**和事象**と呼びます. 図でいえば $E$ と $F$ の領域を合わせた領域と言えましょう（図 9.1 参照）. 例えば「サイコロで奇数の目が出る事象」と「サイコロで 3 以下の目が出る事象」の和事象はどんな事象でしょうか. これはどちらかが起こる事象ですので奇数もしくは 3 以下の目が出る事象, つまりは「1 か 2 か 3 か 5 の目が出る事象」です. 和事象は集合で言えば和集合であり, 記号も同じものを使って $E \cup F$ と書きます.

　他方, 二つの事象 $E$ と $F$ について,「$E$ と $F$ に共通の結果が起きる事象」を**共通事象**と呼びます. 図でいえば $E$ と $F$ の重なっている場所という感じですね（図 9.2 参照）. 共通事象は集合でいえば共通部分であり, 記号も同じものを使って $E \cap F$ と書きます. 共通事象が空事象であるとき, $E$ と $F$ は**排反事象**（はいはん）であるといいます. 要するに $E$ と $F$ は同時に起さないということを意味しています. 図でいうと重なる場所がないというイメージです（図 9.3 参照）. 集合の記号を使えば $E \cap F = \emptyset$ ということです.

　さらに「$E$ が起きない」という事象を $E$ の**余事象**（よ）と呼びます. 記号では $E^{\mathsf{C}}$ と書くこともあります[*1]（図 9.4 参照）.

　さて, これらの用語を使って確率を定義します[*2].

---

**定義 1.** 標本空間 $\Omega$ の事象 $E$ の確率 $P(E)$ とは次を満たす実数である.

1. どのような事象 $E$ についても $P(E) \geqq 0$ である.
2. 全事象 $\Omega$ について, $P(\Omega) = 1$ である.
3. もし $E$ と $F$ が排反事象であれば $P(E \cup F) = P(E) + P(F)$ である.

---

[*1]　集合としては $E^{\mathsf{C}} = \Omega \setminus E$ です.
[*2]　確率の解釈は実際には数種類あり, 確率が何を表現しているのかは立場や場合によりけりです. この定義では解釈に依存せずに数学的な性質のみを扱うことができるという意味で利点があります.

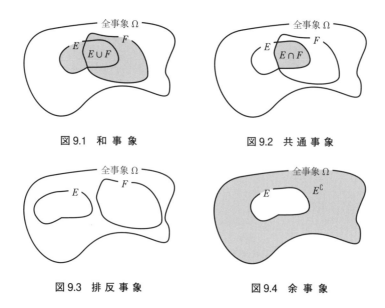

**図9.1 和事象**

**図9.2 共通事象**

**図9.3 排反事象**

**図9.4 余事象**

　正確ではありませんが，事象 $E$ が起きる確率とは先ほどの図で表される $E$ の領域の面積だと考えてください．最初の性質は「確率というものは 0 以上の数字」と言っているだけです．面積は確かに 0 以上ですね．2 番目の性質は全事象が発生する確率は 1 だと言っています．全事象とは「何かが起こる」というもので，それは確実に発生してもらわないと困るでしょう．確実に「何か」は発生するのですから，ここでは全事象 $\Omega$ の面積を 1 に揃える（そろ）ということを言っています．3 番目の性質は互いに排反な事象は足し算で分解できるという性質です．$E$ と $F$ が排反事象であるとは $E$ と $F$ は同時には発生しないという意味です．そして $E$ と $F$ の和事象というのは $E$ か $F$ のどちらかが発生するというものです．このどちらかが発生するという確率は $E$ の発生する確率に $F$ の発生する確率を足したものだというものです．

　実際面積で考えてみましょう．図 9.5 を見てください．$E \cup F$ の確率は塗りつぶされている領域の面積です．これは $E$ の領域の面積と $F$ の領域の面積を足したものということがわかるでしょう[*3].

---

*3 排反事象でなければこのようにはいきません．排反事象でないということは $E$ と $F$ で「かぶり」（$E \cap F$ のこと）があるということです．その場合に $P(E)$ と $P(F)$ を足すとその「かぶり」の部分を二重カウントすることになってしまいます．

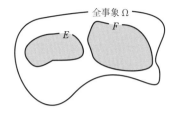

図9.5　排反事象の和事象の確率は足し算に分解できる

# 9.2　期 待 値

　根元事象が数字であるときには「平均的にどれくらいの値が出るか」を知りたいときがあります．例えば宝くじを購入するとき，平均的な当選金額がいくらか知っていれば「このくじを購入すべきかどうか」という判断の材料になります．こういった，確率的に起きる値が平均的にどれだけの値かを知るときに使われるものが**期待値**という概念です．期待値は次のように定義されます．ある試行による根元事象が $n$ 個あったとしましょう．つまり $\omega_1, \omega_2, \ldots, \omega_n$ がすべての根元事象です．さらにこの根元事象は実数であるとしましょう[*4]．このとき，この試行の期待値は

$$\sum_{i=1}^{n} P(\omega_i)\omega_i$$

と定義されます．つまり，実際の出目にそれが出る確率をかけて足し合わせたものとなります．

　例として，サイコロの出目の期待値を求めてみましょう．それぞれの出目が出る確率は 1/6 ですので，その期待値は次のように計算します．

$$1 \times \frac{1}{6} + 2 \times \frac{1}{6} + 3 \times \frac{1}{6} + 4 \times \frac{1}{6} + 5 \times \frac{1}{6} + 6 \times \frac{1}{6} = \frac{7}{2}$$

---

[*4]　正式な数学では期待値は**確率変数**と呼ばれる概念を使って定義します．ですがこの定義でも困ることはほとんどありません．

## 9.3 条件付き確率

　ある試行を考えているとき，その試行に関する追加情報があるときがあります．例えばどこの企業に投資しようかと考えているとしましょう．いまAという企業があったとします．企業Aが良い企業である確率が高ければ企業Aに投資したいと考えています．ところがある日，企業Aが不祥事を起こしたという情報が入ってきたとしましょう．投資家の視点でこの情報は企業Aがダメな企業である確率に影響を与えるでしょうか．

　あるいは1%の人がかかる病気に精度95%の検査で陽性が出ました．何の情報もなければこの病気に罹患している確率は1%ですが，この検査によって本当に病気にかかっている確率はどうなるでしょうか．

　こういうものを考えるのが**条件付き確率**という概念です．厳密に定義すると，$F$ が発生したという条件のもとで $E$ が発生するという確率を，$P(E \mid F)$ と表すとします．これは次のように計算できます．

$$P(E \mid F) = \frac{P(E \cap F)}{P(F)}$$

$F$ が起きたことがわかれば全体事象が $F$ そのものになります．その状態で $E$ が発生するというのは $E$ と $F$ の共通事象が発生するということです．一方で，全体の確率は 1 に揃えたいので，$P(F)$ で割ることで調整するのです．

　これも図解してみましょう．図 9.6 を見てください．元々の事象は $\Omega$ を全事象としていましたが，いま $F$ が発生しているということがわかったの

(a) 元々の事象　　　(b) $F$ が起きたとわかれば $F$ が全事象に

**図9.6　条件付き確率**

で，全事象は $F$ になります．すると $E$ が発生する可能性は図中の塗りつぶされた領域のみになります．この塗りつぶされた領域の面積が全体の $F$ の面積に占める割合が条件付き確率なのです．図を使って式で書けば以下のようになるでしょう．

$$P(E \mid F) = \frac{P(E \cap F)}{P(F)} = \frac{\boxed{E \cap F} \text{ の面積}}{\boxed{E \cap F}^{F} \text{ の面積}}$$

条件付き確率の考え方を使った例として「1%の人が罹患している病気に精度95%の検査で陽性が出たとき」に実際にこの病気に罹患している確率を計算してみましょう．まずこの検査で陽性が出る確率を計算しましょう．1%の実際に罹患している人は95%の確率で陽性が出る一方で，99%の罹患していない人は $100 - 95 = 5$%の確率で誤って陽性が出ます（これは偽陽性と呼ばれます）．したがって，陽性が出る確率は以下のとおりです．

$$0.01 \times 0.95 + 0.99 \times 0.05$$

なぜ足すのかというと，$0.01 \times 0.95$ は罹患していて陽性が出る確率であり，$0.99 \times 0.05$ は罹患していなくて陽性が出る確率であり，この二つの事象は同時には起こりえないからです．同時に起こりえない事象は排反事象です．陽性が出るという事象はこの二つの和事象ですので確率の定義から足して計算します．さて，陽性が出る人のうち，実際に罹患している人は $0.01 \times 0.95$ だけしかいません．したがって検査を受けて陽性であったときに，実際に罹患している確率は

$$\frac{0.01 \times 0.95}{0.01 \times 0.95 + 0.99 \times 0.05} \approx 0.16$$

なので約16%になります[*5]．

■**独　立**　$P(E \cap F) = P(E) \times P(F)$ であるとき，事象 $E$ と $F$ は**独立**であるといいます．事象 $E$ と $F$ が互いに独立であるとき，$E$ が起きることは $F$ の発生確率に影響しないし，$F$ が発生することは $E$ の発生確率に影響しないと

---

[*5]　$A \approx B$ と書いたときには $A$ と $B$ はほぼ等しいという意味です．

いうことになります．実際，事象 $E$ と $F$ が独立であるときには

$$
\begin{aligned}
P(E \mid F) &= \frac{P(E \cap F)}{P(F)} \quad (\text{条件付き確率の定義より}) \\
&= \frac{P(E)P(F)}{P(F)} \quad (\text{独立性より}) \\
&= P(E)
\end{aligned}
$$

が成立し，$F$ が起きたかどうかは $E$ の発生確率に依存しません．例えばサイコロを二回振るとき1回目のサイコロの出目と2回目のサイコロの出目などがそうです[*6]．

　注意点として，例えば三つの事象 $E, F, G$ があったとき，それぞれ互いの二つが独立であったとしても三つの事象が独立であるとは限りません．例として，$E$ をコイン A が表であるという事象，$F$ をコイン B が表である事象，$G$ をコイン A とコイン B の裏表が一致する事象であるとします．それぞれのコインの表が出る確率が1/2で，$E, F$ 独立であるとします．するとそれぞれ以下のようになります[*7]．

$$
P(E \cap F) = \frac{1}{4} = P(E) \times P(F)
$$

$$
P(E \cap G) = \frac{1}{4} = P(E) \times P(G)
$$

$$
P(F \cap G) = \frac{1}{4} = P(F) \times P(G)
$$

しかし，$P(E \cap F \cap G)$ はどうでしょうか．$E \cap F \cap G$ はコイン A と B の両方が表が出るという事象と一致しますのでこの確率は1/4です．一方で

$$
P(E) \times P(F) \times P(G) = \frac{1}{2} \times \frac{1}{2} \times \frac{1}{2} = \frac{1}{8} \neq \frac{1}{4} = P(E \cap F \cap G)
$$

となり，独立であることの定義を満たしません．

---

*6　ただし，サイコロに不正が施してある可能性がある場合にはこの限りではありません．1が異様に続けて出るならば何らかの加工がしてあるという疑いが強くなり，結果，次も1が出るだろうという確率が高くなるでしょう．

*7　表裏が一致する確率はコイン A と B がどちらも表，あるいは裏となるような事象で，コイン A が表なら，A と B のどちらも表が出なければいけません．その確率は1/4です．

# 9.4 練 習 問 題

**問題 104** 次の試行について，事象の例を三つずつ挙げなさい．

- コインを投げる．
- コインを二回投げる．

**問題 110** 次の宝くじを考える．当選金額と当選本数は次のとおりである．

| 金額（円） | 7億 | 2億 | 千万 | 百万 | 十万 | 3000 | 300 |
|---|---|---|---|---|---|---|---|
| 本数（本） | 25 | 50 | 500 | 5000 | 4万 | 500万 | 5000万 |

宝くじの総発行数は5億枚である．宝くじを一枚購入するときの当選金額の期待値を求めなさい．

**問題 112** ある企業には二つの可能性があり，それは良い，悪いである．それぞれの確率は90％，10％である．ある日，その企業が不祥事を起こした．良い企業が不祥事を起こす確率は10％，悪い企業が不祥事を起こす確率が90％である．この企業が悪い企業である確率を求めなさい．

# 10 連続関数

　この章から「解析学」という分野に入っていきます. 解析学は微分積分学という分野を含み, それらは経済学で非常によく使われます. この章ではその準備として, 連続性と呼ばれる性質について学習します.

## 10.1 連続性

　図 10.1 の左図のように切れ目のないグラフを持つ関数を連続であるといいます. これに対して, 図 10.1 の右図のようにそうでないような関数を不連続であるといいます（ここで $(x, f(x))$ の座標を黒丸で, 含まれない点を白丸で表現しています. これは不連続な関数を扱うときのよくある記法です）. 図のイメージで感覚がつかめれば十分ですが, ちゃんと定義すると次のよう

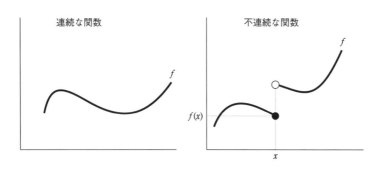

**図 10.1　連続な関数と不連続な関数**

になります.

---

**定義 2.** 関数 $f$ が $x$ において**連続**であるとは $x$ に収束する任意の数列 $(x_t)$ について，$\displaystyle \lim_{t \to \infty} f(x_t) = f(x)$ が成立する.

---

　すべての点 $x$ において連続である関数を**連続関数**，そうでない関数を**不連続関数**と呼びます.

　図 10.1 の右図の関数は $x$ において不連続であることがわかります. 例えば右から $x$ に近づける数列 $(x_t)$ を考えると，$f(x_t)$ は図中の白丸の縦軸座標の値に近づきますが，実際の $f(x)$ の値は黒丸の点の縦軸座標であり，これらには距離があります. なので $f(x_t)$ が $f(x)$ に収束しません. 一方で左図のような関数にはそのようなことはありません.

　今まで出てきたたいていの関数は連続関数ですが，不連続関数は簡単に作れます. 例えば次のようなものです.

$$f(x) = \begin{cases} x & \text{if} \quad x \leqq 0 \\ x + 1 & \text{if} \quad x > 0 \end{cases}$$

実際にこの関数が不連続だということを確かめてみましょう. $(x_t)$ を 0.1, 0.01, 0.001, ... と正の値からだんだん 0 に近づけていく数列だとします. すると $f(x_t)$ の値は 1.1, 1.01, 1.001, ... とだんだん 1 に近づきます. ところが，定義にあるとおり $f(0) = 0$ ですので，$f(x_t)$ は $f(0)$ とは距離があるままです. このような数列が一つでもあれば関数 $f$ は不連続であるというわけです.

　また，数学の関数を拡張するとき，例えば指数の $x^n$ の $n$ の部分を整数から実数などに拡張しようとしたとき，なるべく連続であるように拡張するのが自然です.

　ところで，$0^0$ は定義されません. これがなぜかを見てみましょう. まず，すべての $x > 0$ について $x^0 = 1$ です. したがって，連続性を保つように $0^0$ を定義すれば $0^0 = 1$ になります. 一方で，$0^x = 0$ であることに注意してください. こちらのほうの連続性を保つように $0^0$ を定義しようとすれば 0 となってしまいます. なのでどちらかの連続性は保たれなくなるということになります. どちらにしても不便なので $0^0$ は通常定義されません.

## 10.2  中間値の定理

連続関数の便利な性質として**中間値の定理**というものがあります．これは次のようなものです．

---

**定理 1**（中間値の定理）．$f$ が連続であるとする．このとき，$f(b) \leqq y \leqq f(a)$，あるいは $f(a) \leqq y \leqq f(b)$ であるとき，$y = f(x)$ を満たす $x \in [a, b]$ が存在する（ただし $a < b$）．

---

つまりは図 10.2（a）で描いているように $f(a), f(b)$ の中間の値 $y$ について $y = f(x)$ になる $x$ が $a$ と $b$ の間に必ず存在するということを示しています．一方で関数が不連続であれば図 10.2（b）のように必ずしも中間値が存在するとは限りません．実際，$y$ は $f(a) < y < f(b)$ を満たすのにもかかわらず，$y = f(x)$ となる $x$ を見つけ出すことはできません．

**■応用：単一財市場における市場均衡価格の存在**　需要関数を $D(p)$ とします．同じように価格が $p$ のときの供給量を出力する関数（供給関数と呼ぶ）を $S(p)$ と書きます（Supply の S です）．需要量と供給量が一致する価格，つまり $D(p) = S(p)$ を満たす価格 $p$ を市場均衡価格と呼びますが，ではこのよ

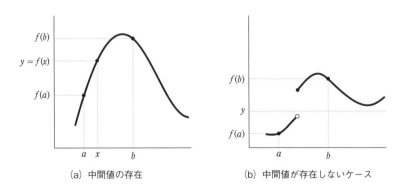

(a) 中間値の存在　　　　(b) 中間値が存在しないケース

**図 10.2　中間値の定理の図解**

うな価格は実際に存在するのでしょうか．これを示すために，中間値の定理を使います．そのために $f(p) = D(p) - S(p)$ という新しい関数を作ります．これは超過需要関数と呼ばれます．超過需要関数がプラスであれば需要量のほうが供給量よりも大きく，マイナスであれば逆に需要量のほうが供給量より少ないということになります．

通常は価格が非常に高いとき，超過需要はマイナスになりがちです．価格が高すぎるので誰も欲しくなく需要が少ないからですね．逆に価格が非常に低いときは超過需要はプラスになる傾向があります．価格が安すぎてたくさんの人が欲しがるということですね．なのでそれを仮定します．つまり価格が十分に高いとき（このような価格を $\overline{p}$ とします）のとき $f(\overline{p}) < 0$ とします．逆に価格が十分に低いとき（このような価格を $\underline{p}$ とします）$f(\underline{p}) > 0$ とします．このとき，もし $f$ が連続であれば中間値の定理より $f(p^*) = 0$ となる価格 $p^*$ が存在します．このとき $f(p^*) = D(p^*) - S(p^*)$ であることから $D(p^*) - S(p^*) = 0$，つまり $D(p^*) = S(p^*)$ となるので $p^*$ は市場均衡価格になるわけです[*1]．

一方で $f$ が連続でなければ市場均衡価格が存在しない場合もあります．この場合は市場の分析がはるかに複雑になります．どういったときに市場均衡価格を使った分析が正当化されるのか，それを保証するのが連続性（とこの場合は中間値の定理）というわけです．

# 10.3　練 習 問 題

**問題 123** $f$ は定義域を $[0,1]$ とする連続関数で，すべての $x$ について $0 \leqq f(x) \leqq 1$ を満たすという．このとき，中間値の定理を用いて $f(x^*) = x^*$ となる $x^* \in [0,1]$ が存在することを示しなさい．

---

[*1]　市場均衡価格のように特定の性質を持つような $p$ を他と区別するために ＊ という飾りをつけています．これは $p$ とは違うよということを示すためのもので，それさえわかればどんな記号を使っても構いません．例えば $p^\dagger$ や $\hat{p}$ でもいいです．$\overline{p}, \underline{p}$ も同様で，そんじょそこらの $p$ とは違う特別な価格ということでこのような印をつけています．

# 11 一変数関数の微分

## 11.1 微 分

「微分する」とは関数の<ruby>接線<rt>せっせん</rt></ruby>[1]の傾きを求める作業のことです．関数を微分した値で接線の傾きがわかります．「傾きがわかるからなんだ」と思われるかもしれませんが，傾きがわかれば色々なことがわかります．図で見てみましょう．図 11.1 は曲線とその接線を描画しています．曲線が生産量と利潤の関係を表したグラフだとすると，経済学者や経営者は利潤を最大化する生産量に興味があります．どれだけ作ればいいのかがわかるからです．

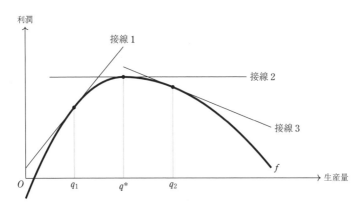

図 11.1　曲線の接線の傾き

---

[1]　接線とはグラフに接する直線です．図 11.1 で言えば $q_1$ や $q_2$，$q^*$ のところで曲がった曲線にひっついている直線です．

図中の $q_1$ という点を見てみましょう．このときの接線（接線 1）は右上がりです．一次関数の章（**第 5 章**）で直線が右上がりならばその傾きはプラスであることを学習しました．つまり接線の傾き（この点で関数を微分した値）は**プラス**になります．この点では利潤曲線は増加局面にあります．つまり生産量を少し増やすと利潤が増加します．これによって言えることは「もっと生産量を増やせば利潤が上がるよ！」ということです．

　逆に $q_2$ という点を見てみましょう．このときの接線（接線 3）は右下がりです．この場合も同様にこの点で関数を微分した値は**マイナス**になります．またこの点では利潤曲線は減少局面です．つまり生産量を少し増やすと利潤が減少します．これによって言えることは「もっと生産量を減らせば利潤が上がるよ！」ということです．

　さらに $q^*$ という点を見てみましょう．明らかにこの点では利潤は最大になっています．このときの接線（接線 2）は水平です．水平のときの傾きは 0 でしたので，関数を微分した値はこの点で**ゼロ**になります．つまり利潤を最大化しているならば微分した値はゼロになる，と言えそうです．

　それでは微分を厳密に定義していきましょう．ある関数 $f$ の点 $x$ における**微分係数**とは次の式で定義される値のことです[*2]．

$$\lim_{h \to 0} \frac{f(x+h) - f(x)}{h}$$

$x$ が変化すると微分係数の値も変化しますので，微分係数自体も $x$ の関数のように見えます．したがって，これにも名前がついていて，$f$ の微分係数を出力する関数のことを $f$ の**導関数**（どうかんすう）と呼びます．導関数は記号を使うと $f'$ や $\frac{d}{dx}f$, $\frac{df}{dx}$ という形で表記されます．式だけ見れば $x$ がほんの少し（$h$ だけ）増えたときに $f(x)$ がどれだけ増えるか（その差は $f(x+h) - f(x)$ ですね）を見る変化率と考えることができます．

　この定義の図形的な意味を見ていきましょう．一次関数の復習ですが，二点 $(A, B)$ と $(A', B')$ を通る直線はただ一つ

---

[*2]　ほとんどの場合，微分係数が定義できる場合しか考えませんが，定義できない点がある関数も存在します．また，導関数をさらに微分することを二回（二階）微分するといいます．

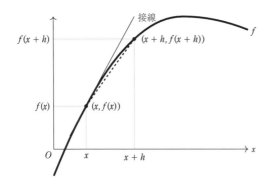

動画でもチェック↑

**図 11.2　微分の定義**

$$y = \frac{B' - B}{A' - A}(x - A) + B$$

で定まるのでした（実際に連立方程式を解くことで導くことができます）。
$\frac{B'-B}{A'-A}$ の部分はこの直線の**傾き**と呼ばれます。この直線の傾き $\frac{B'-B}{A'-A}$ は $y$ 軸方向の変化量を $x$ 軸方向の変化量で割ったものになります。

　図 11.2 を見ましょう。$\frac{f(x+h)-f(x)}{h}$ は図中の点 $(x, f(x))$ と点 $(x+h, f(x+h))$ を通る直線の傾きです。$h$ を小さくしていくと点線が接線に近づいていきます（自分で図を描いて確かめてみましょう）。$h \to 0$ になるとき、それは接線の傾きになります。これが微分が接線の傾きを表している理由です。普通、接線の傾きを考えるには図形的な処理が必要だと考えるかもしれませんが、微分を使えば数式の処理だけで接線の傾きを計算することができるのです。

## 11.2　微分の公式

　さて、具体的な関数について、実際に定義に従って微分係数を計算してみましょう。次の例を考えます。微分の定義を適用して、微分係数を求めてみましょう。

## 例 1. $f(x) = 3$

この場合について，微分係数を求めてみます．定義から

$$f'(x) = \lim_{h \to 0} \frac{f(x+h) - f(x)}{h} = \lim_{h \to 0} \frac{3-3}{h} = \lim_{h \to 0} 0 = 0$$

となります．注意すべきは $f(x+h) = 3$ ということです．これはどうしてか，グラフを見てみましょう．この関数は図 11.3 のように書くことができます．どんな $x$ を入れても 3 という値をとるので水平な直線になっているのです．ちなみにこの関数の傾きは明らかに 0 です（つまり $x$ を動かしても $f$ は増えも減りもしない）．これは微分が接線の傾きを表していることと一致していますね．

----

## 例 2. $f(x) = x$

この場合も考えてみましょう．定義から

$$\begin{aligned}
f'(x) &= \lim_{h \to 0} \frac{f(x+h) - f(x)}{h} \\
&= \lim_{h \to 0} \frac{x+h-x}{h} = \lim_{h \to 0} \frac{h}{h} \\
&= \lim_{h \to 0} 1 = 1
\end{aligned}$$

となります．この関数も図で見てみましょう（図 11.4）．この関数は直線なので一次関数です．一次関数は $ax + b$ という形で書けるので，これは $a = 1, b = 0$ のケースです．ところで $a$ の部分は傾きなので，この直線の傾きは 1 です．この直線の接線はこの直線そのものですので接線の傾きも 1 です．

----

## 例 3. $f(x) = x^2$

さて，ここから多少複雑になっていきます．この関数にも定義を適用していきましょう．

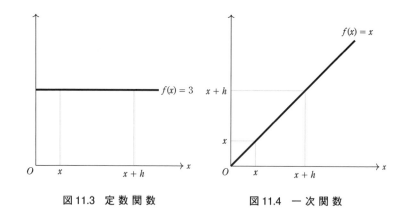

図 11.3　定 数 関 数　　　　　図 11.4　一 次 関 数

$$f'(x) = \lim_{h \to 0} \frac{f(x+h) - f(x)}{h}$$

$$= \lim_{h \to 0} \frac{(x+h)^2 - x^2}{h}$$

$$= \lim_{h \to 0} \frac{x^2 - x^2 + 2hx + h^2}{h}$$

$$= \lim_{h \to 0} \frac{2hx + h^2}{h}$$

$$= \lim_{h \to 0} 2x + h = 2x$$

どうでしょうか．定義を一歩一歩当てはめていけばそこまで難しくはないでしょう．これも図で見てみます．図 11.5 にあるように，$x$ が増えるにつれ，その接線の傾きは増加していきます．特に，$x < 0$ であれば傾きは負，$x > 0$ であれば傾きは正になっており，微分した値 $2x$ も同じく $x < 0$ であれば負，$x > 0$ であれば正になっています．

---

例 4. $f(x) = 3x - x^2$

最後にもう一つ複雑な例を見てみましょう．これにも定義を当てはめると次のようになります．

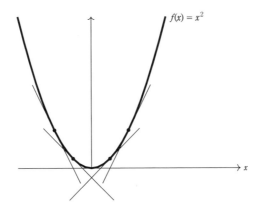

$f(x) = x^2$

図 11.5 二 次 関 数

$$f'(x) = \lim_{h \to 0} \frac{f(x+h) - f(x)}{h}$$

$$= \lim_{h \to 0} \frac{[3(x+h) - (x+h)^2] - [3x - x^2]}{h}$$

$$= \lim_{h \to 0} \frac{3h - 2hx - h^2}{h}$$

$$= \lim_{h \to 0} 3 - 2x - h$$

$$= 3 - 2x$$

計算は複雑ですが，出てきた式そのものは単純です．$3x$ を微分したものと $-x^2$ を微分したものを足し合わせたような形になっています．これは偶然でしょうか？

- - - - - - - - - - - - - - - - - - - - - - - - - - - - - - - - - - - - - - - - - - - - - - - - -

　定義を当てはめていちいち計算すると結構大変ですが，便利なことにいくらかの関数では微分するとどうなるかというものはすでに知られています．これは次の公式にまとめられます．

> **定数の微分**　$f(x) = a$ とする．ただし $a$ は実数であるとする．このとき，
>
> $$f'(x) = 0$$

〈説明〉　これは $f(x) = 3$ の例でも見たように水平の直線です．こういった関

数は常に傾きが 0 の直線ですので微分した値も 0 です.

---

> **べき乗の微分** $f(x) = x^a$ とする. ただし $a$ は実数であるとする. このとき,
>
> $$f'(x) = a \times x^{a-1}$$

〈説明〉 この公式でわかりやすいのは $a = 1$ の場合です. $a = 1$ のときというのは $f(x) = x$ のときです. $x = x^1$ であることに注意してください. このときの微分は $a = 1$ を代入して, $f'(x) = \boxed{1} \times x^{\boxed{1}-1} = x^0 = 1$ となります. $a = 2$ のときも同じようにできます. これは $f(x) = x^2$ という形です. これを微分したものは $a = 2$ を代入して, $f'(x) = \boxed{2} \times x^{\boxed{2}-1} = 2x^1 = 2x$ となります. $a = 10$ や $a = 1/2$ や $a = -1$ のときも同様に計算することができます.

---

> **微分の線形性** $f(x) = a \times g(x) + b \times h(x)$ であるとする. ただし, $a, b$ は実数であるとする. このとき,
>
> $$f'(x) = a \times g'(x) + b \times h'(x)$$

〈説明〉 これは足し算の関数を微分すると, 微分したものの足し算になるということです. 例えば $f(x) = 3x + 2x^3$ という関数を考えてみましょう. このとき $g(x) = x$, $h(x) = x^3$ とすれば $f(x) = 3x + 2x^3 = 3 \times g(x) + 2 \times h(x)$ となります. $g'(x) = 1$, $h'(x) = 3x^2$ ですから, これを公式に当てはめると $f'(x) = 3 \times g'(x) + 2 \times h'(x) = 3 + 2 \times 3x^2 = 3 + 6x^2$ となります. 足し算が三つ以上続いていても同じです.

---

> **積の微分** $f(x) = h(x) \times g(x)$ とする. このとき,
>
> $$f'(x) = h'(x) \times g(x) + h(x) \times g'(x)$$

〈説明〉 足し算の次はかけ算です. 二つの関数をかけたものを微分すると上

の公式のように計算できるのです[*3]. 例として次の関数, $f(x) = (x+3)(x^2 + x)$ を考えてみましょう. 展開して計算してもいいですが, これはかなり面倒です. したがって, 積の微分の公式を使って計算することを考えましょう. $(x+3)$ を微分すると $1$, $(x^2 + x)$ を微分すると $2x+1$ となります. $f$ は $(x+3)$ という関数と $(x^2 + x)$ という関数の積だと考えられるので, 以下のように計算できます.

$$f'(x) = [(x+3) \text{ の微分}] \times (x^2 + x) + (x+3) \times [(x^2 + x) \text{ の微分}]$$
$$= 1 \times (x^2 + x) + (x+3) \times (2x+1)$$
$$= x^2 + x + (x+3) \times (2x+1)$$
$$= 3x^2 + 8x + 3$$

おそらく展開して計算するより楽になるでしょう.

---

> **合成関数の微分**  $f(x) = h(g(x))$ とする. このとき,
>
> $$f'(x) = h'(g(x)) \times g'(x)$$

〈説明〉 次に考えるのは合成関数です[*4]. これは例を見ればどういうものかわかります. 例えば $f(x) = (2x^2 + x)^3$ を考えてください. $2x^2 + x$ というのは一種の関数ですので, これを $g(x)$ とおきます. すると $f(x) = (g(x))^3$ となります. また, $(y)^3$ というのもまた関数ですので, これを $h(y) = y^3$ とおきます. そうすれば $y = g(x)$ を代入して, $h(g(x))$ を計算すれば $f(x)$ に等しくなるので, $f(x) = h(g(x))$ と書けることが確かめられます.

これを微分してみましょう. $h(y) = y^3$ という関数を微分すると $h'(y) = 3y^2$

---

[*3] 直観は次のとおりです. $f(x) = h(x) \times g(x)$ を微分するということは $h$ が増える効果と $g$ が増える効果の二つを考えることになります. ($g$ が動かないとして) $h$ だけの効果を考えれば $h'(x)g(x)$, 逆に ($h$ が動かないとして) $g$ だけの効果を考えれば $h(x)g'(x)$ だけ $f$ は増加することになります. 実際には両方動くので $f$ が増える量はこの二つの効果の和ということです.

[*4] これの直観も考えてみましょう. $g(x)$ が動いたときにどれだけ増えるのかは $h'(g(x))$ で表されます. ただ, 知りたいのは $x$ が動いたときに $h(g(x))$ がどれだけ動くかです. 「$x$ が動く」→「$g(x)$ が動く」→「$h(g(x))$ が動く」と作用していくことを考えましょう. 『「$x$ が動く」→「$g(x)$ が動く」』の部分が $g'(x)$ で表されて, 『「$g(x)$ が動く」→「$h(g(x))$ が動く」』の部分が $h'(g(x))$ で表されます. その二つの効果のかけ算が全体の効果 $h'(g(x))g'(x)$ というわけです.

となります．一方，$g(x) = 2x^2 + x$ を微分すると $g'(x) = 4x + 1$ です．これを公式に当てはめると以下のように計算できます．

$$
\begin{aligned}
f'(x) &= h'(y) \times g'(x) && (ただし\, y = g(x)) \\
&= 3y^2 \times (4x + 1) \\
&= 3(g(x))^2 \times (4x + 1) && (y = g(x)\, を代入) \\
&= 3(2x^2 + x)^2 \times (4x + 1) && (g(x) = 2x^2 + x\, を代入)
\end{aligned}
$$

---

> **対数微分** $f(x) = \ln(x)$ とする．このとき，
> $$f'(x) = \frac{1}{x}$$

〈説明〉 $\ln(x)$ は底をネイピアの数 $e$ とする対数のことです（**8.4.3 節**参照）．$\ln(x) = \log_e x$ とも書きます．この関数を微分すると $\frac{1}{x}$ となる性質があります．

　この応用先として考えられるのが $a^x$ という関数の微分です．これを考えてみましょう．まず，$f(x) = \ln(g(x))$ という合成関数を考えます．これは合成関数の微分の公式より以下のように計算できます．

$$
\begin{aligned}
f'(x) &= (\ln(y))' \times g'(x) && (ただし\, y = g(x)) \\
&= \frac{1}{y} \times g'(x) && (\ln(y)' = 1/y\, より) \\
&= \frac{g'(x)}{g(x)} && (y = g(x)\, を代入) \qquad (11.1)
\end{aligned}
$$

　いま，$g(x) = a^x$ であるとします．すると，$f(x) = \ln(g(x)) = x\ln(a)$ という結果になります．この関数を $x$ で微分すると $f'(x) = \ln(a)$ です．すると式 (11.1) より以下の等式が成立します．

$$
\ln(a) = f'(x) = \frac{g'(x)}{g(x)} \quad \Rightarrow \quad g'(x) = g(x)\ln(a)
$$

$g(x) = a^x$ ですから，求めたかった導関数は $g'(x) = a^x \ln(a)$ となります．

---

指数微分　$f(x) = e^x$ とする．このとき

$$f'(x) = e^x$$

〈説明〉 $e$ はネイピア数です．$e^x$ は**指数関数**とも呼ばれます*5．指数関数は微分をしても変わらない関数です．

--------------------------------------------------

# 11.3　テイラー展開

微分の定義をもう一度見てみましょう．これは

$$f'(x) = \lim_{h \to 0} \frac{f(x+h) - f(x)}{h}$$

です．ここで，$h$ が十分小さいときを考えると，$f'(x) \approx \frac{f(x+h)-f(x)}{h}$ となります．これを変形すれば $f(x+h) \approx f(x) + f'(x)h$ とできます*6．するとこれは $f(x)$ を切片，$f'(x)$ を傾きとした $h$ の一次関数と見ることができます．

これをもっと細かく見ていくことにしましょう．そのための準備として，次の定理を用意します．

---

**定理 2（平均値の定理）**．微分可能な関数 $f$ と任意の数 $a, b$ を考える（$a < b$ とする）．このとき以下の等式を成立させる $c$（$a < c < b$）が存在する*7．

$$\frac{f(b) - f(a)}{b - a} = f'(c)$$

---

図 11.6 は平均値の定理の図解です．図中に出てくる■と◆を結ぶ直線 P

---

*5　$e^x$ のことを exp($x$) と書くこともあります．指数関数のことを exponential というのでその頭文字をとったものです．

*6　たいていは $h \to 0$ とすれば＝になるときなど，条件付きで等号が成立するときに使います．

*7　このときの $c$ は $a, b$ が変わると変わります．

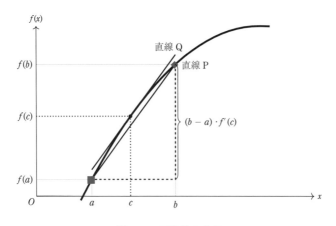

**図 11.6　平均値の定理**

は $(a, f(a))$ と $(b, f(b))$ を結ぶ線分ですが，ちょうどそれと平行になり，なお
かつ関数 $f$ の接線となるような直線 Q を見つけることができます．直線 Q
は点 $(c, f(c))$ で関数 $f$ に接していることから直線 Q の傾きは $f'(c)$ になります．
平行な直線同士の傾きは同じであることと直線 P の傾きが $\frac{f(b)-f(a)}{b-a}$ であるこ
とから $\frac{f(b)-f(a)}{b-a} = f'(c)$ といえます．

　この平均値の定理で現れる式，$\dfrac{f(b)-f(a)}{b-a} = f'(c)$ を変形すると

$$f(b) = f(a) + f'(c)(b-a)$$

となります．これを**一次のテイラー展開**と呼びます．これは $x$ が $a$ から $b$ に
増えるとき，その差 $f(b) - f(a)$ が $x$ の増加分である $b-a$ と傾き $f'(c)$ のかけ
算で書くことができるという意味です．これは一次関数の特徴でもあります．
テイラー展開によって一次関数ではない一般の関数をあたかも一次関数のよ
うに見せてくれるわけです．実際，$b-a$ が十分小さいときには関数 $f$ はま
るで一次関数のようにまっすぐな直線になっています．テイラー展開はそれ
を数式で表現したものに過ぎません．

　テイラー展開はより一般的な多項式にも対応させることができます．例え
ば一次関数ではなく，二次関数に見せるには二次のテイラー展開というもの
を使います．これには $f'$ をさらにもう一度微分したものである $f''$ を使いま
す[*8]．

> **定理 3**（二次のテイラー展開）. $f''$ が定義できるとき，以下の等式を成立
> させる $c$ $(a < c < b)$ が存在する.
>
> $$f(b) = f(a) + f'(a)(b-a) + \frac{f''(c)}{2}(b-a)^2$$

　厳密な証明は他書に任せるとして[*9]，どうしてこういう形になるのか直観
を考えてみましょう. 簡単にするために $b = x, a = 0$ とします.

　もし関数 $f$ が多項式で書けるのならば，以下のように書くことができます.

$$f(x) = \alpha_0 + \alpha_1 x + \alpha_2 x^2 + \alpha_3 x^3 + \alpha_4 x^4 + \cdots$$

両辺を $x$ で微分してみると

$$f'(x) = \alpha_1 + \alpha_2 2x + \alpha_3 3x^2 + \alpha_4 4x^3 + \cdots \tag{11.2}$$

となります. ここで $x = 0$ を代入すれば

$$f'(0) = \alpha_1$$

という形で求めることができます. さらに式 (11.2) の両辺を $x$ で微分すると

$$f''(x) = \alpha_2 2 + \alpha_3 \times 3 \times 2 \times x + \alpha_4 \times 4 \times 3 \times x^2 + \cdots$$

となり，再び $x = 0$ を代入すれば $\alpha_2 = \frac{f''(0)}{2}$ を得ます. この作業を無限に続
けていくと

$$f(x) = f(0) + f'(0)x + \frac{f''(0)}{2}x^2 + \cdots + \frac{f^{(n)}(0)}{n!}x^n + \cdots$$

という式が得られます[*10]. ただし $f^{(n)}(x)$ は $f(x)$ を $n$ 回微分した関数のこと
です. こういった計算を**マクローリン展開**と呼び，関数の性質を調べるのに
重要な役割を果たします.

---

[*8]　例えば $f(x) = x^2$ であれば $f'(x) = 2x$ で $f''(x) = 2$ です.

[*9]　標準的な「解析学」の教科書にはたいていあります.

[*10]　$n! = n \times (n-1) \times \cdots \times 2 \times 1$ であることを思い出してください.

# 11.4 関数の最大化・最小化

最初に見たように、微分の特徴は接線の傾きを比較的簡単に計算できることです。また、ある関数が最大値をとっているとき、その接線の傾きは 0 であることからその関数がいつ最大値をとっているのかが比較的簡単に計算できるようになるだろう、という予想が立ちます。実際そのとおりで、経済学で微分を使う最も大きい理由の一つは関数の最大化・最小化問題を簡単にすることができるからです。この節ではそのことを厳密に検証していきましょう。まず最大値の定義からです。

> **定義 3.** $x^*$ が定義域の中にあり、定義域のすべての数 $x$ について $f(x^*) \geqq f(x)$ が成立するとき、関数 $f$ は $x^*$ で**最大値をとる**という。このときの $f(x^*)$ の値を $f$ の**最大値**、$x^*$ を $f$ の**最大化解**と呼ぶ。

最大値は $\max_x f(x)$、最大化解は $\arg\max_x f(x)$ と表記することがあります[*11]。例えば $f(x) = -(x-2)^2 + 3$ という関数があれば、$f$ の最大値は 3 で最大化解は $x = 2$ です（図 11.7 参照）。$\max_x f(x) = 3$、$\arg\max_x f(x) = 2$ とも書きます。さて、最大化解が満たすべき条件を微分を使って書いていきましょう。

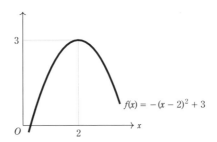

**図 11.7　最大値と最大化解**

---

[*11] 最大化解が複数ある場合は $\arg\max_x f(x)$ は集合になります。例えばすべての実数 $x$ について $f(x) = 1$ と定義される関数についてはどの実数 $x$ も最大化解になるため、$\arg\max_x f(x) = \mathbb{R}$ となります。

関数 $f$ が微分可能であるときには次の定理が成立します.

11.4
関数の最大化・最小化

---

**定理4.** 関数 $f$ が微分可能であるとき,$f$ が $x^*$ で最大値,あるいは最小値をとるならば $f'(x^*) = 0$ が成立する.

---

〈証明〉 $f$ が $x^*$ で最大値をとるとする.もし $f'(x^*) > 0$ であれば,微分の定義より $\frac{f(x^*+h)-f(x^*)}{h} > 0$ が十分小さい $h > 0$ について成立する.したがって $f(x^*+h) > f(x^*)$.これは $f$ が $x^*$ で最大値をとっていることに矛盾する.

$f'(x^*) < 0$ の場合は,ある $h < 0$ について $\frac{f(x^*+h)-f(x^*)}{h} < 0$ が成り立っていることになる.この場合,$h < 0$ なので $f(x^*+h) > f(x^*)$ がいえることになり,やはり $f$ が $x^*$ で最大値をとっていることに矛盾する.

最小値をとる場合も同様に示すことができる. （証明終了）

$f'(x^*) = 0$ という条件は**一階条件**,あるいは**一階の必要条件**と呼ばれ,経済学のあらゆるところで使われます.この方程式 $f'(x^*) = 0$ を $x^*$ に関して解くことで最大化解を求められるようになるのです.

ただし,この結果は (1) 十分条件ではないこと,(2) $x$ がとりうる範囲に制限がないこと,(3) 関数 $f$ が微分できる前提であること,(4) 最大値・最小値が存在するという前提であることの四点に注意する必要があります.以下でそれぞれ解説します.

■**極　値**　まず注意してほしいのは $f'(x^*) = 0$ になるのは $f$ が $x^*$ で最大値（あるいは最小値）をとるときだけではないということです.次の図で例を見ていきましょう.図11.8 にあるのは接線の傾きが 0 になる点が複数ある関数です.例えば点 A や B では接線が水平になるので微分すると 0 になりますが,いずれも最大値も最小値もとりません.

一方で,点 A では薄く塗りつぶした領域に限定すればその中では最小値をとっています.同様に点 B でも灰色の領域の中では最大値をとっています.このような値を**極値**といいます.正確な定義は以下のとおりです.

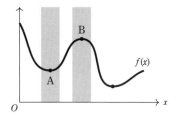

**図 11.8　接線の傾きが 0 になる点が複数ある関数**

---

**定義 4.** ある $\varepsilon > 0$ について，$x^* - \varepsilon < x < x^* + \varepsilon$ かつ $x$ が定義域の中ならば $f(x^*) \geqq f(x)$ が成り立つとき，$f$ は $x^*$ で**極大値**をとるという.

　ある $\varepsilon > 0$ について，$x^* - \varepsilon < x < x^* + \varepsilon$ かつ $x$ が定義域の中ならば $f(x^*) \leqq f(x)$ が成り立つとき，$f$ は $x^*$ で**極小値**をとるという.

---

　$\varepsilon$ は小さな正の数で，$x^* - \varepsilon < x < x^* + \varepsilon$ が成立する $x$ は $x^*$ の近所にあるような数ということです．極大値とはその点の近所に限れば最大になっている値を指しています．極値においても微分すると 0 になるという性質は最大値のときと同様の理由で成り立ちます.

---

**定理 5.** 関数 $f$ が微分可能であるとき，$f$ が $x^*$ で極大値，あるいは極小値をとるならば $f'(x^*) = 0$ が成立する.

---

　したがって，微分 = 0 という点が複数ある場合にはその点が実際に最大値かどうかはわかりません[*12].

　一方で（$x$ のとれる範囲が制限されていないときに），最大値であれば $f'(x) = 0$ が成立します．というわけで微分による最大値の求め方の基本は「$f'(x) = 0$ を満たす $x$ を候補として，代入して比較し最大値を求める」ということになります（ただし最大値が存在することが保証されているときに限ります）.

---

[*12]　さらに言えば，微分 = 0 となるが極大値や極小値ですらない点もあります．$f(x) = x^3$ のときの $x = 0$ がその例です．実際 $f'(x) = 2x^2$ なので $f'(0) = 0$ ですが，0 の周りには $f(0) = 0$ より大きい点も小さい点もあります.

■**端 点 解**　$x$ のとれる範囲が制限されている場合，最大化解であってもその点で微分したものが 0 であるとは限りません．次の例を見れば明らかでしょう．変数 $x$ が $0 \leqq x \leqq 1$ を満たさなければならないとします．このとき，関数として $f(x) = -(x-2)^2$ を考えます．図に描くと明らかですが，これは $x = 1$ で最大値をとります（**図 11.9** を見てください．とりうる範囲を灰色で塗っています）．しかしながらそのときの微分値は 2 です．こういった最大化解（や最小化解）がとらなければいけない範囲ギリギリにあるときには最大化解だからといってその点で微分しても 0 になるとは限りません．こういった場合，最大化問題の解は**端点解**であるといいます[*13]．

　端点解の可能性を考えれば，最大値が存在するならば，微分を使って最大化解を求める一つの方法は次のとおりです．

---

(1) 微分して 0 になる点をすべて求める．

(2) $x$ の取れる範囲が制限されているなら，その範囲ギリギリにある点（端点）を求める．

(3) 手順 (1) と (2) で求めた点を $f$ に代入して大小を比較して一番大きくなるものを求めるとそれが最大化解である．

---

　例として，$x$ のとりうる範囲が $0 \leqq x \leqq 1$ であるときの $f(x) = ax$ の最大化解を求めます．この関数は微分すると $f'(x) = a$ となります．もし $a > 0$ ならば微分して 0 となる点はありませんので端点解を考えます．この場合，端点は 0 と 1 です．$f(1) = a, f(0) = 0$ であり，$a > 0$ なので $x = 1$ が最大化解と

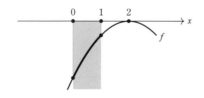

**図 11.9　端 点 解**

---

[*13]　そうでない場合は**内点解**といいます．

なります．$a < 0$ の場合や $a = 0$ の場合にどうなるかは読者の皆さんで考え
てみましょう．

■**微分不可能な関数**　微分ができない関数の場合も一階条件は使えません．
例えば $f(x) = -|x|$ という関数を見てみましょう．この関数は $x = 0$ のとき最
大値をとります．これは $x = 0$ のとき $f(0) = 0$ であり，そうでなければ必ず
負の数をとるからです．グラフを描くと明らかですね（図 11.10 参照）．

　一方でこのような関数は $x = 0$ のところで微分できません．これを確かめ
るために微分の定義から考えてみます．微分の定義は以下のとおりでした．

$$f'(x) = \lim_{h \to 0} \frac{f(x+h) - f(x)}{h}$$

いま，この定義に $f(x) = -|x|$ を当てはめます．$|x|$ の定義は以下のとおりです．

$$|x| = \begin{cases} x & \text{if} \quad x \geqq 0 \\ -x & \text{if} \quad x < 0 \end{cases}$$

もし $x = 0$ で $h > 0$ であれば極限は以下のように計算できます[14]．

$$f'(0) = \lim_{h \to 0} \frac{f(0+h) - f(0)}{h} = \lim_{h \to 0} \frac{-|h| - (-|0|)}{h}$$
$$= \lim_{h \to 0} \frac{-h}{h} = -1$$

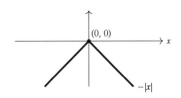

(0, 0)

$-|x|$

**図 11.10　$-|x|$ のグラフ**

---

[14] $h > 0$ を保ったまま 0 に近づけるという極限のとり方は右極限といい，記号には $\lim_{x \downarrow 0}$ を使いま
す．正の値から 0 に下げるイメージで，矢印の向きが変わります．同様に $h < 0$ を保ったまま 0
に近づけるという極限のとり方は左極限といい，記号には $\lim_{x \uparrow 0}$ を使います．0 を別の数字に変え
ても同じように右極限と左極限を定義できます．普通に極限を考えるときはどんな近づけ方をし
ても同じにならなければいけません．そうでない場合は極限は存在しません．右極限と左極限が
違う場合はその一例です．

一方で $h < 0$ であればどうでしょうか．このときは以下のようになります．

$$f'(0) = \lim_{h \to 0} \frac{f(0+h) - f(0)}{h} = \lim_{h \to 0} \frac{-|h| - (-|0|)}{h}$$
$$= \lim_{h \to 0} \frac{-(-h)}{h} = 1$$

$h > 0$ の場合と値が違ってきますね．このように $h$ を $0$ に近づけるときに近づけ方[*15] によって答えが違うとき，この関数は微分不可能であるといいます．こうなるとそもそも微分できないので「微分 $= 0$」である一階条件は使い物にならないということがわかるでしょう．こういった場合の万能な方法というものは，グラフを描く以外にはあまり有力なものがないので色々試行錯誤するしかありません．

■最大値・最小値の存在　最大値，あるいは最小値が存在しない場合も一階条件は使えません．例えば $f(x) = x$ という関数で，$x$ のとりうる範囲に制限がなければ $f(x)$ はいくらでも大きくすることができるので最大値は存在しません．とりうる範囲に制限があったとしても，例えば $0 < x < 1$ という範囲（つまり $0$ と $1$ が含まれない範囲）であれば最大値は存在するとは限りません．例として $f(x) = x$ という関数で考えてみましょう．$x$ のとりうる範囲が $0 < x < 1$ のとき，必ず $f(x) < 1$ となりますが，$f(x) = 1$ となる $x = 1$ は取りうる範囲の外なので，$x = 1$ は最大化解ではありません．そしてそれ以外の $x$ も最大化解になりません．例えばもし $x^* < 1$ という点 $x^*$ が最大化解だったとします．このとき $\frac{1+x^*}{2}$ という点を考えれば $x^* < \frac{1+x^*}{2}$ であるので[*16]，$x^*$ が最大化解であることと矛盾してしまいます．したがって，最大化解は存在しないのです[*17]．

---

[*15]　つまりプラスのほうから近づけるか，マイナス方面から近づけるか．

[*16]　$\frac{x^*+1}{2} - x^* = \frac{1+x^*-2x^*}{2} = \frac{1-x^*}{2} > 0$ であることに注意すること．

[*17]　一般的には，とりうる範囲が $a \leqq x \leqq b$（ただし $a < b$）のようになっていて，$f$ が連続であれば最大化解（および最小化解）が存在します．ワイエルシュトラスの（極値）定理で調べてみてください．

# 11.5 凹関数・凸関数

　基本的に極大値は最大値とは限りません．しかしながら関数が山形（やまなり）の形状をしていれば極大値がただ一つしかありませんし，その極大値は（端点解の可能性がなければ）最大値であるわけです．ここでは関数が山形の形状をしているとはどんなものだろうかという問いを考えます．凹関数（おうかんすう）と呼ばれる関数はその一例です．

---

**定義 5.** 関数 $f$ が**凹関数**であるとは任意の $x, x'$ と $0 \leqq \alpha \leqq 1$ を満たす $\alpha$ について以下の不等式を満たすことをいう．

$$f(\alpha x + (1-\alpha)x') \geqq \alpha f(x) + (1-\alpha)f(x')$$

関数 $f$ が**凸関数**であるとは $-f$ が凹関数であることをいう．

---

　本来の定義で見ると難しいので，性質を見ていくことにしましょう．凹関数には次の性質があります．

---

**定理 6.** $f$ が二回微分できるとする．「任意の $x$ について $f''(x) \leqq 0$ であること」は $f$ が凹関数であることの必要十分条件である．

---

　ただし $f''(x)$ は $f'(x)$ をもう一度微分したものであることを思い出してください．例えば $f(x) = x^2$ であれば $f'(x) = 2x$ で $f''(x) = 2$ となります．

　この定理の直観を見るために $f'(x)$ が傾きということを思い出してください．また傾きとは増加するスピードのこととも言えます．傾きが大きければ大きいほどその関数が増加するスピードも大きい，ということになります．ここから言えるのは，二回微分 $f''(x)$ は傾きが増加するスピードということです．$f''(x) \leqq 0$ が意味していることは「傾きが増加するスピードがマイナスである」，つまり傾きがだんだん小さくなっていっているということを意味します[18, 19]．グラフを描くと**図 11.11** のようになります．

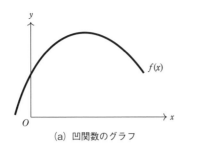

(a) 凹関数のグラフ

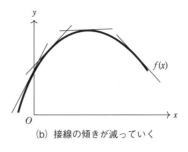

(b) 接線の傾きが減っていく

**図 11.11　凹関数**

この性質と二次のテイラー展開を合わせると次の定理を得ます.

> **定理 7.** 「任意の $x$ と $x'$ について，不等式 $f(x') - f(x) \leqq f'(x)(x' - x)$ が成立すること」は「$f$ が凹関数であること」の必要十分条件である.

どうやったらこの不等式が出てくるかはまず自分で考えてみましょう. わからない人は脚注を見てください[20]. この定理を使うと $f$ が凹関数で，もし $f'(x^*) = 0$ ならば $f$ は $x^*$ で最大値をとることが簡単にわかります. 実際，凹関数の必要十分条件から任意の $x'$ について，以下の不等式が成り立つことになります.

$$f(x') - f(x^*) \leqq f'(x^*)(x' - x^*)$$

上の不等式に $f'(x^*) = 0$ を代入すると $f(x') - f(x^*) \leqq 0$ となり，さらにこれを変形すると，$f(x') \leqq f(x^*)$ となります. これは任意の $x'$ について $f(x^*) \geqq f(x')$ であることを意味するので $f(x^*)$ は最大値であると言えます.

■**対数凹関数**　凹関数でないような関数についても「一階の条件を満たすものが最大化解である」を示せることがあります. 例えば $f(x) = xe^{-x}$ ($x > 0$

---

[18] 正確には大きくならない，ということです. 傾きが常に一定の場合もありえます.

[19] 凸関数はその逆，$f''(x) \geqq 0$ が常に成り立つ関数です.

[20] 二次のテイラー展開から $f(x') = f(x) + f'(x)(x' - x) + \frac{f''(c)}{2}(x' - x)^2$ が言えます. これを少し変形すると $f(x') - f(x) = f'(x)(x' - x) + \frac{f''(c)}{2}(x' - x)^2$ です. $f''(c) \leqq 0$ なので $f(x') - f(x) \leqq f'(x)(x' - x)$ というわけです.

の範囲）を考えると，この関数は凹関数ではありません．実際，微分したものは次のようになります．

$$f'(x) = (1-x)e^{-x} \quad \text{および} \quad f''(x) = (x-2)e^{-x}$$

$f''(3) > 0$ となるので $f$ は凹関数とは言えないことがわかるでしょう．

これに対して，対数をとった $\ln(f(x))$ を考えます．実は $f(x) \geqq 0$ であれば $f(x)$ を最大化することと $\ln(f(x))$ を最大化することは同じです．これは $a > b$ ならば $\ln(a) > \ln(b)$ であることから確認することができます[*21]．したがって，$\ln(f(x))$ が凹関数かどうかを確認します．いま，$\ln(f(x)) = \ln x - x$ であるので，これが凹関数であることを次のように確認することができます．

$$(\ln(f(x)))' = 1/x - 1 \quad \text{および} \quad (\ln(f(x)))'' = -1/x^2 < 0$$

よって $(\ln(f(x)))' = 0$，つまり $1/x - 1 = 0$ を満たす $x$ が $f$ の最大化解であることが言えます．方程式 $1/x - 1 = 0$ を解けば，$f$ の最大化解は $x = 1$ であることがわかりますね．対数をとって凹関数になる関数のことは**対数凹**であるといいます．

# 11.6　応用：利潤最大化問題

微分の経済学への応用として最も基本的なものの一つは独占企業の利潤最大化問題です．そのために企業の目的である利潤を考えましょう．利潤を考えるために必要なものは生産量，価格，そして費用です．まず $q$ を生産量とします．さらに $P(q)$ を逆需要関数，つまり需要量が $q$ になる価格とします．作ったものが一つ残らず売れるためには需要量がちょうど生産量 $q$ に等しくなるように価格が決まらなければならないことから来ています．$q$ だけ作るときの総費用を $C(q)$ と書きます[*22]．このとき生産量が $q$ のときの企業の利

---

[*21] $x \geqq y$ ならば $f(x) \geqq f(y)$ が成立する関数を単調非減少であるといいます．特に $x > y$ ならば $f(x) > f(y)$ であるときには厳密単調増加といいます．例えば $f'(x) > 0$ がすべての $x$ について言えるなら $f$ は厳密単調増加です．$\ln(x)$ の場合，$(\ln(x))' = 1/x > 0$（$x$ は正）なので $\ln(x)$ は厳密単調増加です．

潤を $\pi(q)$ で書くと以下のようになります.

$$\pi(q) = \underbrace{\overbrace{P(q)}^{価格} \times \overbrace{q}^{数量}}_{収入} - \underbrace{C(q)}_{費用}$$

　経済学の関心の一つは「利潤を最大化するような生産量 $q$ はどのようなものか?」というものです.企業などとしても最適な[*23]生産量（つまりどれだけ作ればいいのか）というのは非常に気になるところでしょう.それを見るために微分を使います.

　関数を最大化する必要条件は微分して $0$ とおくことです（一階条件）.利潤関数が凹関数であれば,一階条件が十分条件になります.そしてその一階条件は次のとおりです[*24].

$$\pi'(q) = \underbrace{P'(q)q + P(q)}_{限界収入} - \underbrace{C'(q)}_{限界費用} = 0$$

ただし,収入 $P(q) \times q$ を微分したものを限界収入,費用 $C(q)$ を微分したものを**限界費用**と呼んでいます[*25].上の式を整理すれば以下の利潤最大化条件を得ることができます.

$$\underbrace{P'(q)q + P(q)}_{限界収入} = \underbrace{C'(q)}_{限界費用}$$

　具体例で考えてみましょう.$P(q) = 10 - 2q, C(q) = 3q$ であるときは利潤は以下のとおりです.

$$P(q)q - C(q) = (10 - 2q)q - 3q$$

$(10 - 2q)q - 3q$ を微分すれば $7 - 4q$ になります（計算してみましょう!）.

---

[*22] 例えば $C(q) = 2q$ や $C(q) = q^{3/2}$ などです.二次関数の章（**第6章**）では一つ当たりの費用が $c$ のケースとして $C(q) = c \times q$ という形を考えていましたが,ここではより一般的に考えます.

[*23] 最適とは最も良い,ベストなものということです.何がベストかは目的によります.

[*24] 収入 $P(q)q$ を $q$ で微分するには積の微分の公式を使います.つまり $[P(q) \times q]' = [P(q)$ の微分$] \times q + P(q) \times [q$ の微分$]$ と計算します.$P(q)$ の微分は $P'(q)$, $q$ の微分は $1$ であることから限界収入の式を計算できます.

[*25] 経済学者は微分したものに「限界」とつける習性があります.

これにより一階条件は $7 - 4q = 0$ ですので利潤を最大にする生産量は $q = 7/4$ となります（本来は利潤関数が凹関数であることも確かめなくてはなりません．これは皆さんで確かめてみましょう）．

## 11.7　応用：準線形効用における需要

　これまで需要関数や逆需要関数は，あらかじめ決まったものであるとしてきました．この節ではその需要関数を導出することを考えます．

　ある財の需要量とはその財の価格が与えられたときにその財が市場全体でどれだけ買いたいと思われているかを表現するものです．値札を見て，価格がいくらか見たとき，その財を買いたいか（あるいはどれだけ買いたいか）を決めるものはその財の魅力であったり必要性であったりします．その「買いたい度合い」を数値で表現してみましょう．ある財を消費するとき（財がクッキーだとしたらそれを食べるとき），効用というものが得られるとします．これは財を消費したときに得られる満足度くらいに思っていればいいです．財を $q$ 個だけ消費したときに得られる効用を $v(q)$ で書くことにしましょう．ここでいう $v$ は関数です[*26]．ここでの $v$ は財の（お金で評価した）評価値関数と呼ばれることがあります．つまり，$q$ 個の財を消費できるなら $v(q)$ までなら払ってもいいと思っている金額だと思ってください．一方で，価格が $p$ であったとき財を $q$ 個だけ購入するのであれば，お金を $p \times q$ だけ失うことになります．この人の所得を $I$ とするならば残金は $I - p \times q$ です．市場で財を $q$ 個だけ購入するとき，この消費者が得る効用の合計（記号を使って $u(q)$ と書く）はお金で測ると以下のようになるとしましょう．

$$u(q) = \underbrace{v(q)}_{\text{消費の評価値}} + \underbrace{I - p \times q}_{\text{残金}}$$

このときの値 $u(q)$ が $q$ 個だけ購入することの総効用です[*27]．このように財の消費から得られる効用と残金から得られる効用が足し算の形になっている

---

[*26]　例えば $v(q) = \sqrt{q}$ などが例です．

効用関数を**準線形効用関数**と呼びます. $I$ の部分は定数なので省略して, た
いていは $v(q) - p \times q$ と書かれます[28].

　ではこのとき消費者にとってどれだけ消費するのがいいでしょうか. 経済
学では基本的に「消費者はこの効用の値を最大にするように財の購入量, つ
まり $q$ を決定する」と想定します. いま, $u$ を凹関数とします[29]. した
がって, このとき一階条件が十分条件になり, その条件は以下のとおりです.

$$v'(q) - p = 0 \quad \Rightarrow \quad v'(q) = p$$

つまりは $v'(q) = p$ を満たす消費量 $q$ が価格が $p$ のときの需要量と言えるので
す. 逆にいえば需要量が $q$ になる価格は $p = v'(q)$ であるので評価値関数 $v$ を
微分した関数 $v'$ がまさに逆需要関数であると言えます.

# 11.8　応用：リスク態度

　凹関数・凸関数の重要な応用として, 人々のリスクに対する態度の分析が
あります. リスクとは, ある行為をすることに不確実性があることをいいま
す. 例えば宝くじを買う, うまくいくかどうかわからない事業に投資をする,
などですね.

　では人々はリスクに対してどのように対処をするのでしょうか. これを考
えるために次の二つのくじを用意します. くじ A は「確率 50%で一万円が
もらえるが, 確率 50%で何ももらえない」, くじ B は「確実に 5000 円もら
える」というものです. 皆さんはどちらが良いでしょうか. もちろん期待値
としては同じです. くじ A の期待値は $\frac{1}{2} \times 10000 + \frac{1}{2} \times 0 = 5000$ でくじ B

---

[27]　そして関数 $u$ は**効用関数**と呼ばれます. 効用の値そのものにはたいした意味はありません.
　　　人々がどういう順序で選択肢を好むかを数値で表現したものが効用だということに過ぎません.
　　　人々の好みがどういう条件を満たすならば（特定の）効用関数で表現できるのかという問いにつ
　　　いては意思決定理論という分野で研究されています. ギルボア (2014) などを参照してください.
[28]　人々がこのような効用関数を持つというのは絶対の真理ではなく, 現実を（かなり）単純化
　　　した「モデル」です. 実際にこの場合では所得の影響がなくなってしまいます（所得の影響を考
　　　える話は**第 15 章**をご覧ください）. ですが単純化した雑なモデルでも, 分析がやりやすく, 現実
　　　をおおざっぱにでもとらえられているのでよく使われます.
[29]　$v$ が凹関数であれば $u$ も凹関数です. これは二回微分をすれば確かめることができます.

の期待値は $1 \times 5000 = 5000$ であるからです.

しかしどんな人でも「どっちでもいい」と思うかというとそうではありません. くじ A にはもらえる金額が 0 円になってしまうというリスクがあります. もしそれを嫌うならばくじ A よりもくじ B がいいですし, 逆に 0 円になってしまうというリスクをとってでも一万円の可能性に賭けたいという場合はくじ A をとるでしょう. くじ B を選ぶようなリスクを避けようとする態度は**リスク回避**, くじ A を選ぶようなリスクをとりたいという態度は**リスク愛好**と呼ばれます. また, どっちでもいい場合は**リスク中立**と呼ばれます.

この態度を数式を使って表現してみましょう. 人々は確率 $p$ で $X$ 万円, 残りの確率で $Y$ 万円もらえるくじに挑戦しているとします. 人々はこの賞金から効用 $u(\cdot)$ を得るものとします. また人々は「この効用の期待値が最大になるように行動したい」と思っているとしましょう. これを**期待効用仮説**と呼びます[*30].

さて, このくじから得られる効用の期待値, **期待効用**を計算してみましょう. これは次のように計算できます.

$$p \cdot u(X) + (1-p) \cdot u(Y)$$

一方で期待値が同じならば確実に「その期待値の額」をくれても同じじゃないかと思う人がいるかもしれません. ここで期待値の金額は $Z = pX + (1-p)Y$ です. さてこの期待値の金額を確実にもらうことから得られる期待効用は $u(Z)$ です. この二つのうち, どちらが大きいでしょうか. それは関数 $u$ が凹関数か凸関数かという違いによります. もし $u$ が凹関数ならば, 凹関数の定義をそのまま当てはめれば以下の不等式が成り立ちます.

$$u(Z) \geqq p \cdot u(X) + (1-p) \cdot u(Y)$$

これは確実に $Z = p \cdot X + (1-p) \cdot Y$ をもらうほうが, くじに参加するよりも良いと言っているのでリスク回避の態度です. 一方, $u$ が凸関数ならば, 凸関数の定義から以下の不等式が成り立ちます.

---

[*30]　実際に人々が期待効用仮説に従って行動しているのかどうかについては色々議論がありますので行動経済学や実験経済学と呼ばれる分野の教科書をご覧ください.

$$u(Z) \leqq p \cdot u(X) + (1-p) \cdot u(Y)$$

これはリスク愛好の態度です．確率的に結果の出るくじのほうが確実に期待
値 $Z$ をもらうよりも望ましいのです．

凹関数や凸関数かどうかを調べるには二回微分を調べればいいのでした．
したがって，ある人がリスク回避かリスク愛好かを調べるのには効用関数を
二回微分すれば十分だということになります．

さて，ではリスク回避の人は確実にもらうことができるならばその期待値
の金額よりも少なくていいことがわかります．では一体いくらあげれば満足
するのでしょうか？ それは次の等式を満たす $C$ です．

$$u(C) = p \cdot u(X) + (1-p) \cdot u(Y)$$

この $C$ は**確実性等価**と呼びます．もし $u$ が凹関数，つまりリスク回避なら
ば $C \leqq p \cdot X + (1-p) \cdot Y$ であることがわかりますね．

世の中には不確実な事象が多くあり，多くの人々は不確実であることを嫌
う傾向があるようです．そうなると比較的リスクを気にしない人はリスクを
嫌う人に**保険**を提供することで儲けることができます．自分がそのくじを引
き受ける代わりにリスク回避的な人に $C$（よりほんの少し多めの金額を）払
えばいいのです．そうすればリスク回避的な人は不確実性がないので満足，
引き受ける人（リスク中立的とします）はだいたい $(p \cdot X + (1-p) \cdot Y) - C$
だけ得をして満足となって両者幸せになることができます．

■**リスク回避度**　今までの議論から，確実性等価の大きさはどれだけ人々が
リスク回避的かを表現します．ではどういった効用関数を持てば確実性等価
が大きいと言えるのでしょうか．この問いに答えるために，次のくじを考え
ます．「確率 $1/2$ で $x+h$ がもらえ，確率 $1/2$ で $x-h$ がもらえるくじ．」こ
のくじの期待値は明らかに $x$ です．つまり確実性等価 $C$ は

$$u(C) = \frac{1}{2} \cdot u(x+h) + \frac{1}{2} \cdot u(x-h) \tag{11.3}$$

を満たします．ここでの問いは次のようなものです．

> $h$ が十分小さいとき，期待値と確実性等価の差 $x - C$ の大きさはどれくらいか？

$R = x - C$ とおきます．$h = 0$ ならばこれは「確実に $x$ もらえるくじ」になるので $R = 0$ です．したがって，$h$ に比べて $R$ がどれだけ大きいかを見てみましょう．一次のテイラー展開を使うと以下の近似式が成立します [31]．

$$u(C) = u(x - R) \approx u(x) - u'(x) \cdot R \tag{11.4}$$

また，二次のテイラー展開により以下の近似式が成立します．

$$\frac{1}{2} \cdot u(x+h) + \frac{1}{2} \cdot u(x-h)$$
$$\approx \frac{1}{2} \cdot \left( \underbrace{u(x) + u'(x) \cdot h + \frac{u''(x) \cdot h^2}{2}}_{u(x+h)\text{のテイラー展開}} + \underbrace{u(x) - u'(x) \cdot h + \frac{u''(x) \cdot h^2}{2}}_{u(x-h)\text{のテイラー展開}} \right)$$
$$= u(x) + \frac{u''(x) \cdot h^2}{2} \tag{11.5}$$

式 (11.3) を使って式 (11.4) と式 (11.5) を結びつけて計算すると

$$-u'(x) \cdot R \approx u''(x) \cdot \frac{h^2}{2} \quad \Rightarrow \quad R \approx -\frac{u''(x)}{u'(x)} \cdot \frac{h^2}{2}$$

これにより，$-\frac{u''(x)}{u'(x)}$ の値が大きければ大きいほど期待値と確実性等価の差は大きい，つまりリスク回避の度合いが大きいことを示します．$-\frac{u''(x)}{u'(x)}$ の値を（アロー・プラットの）**絶対的リスク回避度**と呼びます．

これに対して，相対的なリスク回避度合い，変動の変化率を考えることがあります．この場合，「確率 $1/2$ で $x(1+\hat{h})$，確率 $1/2$ で $x(1-\hat{h})$ がもらえるくじ」の確実性等価の値の全体の比 $\hat{C} = C/x$ を考えます．このときの期待値と確実性等価の差の変化率 $\hat{R} = (x - C)/x = 1 - \hat{C}$ の大きさは $\hat{h}$ にどのように比例するかという問題を考えます．これも絶対的リスク回避度の場合と同様に計算してやると以下のとおりです．

---

[31] $R = x - C$ なので変形して $C = x - R$ です．これをテイラー展開します．

$$\hat{R} = -\frac{xu''(x)}{u'(x)} \frac{\hat{h}^2}{2}$$

$\hat{h}^2/2$ の係数, $-\frac{xu''(x)}{u'(x)}$ は相対的リスク回避度と呼ばれます.

# 11.9 　練 習 問 題

**問題 131** 　次の関数について, 導関数を求めなさい.

　　1. $f(x) = x^{1/2}$

　　2. $f(x) = x^{-4/5}$

**問題 132** 　次の関数について, 導関数を求めなさい.

　　1. $f(x) = \ln(2^x)$

　　2. $f(x) = 2^x$

**問題 148** 　$e^x$ をマクローリン展開しなさい.

**問題 163** 　$f(x) = x^3$ は凹関数だろうか. 真偽およびその理由を答えなさい.

**問題 180** 　$P(q) = 5, C(q) = 3q$ とする. このとき, 企業の利潤を最大化する生産量 $q$ を求めなさい. ただし, 生産量は $0 \leqq q \leqq 100$ とする.

**問題 185** 　効用関数が $u(X) = X^{\frac{1}{2}}$ とする（ただし $X \geqq 0$）. 確率 $50\%$ で 4 万円もらえるが残りの確率で何ももらえないくじを考える. このくじの確実性等価を求めなさい.

**問題 186** 　効用関数 $u(x) = e^{ax}$ について絶対的リスク回避度を求めなさい. ただし $e$ はネイピア数である.

# 12 一変数関数の積分

## 12.1 積分と面積

ある関数 $f$ について，$F'(x) = f(x)$ となる関数 $F$ を $f$ の**原始関数**と呼びます．例えば $f(x) = 2x$ であれば $F(x) = x^2$ や $F(x) = x^2 + 2$ というものが原始関数です（原始関数はただ一つとは限りませんが定数部分以外は同じなので以下では原始関数は定数部分がないものとします）．

さて，$f$ の原始関数 $F$ について $F(b) - F(a)$ を $f$ の $x$ についての区間 $(a, b)$ での**積分**といい，以下のように表記します[*1, *2]．

$$F(b) - F(a) = \int_a^b f(x)dx$$

積分を実際に計算してみましょう．例えば $f(x) = x^2$ である場合を考えてみます．すると，$\frac{1}{3}x^3$ を微分すれば $x^2$ であるので $F(x) = \frac{1}{3}x^3$ です．したがって積分は以下のように計算できます．

---

[*1]　$f(x)$ と $dx$ の順番は入れ替えても構いません．つまり $\int_a^b dxf(x)$ と書いてもいいです．また，積分する対象の関数が二項以上にわたる場合，例えば $x + 3x^2$ などの場合はカッコをつけて $\int_a^b dx(x + 3x^2)$ などと書きます．

[*2]　$dx$ と書くときは $x$ を他の変数と被らないようにしなければいけません．$\sum$ の記号と同様に $dx$ の $x$ の部分は「この変数で積分しますよ」という意味があります．これを積分の外にあるものと同じ記号にしてしまうと，$x$ は積分をする前に値が決まってしまい，$a$ から $b$ までの範囲を積分するという行動ができなくなります（動く余地がなくなってしまうと思えばいいかもしれません）．どうしても $x$ を他の意味で使いたいときには積分に関係する変数に $t$ など別の記号を使い，それに合わせて $dx$ でなく $dt$ などとしてみましょう．

$$\int_a^b x^2 dx = F(b) - F(a) = \frac{1}{3}b^3 - \frac{1}{3}a^3 = \frac{1}{3}(b^3 - a^3)$$

なお，$F(b) - F(a)$ を $[F(x)]_a^b$ と書くこともあります．例えば $F(x) = \frac{1}{3}x^3$ であるとき，$\left[\frac{1}{3}x^3\right]_a^b = \frac{1}{3}b^3 - \frac{1}{3}a^3$ です．

■**積分の意味**　ではこの積分が何を意味しているのでしょうか．答えを先に言うと積分は面積を表しています．図で言えば**図12.3 (a)** でいう，灰色で塗っている部分の面積が積分 $\int_a^b f(x)dx$ の値です．これが受け入れられる人はこの後の議論を飛ばして，**12.2節**の積分の性質に行きましょう．納得できない人，理由を知りたい人は以下の説明を読んでください．

----

積分が面積を表しているという理由を考えるためにまずはシンプルな関数で考えます．**図12.1** を見てみましょう．この図は次の関数をグラフにしたものです（このタイプの関数は階段関数と呼ばれます）．

$$f(x) = \begin{cases} 1 & \text{if} & x \leqq 2 \\ 3 & \text{if} & 2 < x \leqq 4 \\ 2.5 & \text{if} & x > 4 \end{cases}$$

さて，この関数について**図12.2 (a)** において薄く塗った部分の面積を考えてみましょう．これはどのようにして計算できるでしょうか？

これはそこまで難しくありません．**図12.2 (b)** のように A, B, C の三つの長方形に分割してしまえば長方形の面積ですので簡単に計算できます．実

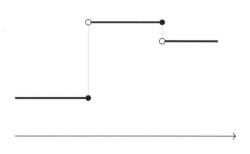

**図 12.1　階 段 関 数**

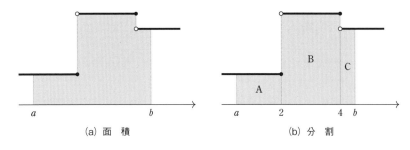

(a) 面　積　　　　　　　　　　　(b) 分　割

図 12.2　階段関数の面積

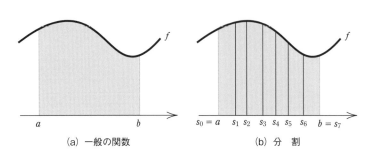

(a) 一般の関数　　　　　　　　　(b) 分　割

図 12.3　一般の関数の面積

際，面積は関数 $f$ の定義より $\overbrace{(2-a)}^{} \times \overbrace{1}^{} + \overbrace{(4-2) \times 3}^{\text{Bの面積}} + \overbrace{(b-4) \times 2.5}^{\text{Cの面積}}$

$\underbrace{(2-a)}_{底辺} \times \underbrace{1}_{高さ}$ （Aの面積）

と計算できます.

　では今度は図 12.3（a）のような一般的な関数の場合，薄く塗った部分の面積はどうなるでしょうか. こういった関数だと図 12.3（b）のように分割したとしたとしても，長方形にはならないので，さっきのようには行きません. そこで，「近似」することを考えてみます. まず $a \leqq x \leqq b$ を満たす $x$ すべてを集めてきたもの（集合）を閉区間と呼び，$[a,b]$ と書き表すことを思い出してください. いま，図 12.3（b）のように $a$ から $b$ の区間を $s_0 = a$, $s_1, s_2, \ldots, s_6, s_7 = b$ と 7 つの区間に分割したとします. 分割の仕方はどんなものでもよく，分割する数もいくらでも構いません. ここで $f(x)$ の $s_0 \leqq x \leqq s_1$ を満たす中での最小値を $f(\underline{x}_{0,1})$ とします. すると，図 12.4（a）の一番左にある長方形の面積は $f(\underline{x}_{0,1}) \times (s_1 - s_0)$ というように計算することができます. 底辺が $s_1 - s_0$ で高さが $f(\underline{x}_{0,1})$ です. 同様に $f(\underline{x}_{1,2}), f(\underline{x}_{2,3}), \ldots, f(\underline{x}_{6,7})$ をそ

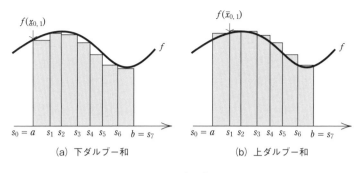

(a) 下ダルブー和　　　　(b) 上ダルブー和

**図 12.4　ダルブー和**

れぞれ分割された区間の中の最小値として定義し，図中の長方形の面積も図 12.4（a）の左側 2 番目から $f(\underline{x}_{1,2}) \times (s_2 - s_1), f(\underline{x}_{2,3}) \times (s_3 - s_2), \ldots, f(\underline{x}_{6,7}) \times (s_7 - s_6)$ と計算していきます．これはそれぞれ図 12.4（a）の長方形の面積です．そしてそれらすべてを足したものを**下ダルブー和**と呼びます．これは求めたい面積に収まるように長方形を詰め込み，その長方形の面積を計算することで求めたい面積のおおよその値を求めようとしているわけです．

これに対して図 12.4（b）のように求めたい面積を含んでしまうように近似する方法もあります．これは**上ダルブー和**と呼ばれます．具体的な手順は下ダルブー和のときとほとんど同じです．$f(x)$ の $s_0 \leqq x \leqq s_1$ を満たす中での最大値を $f(\bar{x}_{0,1})$ とします．すると図 12.4（b）の一番左にある長方形の面積は $f(\bar{x}_{0,1})(s_1 - s_0)$ と計算できます．同様に $f(\bar{x}_{1,2}), f(\bar{x}_{2,3}), \ldots, f(\bar{x}_{6,7})$ をそれぞれ分割された区間の中の最大値として定義します．すると図 12.4（b）の長方形の面積は左側 2 番目からそれぞれ $f(\bar{x}_{1,2}) \times (s_2 - s_1), f(\bar{x}_{2,3}) \times (s_3 - s_2), \ldots, f(\bar{x}_{6,7}) \times (s_7 - s_6)$ と計算することができます．そうして求められた面積の合計を上ダルブー和と呼びます．さて，これは直観的ですが，どんな分割をしたとしても上ダルブー和 ≧ 求めたい面積 ≧ 下ダルブー和です．なおかつ，分割を細かくしていけば細かくするほど求めたい図 12.3（a）の面積に近づいていきます．そして分割を無限に細かくしていって，上ダルブー和 = 下ダルブー和になったとき，上ダルブー和 = 求めたい面積 = 下ダルブー和となってめでたく面積が計算できるようになるのです．

それでは無限に分割を細かくした結果の上下ダルブー和の極限はどのよう

に求めればいいのでしょうか．それを考えるために次のようなことを考えます．区間 $[a,b]$ の適当な分割，$s_0, s_1, \ldots, s_n$ のそのうち $i$ 番目の区間，$s_{i-1}$ と $s_i$ に囲まれた区間をとります．ただし $a = s_0 < s_1 < \cdots < s_{n-1} < s_n = b$ であるとします．次に $f$ の原始関数を $F$ とします．平均値の定理により $F(s_i) - F(s_{i-1}) = f(x)(s_i - s_{i-1})$ を満たす $x$ が区間 $[s_{i-1}, s_i]$ 内に存在します．このような $x$ を $x_{i-1,i}$ と名前をつけます．そうして求めた $f(x_{i-1,i})(s_i - s_{i-1})$ をすべての $i$ について合計します．それは次のように計算できます．

$$\sum_{i=1}^{n} f(x_{i-1,i})(s_i - s_{i-1}) = \sum_{i=1}^{n} F(s_i) - F(s_{i-1})$$
$$= F(s_n) - F(s_0)$$
$$= F(b) - F(a)$$

途中で $\sum$ 記号が消えているのは，$\displaystyle\sum_{i=1}^{n} F(s_i) - F(s_{i-1})$ というものが

$$\sum_{i=1}^{n} F(s_i) - F(s_{i-1}) = F(s_n) - F(s_{n-1}) + (F(s_{n-1}) - F(s_{n-2})) + \cdots + F(s_1) - F(s_0)$$

という形に書き直せるので間の数字がすべて $+$ と $-$ で打ち消し合って消えてしまうからです[*3]．そうして $F(b) - F(a)$ という式が出てきました．

さて，明らかに $f(\overline{x}_{i-1,i}) \geqq f(x_{i-1,i}) \geqq f(\underline{x}_{i-1,i})$ が成立します．そして，$f(\overline{x}_{i-1,i})(s_i - s_{i-1})$ は上ダルブー和を計算するときに使った長方形の，$f(\underline{x}_{i-1,i})(s_i - s_{i-1})$ は下ダルブー和を計算するときに使った長方形の面積であることを思い出してください．そうすると $F(b) - F(a)$ というものは $f(x_{i-1,i})(s_i - s_{i-1})$ を合計して出てきた数字ですので，

$$\text{上ダルブー和} \geqq F(b) - F(a) \geqq \text{下ダルブー和}$$

という関係が得られます．これは区間がどのように分割されていても成立するのです．さて，いま，分割を細かくしていって，上ダルブー和＝下ダルブー和となったとしましょう（このとき $f$ は積分可能といいます）．そうす

---

[*3]　よくわからない場合は 4，5 項書いてみましょう．例えば $n = 4$ だと $\displaystyle\sum_{i=1}^{4} F(s_i) - F(s_{i-1})$ は

$$(F(s_4) - F(s_3)) + (F(s_3) - F(s_2)) + (F(s_2) - F(s_1)) + (F(s_1) - F(s_0))$$

となります．そうすると $F(s_4)$ と $-F(s_0)$ 以外の項は $+$ と $-$ のついた項がひとつずつ出てくるので相殺されます．

ると，間に挟まれた $F(b) - F(a) = $ 上ダルブー和 = 下ダルブー和という関係が成立することになるのです（はさみうちの定理）．そうです，図 12.3（a）の塗った部分の面積は $F(b) - F(a)$ と一致するのです．これは区間 $[a, b]$ における関数 $f$ の積分 $\int_a^b f(x)dx$ となりますので，積分が面積を表現していることの証明になるわけです[*4][*5]．

一点注意する点として，積分の値はプラスとは限りません．極端な話，$f(x)$ の値がすべてマイナスであれば積分 $\int_a^b f(x)dx$ はマイナスになります．この意味で積分の値は符号付きの面積と呼ばれることもあります．

# 12.2 積分の性質

$f$ の積分は $f$ の原始関数 $F$ を使って表現できるということに注意してください．$F$ を微分すれば $f$ になるという特徴から微分の性質を使って積分の性質のいくらかを示すことができます．

**性質 1（微分積分学の基本定理）.** $f'$ が定義できて積分可能ならば $f(x) - f(a) = \int_a^x f'(t)dt$ が成り立つ[*6]．

〈説明〉　この性質は積分の定義そのものから容易に示すことができます．また，この式の両辺を $x$ で微分すれば $f'(x) = \dfrac{d \int_a^x f'(t)dt}{dx}$ という関係も示すことができます．

- - - - - - - - - - - - - - - - - - - - - - - - - - - - - - - - - - - - - - - - - - -

**性質 2（積分の線形性）.** $\int_a^b (f(x) + g(x))dx = \int_a^b f(x)dx + \int_a^b g(x)dx$

〈説明〉　この事実を示すには $f$ と $g$ の原始関数 $F$ と $G$ を考えます．$F(x) +$

---

[*4] これを特に**リーマン積分**と呼びます．ただしどんな関数にもリーマン積分が定義できるとは限りません．

[*5] 積分の記号の中の $dx$ はダルブー和の話で出てくる「無限に細かく分割した幅の長さ $(s_i - s_{i-1})$」みたいなものを意味しています．積分の記号の意味は幅（$dx$）× 高さ（$f(x)$）の和（$\int$）という感じなのです．積分記号 $\int$ も実はアルファベットの $S$ の変形で，$\sum$ と同じく sum の頭文字から来ています．

[*6] 積分の中と外の記号が被らないように積分の中の変数は $t$ を使っています．

$G(x)$ を $x$ で微分すれば微分の線形性により $f(x)+g(x)$ ですので，$F+G$ が関数 $f+g$ の原始関数であることが確認できます.

この性質を使って，例えば $\int_a^b (x^2+x)dx$ を計算してみましょう．すると，$x^2$ の原始関数は $\frac{1}{3}x^3$，$x$ の原始関数は $\frac{1}{2}x^2$ であるので，積分は以下のように計算できます.

$$\int_a^b (x^2+x)dx = \int_a^b x^2 dx + \int_a^b x dx = \frac{1}{3}(b^3-a^3) + \frac{1}{2}(b^2-a^2)$$

---

**性質3（区間の結合）．** $\int_a^b f(x)dx + \int_b^c f(x)dx = \int_a^c f(x)dx$

〈説明〉 これは $\int_a^b f(x)dx + \int_b^c f(x)dx = F(b)-F(a)+F(c)-F(b) = F(c)-F(a)$ と計算できることからわかります．積分は区間に分解して積分を行ってもいいということなのです.

---

**性質4（部分積分）．** $f,g$ の原始関数を $F,G$ とする．このとき，以下の等式が成り立つ[*7].

$$\int_a^b F(x)g(x)dx = [F(x)G(x)]_a^b - \int_a^b f(x)G(x)dx \tag{12.1}$$

〈説明〉 この性質は積の微分公式から来ています．原始関数 $F(x)G(x)$ を微分すれば以下の等式が成立します.

$$(F(x)G(x))' = f(x)G(x) + F(x)g(x)$$

この式の両辺を積分すれば微分積分学の基本定理を使って以下の等式が成立します．式 (12.1) はこれを変形したものです.

$$[F(x)G(x)]_a^b = \int_a^b f(x)G(x)dx + \int_a^b F(x)g(x)dx$$

---

[*7] $[F(x)G(x)]_a^b = F(b)G(b)-F(a)G(a)$ という表記です.

この性質の使い所はたくさんありますが，例えば次のような複雑な関数を積分するときに役立ちます．いま，$h(x) = \ln(x)x$ を積分することを考えてみましょう．いま，$F(x) = \ln(x), G(x) = \frac{1}{2}x^2$ としましょう*8．そうすれば以下の等式が成り立ちます．

$$\int_a^b \ln(x)x\,dx = \int_a^b F(x)g(x)\,dx = F(b)G(b) - F(a)G(a) - \int_a^b f(x)G(x)\,dx$$

$f(x) = F'(x) = (\ln(x))' = \dfrac{1}{x}$ であることに注意すれば以下のように計算できます．

$$\int_a^b f(x)G(x)\,dx = \int_a^b \frac{1}{x}\frac{1}{2}x^2\,dx = \int_a^b \frac{1}{2}x\,dx = \frac{1}{4}(b^2 - a^2)$$

後はこれらを当てはめれば積分の値を次のように計算できます．

$$\int_a^b \ln(x)x\,dx = \frac{1}{2}(\ln(b)b^2 - \ln(a)a^2) - \frac{1}{4}(b^2 - a^2)$$

**性質 5**（置換積分）　$y = g(x)$ という関係があったとする．ただし $x \in [a,b]$ のときの $g$ の値域を $[c,d]$ だとする．このとき

$$\int_c^d f(y)\,dy = \int_a^b f(g(x))g'(x)\,dx$$

〈説明〉　これは $g(x)$ を $y$ で置き換えて積分を計算する方法です．やっていることは合成関数の微分を逆算しているのです．

--------------------------------------------------------------------------

実際に例を見るとわかりやすいかもしれません．$f(x) = (2x+1)^4$ という関数を $a < x < b$ の範囲で積分することを考えます．いま $y = g(x) = 2x + 1$ とおいてみます．このとき，$g'(x) = 2$ で，$g$ の値域は $2a + 1$，$2b + 1$ になりますので以下のような展開ができます．

$$\int_{2a+1}^{2b+1} f(y)\,dy = \int_a^b f(g(x))g'(x)\,dx$$

---

*8　この辺りは割と試行錯誤が必要です．この場合，$h(x)$ が $\ln(x)$ と $x$ という二つの積に分解できるので，積分が簡単そうなほうを $g$，微分が簡単そうなほうを $F$ とおくとうまく行きやすいです．ただしこれも試行錯誤が大事ですので，一発でうまく求めようとせず，色々なやり方を試してみてください．

$$\Rightarrow \quad \int_{2a+1}^{2b+1} (y)^4 dy = \int_a^b f(g(x))2dx$$

$$\Rightarrow \quad \int_a^b f(g(x))dx = \frac{1}{2}\int_{2a+1}^{2b+1} (y)^4 dy \qquad (両辺を 2 で割る)$$

$$\Rightarrow \quad \int_a^b f(g(x))dx = \frac{1}{2}\left[\frac{1}{5}y^5\right]_{2a+1}^{2b+1} \qquad (y について積分計算)$$

$$\Rightarrow \quad \int_a^b f(g(x))dx = \frac{1}{2}\frac{1}{5}\left[(2b+1)^5 - (2a+1)^5\right]$$

$$\Rightarrow \quad \int_a^b f(g(x))dx = \frac{1}{10}\left[(2b+1)^5 - (2a+1)^5\right]$$

$f(y)$ を積分するときは積分範囲を $g$ の値域にすることを忘れないようにしてください.

## 12.3　応用：準線形効用と消費者余剰

　積分の応用として,消費者余剰という概念を紹介します.いま,ある財の市場を考え,そこでの逆需要関数を $P(q)$ とします.財が価格 $p^*$ で取引されているときには需要量は $p^* = P(q)$ を満たします.このときの取引量を $q^*$ としましょう.このとき $\int_0^{q^*}(P(q) - p^*)dq$ を消費者余剰と呼びます.図 12.5 における塗りつぶされた箇所の面積が消費者余剰に当たります.

　さて,この消費者余剰にはどういう意味があるのでしょうか? 11.7 節で見たように,もし消費者の効用関数が $u(q) = v(q) - p \times q$ で表現されるなら

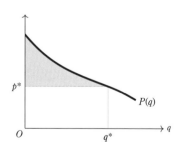

**図 12.5　消費者余剰**

ば逆需要関数は $P(q) = v'(q)$ を満たすのでした。これを消費者余剰の式に代入すれば以下のようになります。

$$\int_0^{q^*} (P(q) - p^*)dq = \int_0^{q^*} (v'(q) - p^*)dq = \int_0^{q^*} v'(q)dq - \int_0^{q^*} p^*dq$$

微分積分学の基本定理により $\int_0^{q^*} v'(q)dq = v(q^*) - v(0)$, また, 計算することで $\int_0^{q^*} p^*dq = p^*q^*$ を得るので以下の等式が成り立ちます。

$$\int_0^{q^*} (P(q) - p^*)dq = v(q^*) - v(0) - p^*q^* \tag{12.2}$$

$v(0) = 0$ と仮定すれば式 (12.2) より $\int_0^{q^*}(P(q) - p^*)dq = v(q^*) - p^*q^* = u(q^*)$ となります。$q^*$ は需要関数の定義より, 価格が $p^*$ のときに効用を最大にする消費量ですので, $u(q^*)$ は価格が $p^*$ のときの消費者の最大化された効用の値となります。つまりは消費者余剰とは効用の値です[*9].

　こういった消費者余剰を考えることの利点は, 逆需要関数から効用関数を使うことなく効用の値を計算できることです。効用の値というのは消費者の心の中にあるものなので直接測定はできませんが, 逆需要関数はそれぞれの価格に対して消費者がどれだけ購入しているかというデータがあれば推定することができます。こうして世の中にあるデータから効用の値を逆算することができるのです。

# 12.4　応用：連続変数の確率分布 ☆

　積分を使えば確率をより便利に扱うことができます。いま, $X$ を $a$ から $b$ までの値をとる変数とします（これは**確率変数**と呼ばれます）。この値は確率的に決まり, どの値をとるかは不確実です。また, この値は区間 $[a, b]$ に属するどんな実数でもとります。このときには $X$ は**連続変数**と呼ばれます[*10].

　このような連続変数について $X$ の値が $x$ 以下であるという確率を $\Pr(X \leq$

---

[*9]　これは効用関数が $v(q) - pq$ という形に書けるときのみ成り立つ性質です。そうでないときには成立しません。

[*10]　これに対して, $1, 2$ などの飛び飛びの値をとるような変数は**離散変数**と呼ばれます。

$x$) と書きます．これはまた関数の形で $F(x) = \mathrm{Pr}(X \leq x)$ と書くこともあります．このときの $F$ を**分布関数**と呼びます[11]．また，$f(x) = F'(x)$ としたとき，$f$ は**密度関数**と呼ばれます[12]．密度関数の値 $f(x)$ は $X = x$ となる確率のようなものです[13]．分布関数 $F$ には次の性質があります．

**性質 1.** $F(a) = 0$ かつ $F(b) = 1$.

**性質 2.** $x \geq x'$ ならば $F(x) \geq F(x')$

**性質 3.** $F(x) = \int_a^x f(x)dx$

最初の性質は $X$ が区間 $[a, b]$ の中の値をとることから来ています．つまりは $X$ が $a$ より小さい値をとる確率は $0$ であるので $F(a) = 0$ となるのです．また，全事象の確率は $1$ であることを思い出してください．$X$ は $b$ より大きい値をとらないので，「$X$ の値が $b$ 以下である」という事象が全事象になります．したがって $F(b) = 1$ となるのです．

　二つ目の性質は $x$ が増えるにつれ $F(x)$ が増加していくことを意味します．これは $x \geq x'$ であるので，$X \leq x$ となる可能性のほうが $X \leq x'$ の可能性よりも小さくはならないからですね．またこの性質は $F'(x) = f(x) \geq 0$ を意味します．

　最後の性質は微分積分学の基本定理と $F(a) = 0$ から明らかです．

　また $\int_a^b xf(x)dx$ を確率変数 $X$ の**期待値**と呼びます．**第9章**では期待値は $\sum_{i=1}^n P(\omega_i)\omega_i$ といった形で定義しましたが，それと同じようなものです．$P(\omega_i)$ が $\omega_i$ が発生する確率なのでそれを密度関数 $f(x)dx$ に置き換えて同じような計算をするのです．

　連続変数の分布はいろんな形のものがいろんなところで使われていますが，このうち有名なものとして一様分布や三角分布，正規分布と呼ばれるものを紹介します．$X$ が $[a, b]$ の値をとり，その密度関数が $f(x) = \frac{1}{b-a}$ であるとき，

---

[11]　累積密度関数とも呼ばれます．英語では cumurative density function というので頭文字をとって cdf とも呼ばれます．

[12]　確率密度関数ともいいます．英語では probability density function というので pdf と省略されることもあります．

[13]　厳密には $X = x$ となる確率はほぼ $0$ です．ただしどの変数が発生する確率もほぼ $0$ だからといって，同じ程度に実現するわけではありません．発生する程度の違いを密度関数は表現しています．

$X$ は $[a,b]$ 上の一様分布に従うといいます[14]. また, 密度関数が $f(x) = $
$$\begin{cases} \frac{x-a}{(c-a)(b-a)} & \text{if} \quad a \leqq x \leqq c \\ \frac{b-x}{(b-c)(b-a)} & \text{if} \quad c < x \leqq b \end{cases}$$ となるとき, $X$ は $[a,b]$ 上の頂点を $c$ でとる三角

分布に従うといいます[15]. 変数 $X$ が実数のどんな値もとり (つまり $a = -\infty, b = \infty$), その密度関数が $f(x) = \frac{1}{\sqrt{2\pi}\sigma} e^{-\frac{1}{2}\left(\frac{x-\mu}{\sigma}\right)^2}$ であるとき, 変数 $X$ は期待値 $\mu$, 分散 $\sigma^2$ の**正規分布**に従うといいます. ただし $e$ はネイピア数です. これは統計学でよく使われるものです.

# 12.5 練 習 問 題

**問題 189** すべての $x$ について $f'(x) > 0$ であるとする. このとき, $x > y$ なら $f(x) > f(y)$ であることを微分積分学の基本定理を使って示しなさい.

**問題 190** 次の原始関数を二つずつ求めなさい.

1. $f(x) = 0$
2. $f(x) = 1$
3. $f(x) = x^2 + 1$
4. $f(x) = x + x^3$
5. $f(x) = e^{-ax}$
6. $f(x) = 1/x^2$

**問題 195** 二つの確率分布 $F, G$ があり, $F(x) \geqq G(x)$ がすべての $x$ について成り立つとき, $G$ は $F$ を**一次確率支配**するという. このとき $\int_a^b xg(x)dx \geqq \int_a^b xf(x)dx$ であることを示しなさい. ただし $F'(x) = f(x), G'(x) = g(x)$ である (ヒント: 部分積分を用いる).

**問題 196** $F(t) = \int_{-\infty}^t \frac{1}{\sqrt{2\pi}\sigma} e^{-\frac{1}{2}\left(\frac{x-m}{\sigma}\right)^2}dx$, $G(t) = \int_{-\infty}^t \frac{1}{\sqrt{2\pi}\sigma} e^{-\frac{1}{2}\left(\frac{x-n}{\sigma}\right)^2}dx$ とする. このとき, $m > n$ ならば $F$ が $G$ を一次確率支配することを示しなさい (ヒント: 置換積分を用いる).

---

[14] 一様分布とはどの $x$ の値も同じ確率でとるような分布です. 計算が比較的簡単なのでよく使われます.

[15] 三角分布の密度関数をグラフに描くと三角形をしていることがわかります. 分母の数字は積分して 1 になるように調整をしたものです. 一様分布ではどの数も同じ確率で起こりえますが, 三角分布では頂点の $c$ が一番起こりやすく, そこから離れるに従って起こりにくくなります.

# 13 線形代数

## 13.1 ベクトル

### 13.1.1 ベクトルとその演算

　この章では複数の数字をひとまとめにして扱うということを考えていきます．これは実用上でも多くの例があります．例えば何かのレシピを考えてみます．レシピには材料が書いてあり，例えば水 400ml，砂糖 400g，クローブ 4g，カルダモン 3g，シナモンスティック 3 本，レモン 2 個などです．これはクラフトコーラ 500ml のレシピですが，この調理過程を数学的に（若干無理矢理に）考えれば，材料の組み合わせをコーラに割り当てる関数だと考えられます．複数の量を同時に扱わないとレシピとしては成立しません．

　さて，この材料の組み合わせのように複数の実数を[*1]ひとまとめにしたもの，例えば $(a,b)$ のようなものを**順序対**（じゅんじょつい）と呼びます．順序対と言うからには順序が大事で $a \neq b$ ならば $(a,b)$ と $(b,a)$ は異なるものです．もちろん，$a$ そのものや $b$ そのものとも異なる新たな数式なのです．三つ以上の組み合わせも同様に，例えば $(a,b,c)$ や $(a,b,c,d)$ などと書くことができます．以降は簡単のために二つの数の組み合わせのみで考えます．順序対の中にある数字のことは**成分**と呼びます．$(a,b)$ であれば $a$ は第 1 成分，$b$ は第 2 成分などといいます．

---

[*1]　実際には実数に限りません．

新しく数学で扱うモノが出てきたとき，これをどんなふうに計算してよい
かと考えることは重要です．ここでは，順序対同士の足し算をどのようにす
べきかということですね．これは順序対でどのようなものを扱いたいのかに
よりますが，基本的な計算規則としては次のようなものがあります．

**計算規則 1.** $(a,b)+(c,d)=(a+c,b+d)$.

**計算規則 2.** 実数 $k$ について，$k(a,b)=(ka,kb)$.

これらの計算規則を満たすような順序対は（座標）**ベクトル**と呼ばれま
す[*2]．計算規則 1 のことを単純に**ベクトルの足し算**と呼び，計算規則 2 の
ことを**スカラー倍**[*3]と呼びます．また，$(0,0)$ は原点と呼びます[*4]．以降は
ベクトルについて考えていきます．ベクトルを表記するときには横に数字を
ならべる $(a,b)$ という書き方より縦に並べる $\begin{bmatrix} a \\ b \end{bmatrix}$ のほうが見やすくなること
が多々あります（カッコも丸カッコ派と角カッコ派がいますが，座標と区別
するために本書では角カッコを使います[*5]．横に並べる $(a,b)$ は行ベクトル，
縦に並べる $\begin{bmatrix} a \\ b \end{bmatrix}$ は列ベクトルと呼ばれます．以降は縦に書く列ベクトルのほ
うで見ていきます．

　ベクトルは図に描くことができます．例えば**図 13.1** を見てみましょう．
ベクトル $\begin{bmatrix} a \\ b \end{bmatrix}$ というのは左図中の $(a,b)$ と書かれた点で表記することにしま

---

[*2]　正確に言えば集合 $A$ について (1) $A$ の要素同士を足したものも $A$ の要素である．(2) $A$ の要素に
スカラー倍をしたものも $A$ の要素である，という二つの性質を満たす集合 $A$ のことを**ベクトル
空間**と呼び，ベクトル空間の要素のことをベクトルと呼びます．ただし足し算やスカラー倍は結
合法則や交換法則，分配法則などを満たす必要があります．座標の場合，足し算をしてもスカ
ラー倍をしても座標になっていますね．なので座標をすべて集めてきた集合はベクトル空間に
なっているのです．この定義では座標ではないものまでベクトルに含まれます．例えば多項式を
すべて集めてきた集合として，多項式空間，関数すべてを集めてきた集合として関数空間という
ものがあります．それらも足し算とスカラー倍を定義すればベクトル空間になります．ちなみに
数学では比較的巨大な集合で，その要素となるためにはいくつかのルールがあるもの（これを構
造があるという）を**空間**と呼びます．

[*3]　スカラーは英語で scalar と書きます．スケールを調整するものという認識でいいです．

[*4]　成分が三つあれば原点は $(0,0,0)$，四つであれば $(0,0,0,0)$ となります．ただし，太字を使って
**0** と書くこともあります．これは成分の数をわざわざ明言しなくてもいいというところに利点が
あります．同様にベクトルを太字を使って **v** や **u** とかく流儀もあります．これとは別に矢印を使
う流儀もあります．例えば $\vec{v}$, $\vec{u}$，そして原点を $\vec{0}$ と書く方式です．好きな方法を使ってくれてい
いのですが，統一をしておくことが好ましいです．

[*5]　座標とベクトルは同じように扱えます（足し算とスカラー倍をそう定義すれば座標はベクトル
の性質を満たすので当然）ので本来区別する必要はないのですが，後々厄介なことがありますの
でここでは区別します．

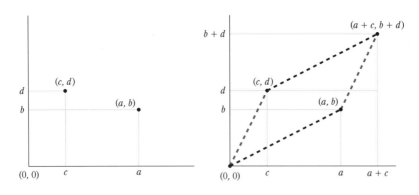

**図 13.1　ベクトルとその足し算**

しょう．横軸に $a$，縦軸に $b$ をとり，そこの交点で求まる座標ですね．これは今までの座標の考え方と同じです．同様にベクトル $\begin{bmatrix} c \\ d \end{bmatrix}$ というのは左図中の $(c, d)$ と書かれた点で表記できます．

　図 13.1 の右図ではベクトルの足し算を図示しています．黒色と灰色で書かれた線分はそれぞれ同じ長さで互いに平行です．言い換えれば，ベクトルの足し算，$\begin{bmatrix} a \\ b \end{bmatrix} + \begin{bmatrix} c \\ d \end{bmatrix}$ とは座標 $(a, b)$ に $(c, d)$ と $(0, 0)$ を結ぶ線分を付け足してたどり着くベクトルのことなのです[*6]．その理由も簡単です．$(a, b)$ から $c$ だけ付け足して移動すれば $(a + c, b)$ という座標にたどり着きます．そこから $d$ を付け足せば $(a + c, b + d)$ という座標にたどり着きます．この移動の仕方は $(0, 0)$ から $(c, d)$ に行く行き方と全く同じなのです[*7]．

　次にスカラー倍を図示してみます．図 13.2 を見てください．$(0, 0)$ と $(a, b)$ を結ぶ線分と $(0, 0)$ と $k(a, b)$ を結ぶ線分は互いに平行です．スカラー倍とは $(0, 0)$ と $(a, b)$ を結ぶ線分をそのまま拡大（$|k| > 1$ なら拡大，$|k| < 1$ なら縮小）することを意味しているのです．$k$ がマイナスならば左図のように $(0, 0)$ から $(a, b)$ とは逆方向に線分を伸ばします．

　さて，図 13.3 を見ればわかるように，図中の様々な座標はベクトルの足

---

[*6]　$(c, d)$ に $(a, b)$ と $(0, 0)$ を結ぶ線分を付け足してたどり着くベクトルのこと，としてもいいですね．どちらにしてもたどり着く先は同じです．

[*7]　あとは $(0, 0)$ と $(c, 0)$ と $(c, d)$ で作られる三角形と $(a, b)$ と $(a + c, b)$ と $(a + c, b + d)$ で作られる三角形が合同であることがわかるので，それを使えば図 13.1 の右図中の左右の点線同士が全く同一の線分であることがわかります．なぞりながら確認してみてください．

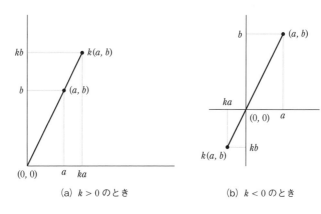

(a) $k > 0$ のとき　　　　　(b) $k < 0$ のとき

**図 13.2　スカラー倍**

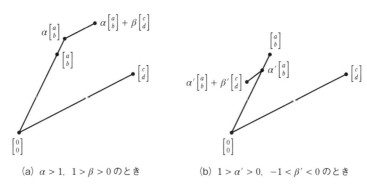

(a) $\alpha > 1,\ 1 > \beta > 0$ のとき　　　(b) $1 > \alpha' > 0,\ -1 < \beta' < 0$ のとき

**図 13.3**　$\begin{bmatrix} a \\ b \end{bmatrix}$ と $\begin{bmatrix} c \\ d \end{bmatrix}$ の線形和で書けるベクトルの例

し算とスカラー倍を使って書くことができます．ベクトルの足し算とスカラー倍をまとめて線形和（あるいは線形結合）と呼びます．例えば $\alpha \begin{bmatrix} a \\ b \end{bmatrix} + \beta \begin{bmatrix} c \\ d \end{bmatrix}$ のような計算です．ベクトル $\begin{bmatrix} a \\ b \end{bmatrix}$ と $\begin{bmatrix} c \\ d \end{bmatrix}$ の線形和を使って書けるベクトルをすべて集めた集合のことを，「ベクトル $\begin{bmatrix} a \\ b \end{bmatrix}$ と $\begin{bmatrix} c \\ d \end{bmatrix}$ の線形包」といいます*8．あるベクトル $(e, f)$ がベクトル $(a, b)$ と $(c, d)$ の線形和で書けるかどうかは以下の方程式の解 $\alpha, \beta$ を見つけられるかどうかで決まります．

$$\begin{bmatrix} e \\ f \end{bmatrix} = \alpha \begin{bmatrix} a \\ b \end{bmatrix} + \beta \begin{bmatrix} c \\ d \end{bmatrix} \tag{13.1}$$

これは一見難しいように見えます．しかし式 (13.1) の右辺が以下のように書

---

*8　あるいは**スパン**とか「ベクトル $\begin{bmatrix} a \\ b \end{bmatrix}$ と $\begin{bmatrix} c \\ d \end{bmatrix}$ が張る平面」などという言い方をします．

けることを考えてみてください.

$$\alpha \begin{bmatrix} a \\ b \end{bmatrix} + \beta \begin{bmatrix} c \\ d \end{bmatrix} = \begin{bmatrix} \alpha a + \beta c \\ \alpha b + \beta d \end{bmatrix}$$

これが $\begin{bmatrix} e \\ f \end{bmatrix}$ に等しいということは,式 (13.1) の方程式の解を見つけるということは以下の連立方程式を $\alpha, \beta$ について解くことにほかなりません.

$$\begin{cases} e &= \alpha a + \beta c \\ f &= \alpha b + \beta d \end{cases}$$

見た目としてもベクトルの線形和が上記の連立方程式のように見えますね.

図 13.3 を見ていただければわかるように,「座標のどの点でもベクトル $(a, b)$ と $(c, d)$ の線形和で書けるのではないか」と思われるかもしれません. この直観は正しく,二つのベクトルが**一次独立**と呼ばれる条件を満たすのであれば,その線形包は座標のどの点も要素として含みます.

二つのベクトルが**一次独立**（あるいは**線形独立**）であるとは「$\alpha \begin{bmatrix} a \\ b \end{bmatrix} + \beta \begin{bmatrix} c \\ d \end{bmatrix} = \begin{bmatrix} 0 \\ 0 \end{bmatrix}$ ならば $\alpha = \beta = 0$ 以外にはありえない」という条件を満たすことを言います. 例えばもし $\alpha \begin{bmatrix} a \\ b \end{bmatrix} + \beta \begin{bmatrix} c \\ d \end{bmatrix} = \begin{bmatrix} 0 \\ 0 \end{bmatrix}$ となる $\alpha, \beta$ があったとすれば,$\begin{bmatrix} a \\ b \end{bmatrix} = \frac{-\beta}{\alpha} \begin{bmatrix} c \\ d \end{bmatrix}$ と書くことができるので $\begin{bmatrix} a \\ b \end{bmatrix}$ はすでにある $\begin{bmatrix} c \\ d \end{bmatrix}$ というベクトルの線形包の要素です. わざわざ元々あったベクトルの線形和で書けるベクトルを加えたところで線形包の要素は増えません. 一次独立というのは他のベクトルの線形和で書くことができないという意味で独立しているということになるのです[*9]. 一次独立の条件はベクトルの成分の数が二つならば $\begin{bmatrix} a \\ b \end{bmatrix}$ と $\begin{bmatrix} c \\ d \end{bmatrix}$ が平行でないという条件と一致します（ただし,三つ以上の場合は違います）. 一次独立でないときには**一次従属**と呼ばれます.

---

[*9] 一般に複数のベクトル $\mathbf{v}_1, \ldots, \mathbf{v}_n$ が一次独立であるとは「$\alpha_1 \mathbf{v}_1 + \cdots + \alpha_n \mathbf{v}_n = \mathbf{0}$ ならば $\alpha_1 = \cdots = \alpha_n = 0$ 以外にはありえない」という条件を満たすことを言います. 一次独立可能なベクトルの最大数のことをそのベクトル空間の**次元**と呼びます. 一般に成分の数が二つのベクトルを集めたベクトル空間の次元は 2 です. $(a, b, c)$ や $(a, b, c, d)$ など成分の数が三つ以上のケースも同様に考えることができて,成分の数が三つのベクトルを集めたベクトル空間の次元は 3 です. 同様に成分の数が $n$ 個のベクトルを集めたベクトル空間の次元は $n$ です.

### 13.1.2　応用：リプチンスキーの定理

ベクトルおよび線形和を使った応用例として次の問題を考えてみましょう.

> いま, あるパティスリーではケーキを $x$, クッキーを $y$ だけ作ることを考えている. ケーキとクッキーは材料は同じだが, 比率が異なる. 材料をちょうど使い切るにはケーキとクッキーをどれだけ作ればいいか.

話を単純化して, ケーキとクッキーは小麦粉と卵のみで作られるとしましょう. ケーキを 1 個作るには 5 袋の小麦粉と 5 個の卵が, クッキーを 1 袋作るには 4 袋の小麦粉と 1 個の卵が必要であるとします. すなわち, $x$ 個のケーキを作るのに必要な小麦粉の量は $5x$ であり, $y$ 個のクッキーを作るのに必要な小麦粉の量は $4y$ となります. したがって, 合計 $5x + 4y$ だけの小麦粉が必要になります. 同様に必要な卵の量は $5x + y$ です. いま, 小麦粉が $f$, 卵が $e$ だけあり, これらを使い切るとすれば

$$\begin{cases} f = 5x + 4y \\ e = 5x + y \end{cases}$$

が満たされなければなりません. これをベクトル表記すれば

$$\begin{bmatrix} f \\ e \end{bmatrix} = x \begin{bmatrix} 5 \\ 5 \end{bmatrix} + y \begin{bmatrix} 4 \\ 1 \end{bmatrix}$$

と書くことができます. 図 13.4 はその関係を図示しています. 注意することは $x \geqq 0$ かつ $y \geqq 0$ であるのでケーキとクッキーで小麦粉と卵を使い切るとすればそのベクトルは左図の灰色領域の中になくてはいけません. 例えば $(f_1, e_1)$ や $(f_2, e_2)$ のような小麦粉・卵の組み合わせはケーキとクッキーでは使い切れないということになります[*10].

さて, 図を見てみると, ケーキの材料を表すベクトル $\begin{bmatrix} 5 \\ 5 \end{bmatrix}$ よりもクッ

---

[*10]　一般的にベクトル $\mathbf{v}_1, \ldots, \mathbf{v}_n$ と負でない実数 $\alpha_1, \ldots, \alpha_n$ について $\alpha_1 \mathbf{v}_1 + \cdots + \alpha_n \mathbf{v}_n$ と書けるベクトルの集合のことをベクトル $\mathbf{v}_1, \ldots, \mathbf{v}_n$ の凸錐と呼ばれます. 錐は英語で cone といいます. 三角コーンを思い浮かべていただければ, ああいう形状のことを錐といいます. ちなみにトウモロコシは corn です.

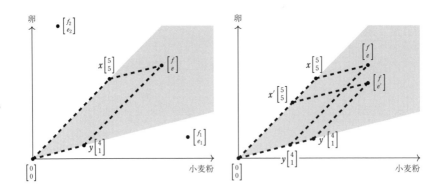

**図 13.4　小麦粉と卵の比率**

キーの材料を表すベクトル $\begin{bmatrix}4\\1\end{bmatrix}$ のほうが傾きが緩やかです．これが意味することは，ケーキよりもクッキーのほうが比較的小麦粉のほうをたくさん使うということです．このとき，クッキーを（ケーキに比べて）小麦粉集約的なお菓子，ケーキを（クッキーに比べて）卵集約的なお菓子と呼ぶことにします．集約的というのは比較的どちらの材料をより多く使うのか，ということを意味しています．これは他と比べてはじめて意味がある（つまり相対的な）概念です．

　さて，いま，小麦粉と卵がそれぞれ $\begin{bmatrix}f\\e\end{bmatrix}$ だけある状況から，卵が $e$ から $e'$ に減ったとしましょう．すると図 13.4 の右図が示すとおり，材料を使い切るケーキとクッキーの量はそれぞれ $(x,y)$ から $(x',y')$ に変化します．図を見てみますと，$x>x'$ ですが，$y<y'$ です．卵集約的なケーキの量は減っていますが，小麦粉集約的なクッキーの量は増えることになります．つまり卵集約的なお菓子であるケーキは卵の減少によって減少するということがわかります．一方で，小麦粉集約型のクッキーの量は増えることになります．この事実は**リプチンスキーの定理**と呼ばれる結果の派生です．

# 13.2 行 列 式

## 13.2.1 一次独立と行列式

一次従属の定義を思い出してみましょう. $\begin{bmatrix} a \\ b \end{bmatrix}$ と $\begin{bmatrix} c \\ d \end{bmatrix}$ が一次従属であるとは $\alpha \begin{bmatrix} a \\ b \end{bmatrix} + \beta \begin{bmatrix} c \\ d \end{bmatrix} = 0$ となる $\alpha = \beta = 0$ 以外の解 $\alpha, \beta$ が存在することでした. それによると $\begin{bmatrix} a \\ b \end{bmatrix} = k \begin{bmatrix} c \\ d \end{bmatrix}$ と書くことができます. ここで $k = -\beta/\alpha$ です. さて, ここから $a = kc$ と $b = kd$ という条件が成り立ちます. これを使えば以下の関係式が得られます.

$$\frac{a}{c} = k = \frac{b}{d}$$
$$\Rightarrow \qquad ad = bc$$
$$\Rightarrow \quad ad - bc = 0$$

つまり $\begin{bmatrix} a \\ b \end{bmatrix}$ と $\begin{bmatrix} c \\ d \end{bmatrix}$ が一次従属ならば $ad - bc = 0$ であることがわかります.

一方で, 一次独立ならばどうなるでしょうか. 結論から言えば $\begin{bmatrix} a \\ b \end{bmatrix}$ と $\begin{bmatrix} c \\ d \end{bmatrix}$ が一次独立ならば $ad - bc \neq 0$ となります. これを見るために $ad - bc = 0$, つまり $ad = bc$ としましょう. いま $\begin{bmatrix} a \\ b \end{bmatrix}$ と $\begin{bmatrix} c \\ d \end{bmatrix}$ は $\begin{bmatrix} 0 \\ 0 \end{bmatrix}$ でないとします. このとき, $a, b, c, d$ のどれかは $0$ ではないのでそれを $a$ としましょう. すると $ad = bc$ を変形して $d = bc/a$ とできます. これを $\begin{bmatrix} c \\ d \end{bmatrix}$ に代入すれば以下の等式が成立することになります.

$$\begin{bmatrix} c \\ d \end{bmatrix} = \begin{bmatrix} c \\ bc/a \end{bmatrix} = c \begin{bmatrix} 1 \\ b/a \end{bmatrix} = \frac{c}{a} \begin{bmatrix} a \\ b \end{bmatrix}$$

これでは一次従属となってしまいます[*11]. それゆえ $\begin{bmatrix} a \\ b \end{bmatrix}$ と $\begin{bmatrix} c \\ d \end{bmatrix}$ が一次独立ならば $ad - bc \neq 0$ とならなければいけません.

さて, ここで登場した $ad - bc$ の値は二つのベクトル $\begin{bmatrix} a \\ b \end{bmatrix}$ と $\begin{bmatrix} c \\ d \end{bmatrix}$ を横に二つ並べた $(\begin{bmatrix} a \\ b \end{bmatrix}, \begin{bmatrix} c \\ d \end{bmatrix})$ の行列式と呼ばれます. 記号では $\det(\begin{bmatrix} a \\ b \end{bmatrix}, \begin{bmatrix} c \\ d \end{bmatrix})$ と書かれます[*12].

---

[*11] $\alpha = -c/a, \beta = 1$ とすれば $\alpha \begin{bmatrix} a \\ b \end{bmatrix} + \beta \begin{bmatrix} c \\ d \end{bmatrix} = 0$ であることを確認できます.

[*12] 行列式は英語で determinant と呼ぶのでその頭文字をとっています.

行列式には任意のベクトル $\begin{bmatrix} a \\ b \end{bmatrix}$, $\begin{bmatrix} c \\ d \end{bmatrix}$, $\begin{bmatrix} e \\ f \end{bmatrix}$, および任意のスカラー $\alpha, \beta$ について成り立つ次の性質があります.

### 交代法則

$$\det\left(\begin{bmatrix} c \\ d \end{bmatrix}, \begin{bmatrix} a \\ b \end{bmatrix}\right) = -\det\left(\begin{bmatrix} a \\ b \end{bmatrix}, \begin{bmatrix} c \\ d \end{bmatrix}\right)$$

### 一致退化法則

$$\det\left(\begin{bmatrix} a \\ b \end{bmatrix}, \begin{bmatrix} a \\ b \end{bmatrix}\right) = 0$$

### 分配法則

$$\det\left(\begin{bmatrix} a \\ b \end{bmatrix} + \begin{bmatrix} e \\ f \end{bmatrix}, \begin{bmatrix} c \\ d \end{bmatrix}\right) = \det\left(\begin{bmatrix} a \\ b \end{bmatrix}, \begin{bmatrix} c \\ d \end{bmatrix}\right) + \det\left(\begin{bmatrix} e \\ f \end{bmatrix}, \begin{bmatrix} c \\ d \end{bmatrix}\right)$$

$$\det\left(\begin{bmatrix} a \\ b \end{bmatrix}, \begin{bmatrix} c \\ d \end{bmatrix} + \begin{bmatrix} e \\ f \end{bmatrix}\right) = \det\left(\begin{bmatrix} a \\ b \end{bmatrix}, \begin{bmatrix} c \\ d \end{bmatrix}\right) + \det\left(\begin{bmatrix} a \\ b \end{bmatrix}, \begin{bmatrix} e \\ f \end{bmatrix}\right)$$

### スカラー倍法則

$$\det\left(\alpha\begin{bmatrix} a \\ b \end{bmatrix}, \begin{bmatrix} c \\ d \end{bmatrix}\right) = \alpha \times \det\left(\begin{bmatrix} a \\ b \end{bmatrix}, \begin{bmatrix} c \\ d \end{bmatrix}\right)$$

$$\det\left(\begin{bmatrix} a \\ b \end{bmatrix}, \beta\begin{bmatrix} c \\ d \end{bmatrix}\right) = \beta \times \det\left(\begin{bmatrix} a \\ b \end{bmatrix}, \begin{bmatrix} c \\ d \end{bmatrix}\right)$$

これらの性質を見るために, 行列式の図形的な性質から考えていきます. まず, 図 13.5 の色を塗った平行四辺形の面積を計算してみましょう. この平行四辺形は二つのベクトルとその和によって作られるものです. この計算には色々なやり方がありますが, 図 13.5 の右図の破線で囲まれた大きな四角形から白い部分を引いていくことを考えてみましょう.

計算すれば

$$☆ \text{の面積} = \underbrace{\text{四角形の面積}}_{(a+c)(b+d)} - \underbrace{①\text{の面積}}_{cd/2} - \underbrace{②\text{の面積}}_{bc} - \underbrace{③\text{の面積}}_{ab/2}$$

$$- \underbrace{④\text{の面積}}_{cd/2} - \underbrace{⑤\text{の面積}}_{bc} - \underbrace{⑥\text{の面積}}_{ab/2}$$

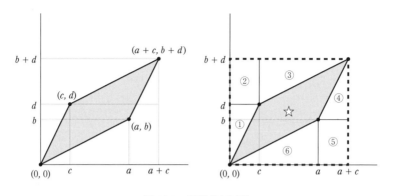

図 13.5　行列式と面積

$$= ab + bc + ad + cd - cd - 2bc - ab$$
$$= ad - bc$$

となり，これは行列式 $\det\left(\begin{bmatrix} a \\ b \end{bmatrix}, \begin{bmatrix} c \\ d \end{bmatrix}\right)$ の値と一致します．つまりは行列式とは二つのベクトル $\begin{bmatrix} a \\ b \end{bmatrix}$ と $\begin{bmatrix} c \\ d \end{bmatrix}$ によって作られる平行四辺形の面積になるのです．

　ただし一点注意したいのは，この行列式の値はマイナスをとりうるということです．例えば $\begin{bmatrix} a \\ b \end{bmatrix}$ と $\begin{bmatrix} c \\ d \end{bmatrix}$ の順番を入れ替えて $\det\left(\begin{bmatrix} c \\ d \end{bmatrix}, \begin{bmatrix} a \\ b \end{bmatrix}\right)$ を計算すれば $bc - ad = -(ad - bc)$ となり，面積の値にマイナスがついたものとなります．したがって，行列式は符号がついた面積，ということができます．これは積分のときと同じですね．そしてこれは行列式の交代法則を示しているものです．

　さて，行列式が面積であるということを利用して行列式の残りの性質を考えてみましょう．まず一致退化法則からです．この法則が意味していることは，同じベクトルの組み合わせであれば行列式は 0 になるということです．これを図で見たものが図 13.6（a）です．行列式とは二つのベクトルによって作られる平行四辺形の面積だったわけですが，その二つベクトルが同じであれば平行四辺形は潰れて線分になります．線分の面積は 0 ですので行列式の値も 0 になるということです．この事実から言えることが一つあります．一次従属であれば行列式の値が 0 であったということを思い出してください．これらを併せて考えれば，二つのベクトルが一次従属になるとはそれ

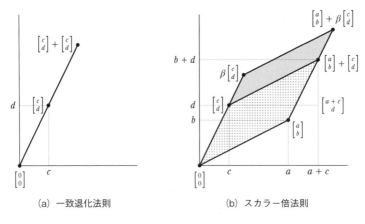

(a) 一致退化法則　　　　　(b) スカラー倍法則

**図 13.6　行列式の性質 (1)**

らのベクトルからなる平行四辺形が潰れてしまうことを意味しています.

　次にスカラー倍法則を考えてみましょう. スカラー倍法則とは $\begin{bmatrix} a \\ b \end{bmatrix}$ と $\beta\begin{bmatrix} c \\ d \end{bmatrix}$ の行列式 $\det\left(\begin{bmatrix} a \\ b \end{bmatrix}, \beta\begin{bmatrix} c \\ d \end{bmatrix}\right)$ は $\det\left(\begin{bmatrix} a \\ b \end{bmatrix}, \begin{bmatrix} c \\ d \end{bmatrix}\right)$ の $\beta$ 倍ということを言っています. この事実は図 13.6 (b) から確かめられます. $\begin{bmatrix} c \\ d \end{bmatrix}$ が $\beta\begin{bmatrix} c \\ d \end{bmatrix}$ に置き換わるということは一つの辺の長さが $\beta$ 倍になることと同じです. そうなれば面積は「辺の長さ × 高さ」なので, 高さはそのままで辺の長さだけが $\beta$ 倍になれば面積も $\beta$ 倍になるのです.

　最後に分配法則を説明しましょう. 図 13.7 を見てください. 図 13.7 (a) で塗られた部分の面積は $\det\left(\begin{bmatrix} a \\ b \end{bmatrix}, \begin{bmatrix} c \\ d \end{bmatrix} + \begin{bmatrix} e \\ f \end{bmatrix}\right)$ を表し, 図 13.7 (b) で下側の塗られた部分の面積は $\det\left(\begin{bmatrix} a \\ b \end{bmatrix}, \begin{bmatrix} e \\ f \end{bmatrix}\right)$ を表し, 上側の塗られた部分の面積は $\det\left(\begin{bmatrix} a \\ b \end{bmatrix}, \begin{bmatrix} c \\ d \end{bmatrix}\right)$ を表しています. 分配法則は以下の等式を意味します.

$$\det\left(\begin{bmatrix} a \\ b \end{bmatrix}, \begin{bmatrix} c \\ d \end{bmatrix} + \begin{bmatrix} e \\ f \end{bmatrix}\right) = \det\left(\begin{bmatrix} a \\ b \end{bmatrix}, \begin{bmatrix} c \\ d \end{bmatrix}\right) + \det\left(\begin{bmatrix} a \\ b \end{bmatrix}, \begin{bmatrix} e \\ f \end{bmatrix}\right)$$

実際, 図 13.7 (b) で灰色に塗られた平行四辺形と点を打っている平行四辺形の面積の合計は図 13.7 (a) の灰色で塗られた平行四辺形の面積と一致します. これを確かめてみましょう. 図 13.7 (b) で破線で囲まれた部分の面積を見てください. 左側の $\begin{bmatrix} 0 \\ 0 \end{bmatrix}$, $\begin{bmatrix} e \\ f \end{bmatrix}$, $\begin{bmatrix} c \\ d \end{bmatrix} + \begin{bmatrix} e \\ f \end{bmatrix}$ で囲まれたものと, 右側の $\begin{bmatrix} a \\ b \end{bmatrix}$, $\begin{bmatrix} a \\ b \end{bmatrix} + \begin{bmatrix} e \\ f \end{bmatrix}$, $\begin{bmatrix} a \\ b \end{bmatrix} + \begin{bmatrix} c \\ d \end{bmatrix} + \begin{bmatrix} e \\ f \end{bmatrix}$ で囲まれたものの両方がありますが, これら

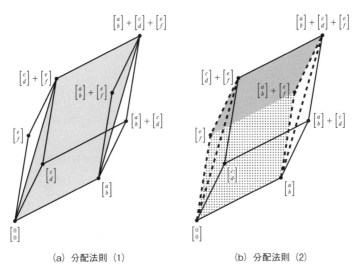

(a) 分配法則 (1)　　　　　　　　(b) 分配法則 (2)

**図 13.7　行列式の性質 (2)**

の面積は全く同じです．したがって，左側の三角形を切り取って右側の破線
で囲まれた領域に移動させれば，図 13.7 (a) の平行四辺形と一致します．

## 13.2.2　クラメールの公式

さて，ここで学んだ行列式の一つの応用として，「連立方程式の解き方」
を考えます．いま次の連立方程式を見てみましょう．

$$\begin{cases} e = ax + cy \\ f = bx + dy \end{cases} \tag{13.2}$$

ベクトルを使えば以下のように表記し直すことができます．

$$\begin{bmatrix} e \\ f \end{bmatrix} = \begin{bmatrix} a \\ b \end{bmatrix} x + \begin{bmatrix} c \\ d \end{bmatrix} y \tag{13.3}$$

行列式 $\det\left(\begin{bmatrix} a \\ b \end{bmatrix}, \begin{bmatrix} e \\ f \end{bmatrix}\right)$ を考えてみましょう．これは次のように変形できます．

$$\det\left(\begin{bmatrix} a \\ b \end{bmatrix}, \begin{bmatrix} e \\ f \end{bmatrix}\right)$$

$$= \det\left(\begin{bmatrix} a \\ b \end{bmatrix}, \begin{bmatrix} a \\ b \end{bmatrix}x + \begin{bmatrix} c \\ d \end{bmatrix}y\right) \qquad (式(13.3)を代入)$$

$$= \det\left(\begin{bmatrix} a \\ b \end{bmatrix}, \begin{bmatrix} a \\ b \end{bmatrix}x\right) + \det\left(\begin{bmatrix} a \\ b \end{bmatrix}, \begin{bmatrix} c \\ d \end{bmatrix}y\right) \qquad (分配法則)$$

$$= x \times \det\left(\begin{bmatrix} a \\ b \end{bmatrix}, \begin{bmatrix} a \\ b \end{bmatrix}\right) + y \times \det\left(\begin{bmatrix} a \\ b \end{bmatrix}, \begin{bmatrix} c \\ d \end{bmatrix}\right) \qquad (スカラー倍法則)$$

$$= y \times \det\left(\begin{bmatrix} a \\ b \end{bmatrix}, \begin{bmatrix} c \\ d \end{bmatrix}\right) \qquad (一致退化法則)$$

等式をまとめれば次のとおりです.

$$\det\left(\begin{bmatrix} a \\ b \end{bmatrix}, \begin{bmatrix} e \\ f \end{bmatrix}\right) = y \det\left(\begin{bmatrix} a \\ b \end{bmatrix}, \begin{bmatrix} c \\ d \end{bmatrix}\right) \quad \Rightarrow \quad y = \frac{\det(\begin{bmatrix} a \\ b \end{bmatrix}, \begin{bmatrix} e \\ f \end{bmatrix})}{\det(\begin{bmatrix} a \\ b \end{bmatrix}, \begin{bmatrix} c \\ d \end{bmatrix})}$$

同様に行列式 $\det(\begin{bmatrix} e \\ f \end{bmatrix}, \begin{bmatrix} c \\ d \end{bmatrix})$ を計算すれば $x$ を以下のように計算できます.

$$x = \frac{\det(\begin{bmatrix} e \\ f \end{bmatrix}, \begin{bmatrix} c \\ d \end{bmatrix})}{\det(\begin{bmatrix} a \\ b \end{bmatrix}, \begin{bmatrix} c \\ d \end{bmatrix})}$$

これにより, 式(13.2)の連立方程式の解を行列式を使って計算できることがわかります. ただし $\det(\begin{bmatrix} a \\ b \end{bmatrix}, \begin{bmatrix} c \\ d \end{bmatrix}) \neq 0$ であるときに限ることに注意してください. この計算公式は**クラメールの公式**と呼ばれます.

### 13.2.3　高次の行列式 ✲

今までは成分が二つのベクトルについて行列式を考えてきましたが, 成分が三つ以上の場合にも行列式は定義されます. 例えば成分が三つのベクトル, $\begin{bmatrix} a_1 \\ a_2 \\ a_3 \end{bmatrix}$ であればこれは3次元の空間の座標（つまり高さ, 幅に加えて奥行きがある）を表現します. 以降, 三つの成分のベクトルはスペースをとるので以下のように略記します.

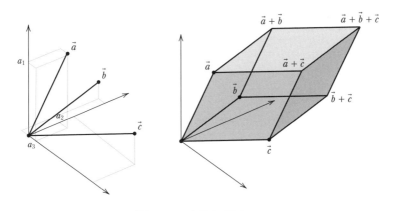

図 13.8　3 次元のベクトル

$$\vec{a} = \begin{bmatrix} a_1 \\ a_2 \\ a_3 \end{bmatrix}$$

ここでは $\vec{a}$ の 1 番目の成分を $a_1$，2 番目の成分を $a_2$，3 番目の成分を $a_3$ と書いています．同様に別のベクトル，$\vec{b}$ であれば $\vec{b}$ の 1 番目の成分を $b_1$，2 番目の成分を $b_2$，3 番目の成分を $b_3$ と書くことにしましょう．

　成分が二つのときには行列式は（符号付きの）面積を表すものでしたので，その類推(るいすい)として，成分が三つのベクトルに対しては行列式は体積を表します．図 13.8 の左図では三つのベクトル，$\vec{a}$, $\vec{b}$, $\vec{c}$ をそれぞれ空間座標上に描いています．右図ではその三つのベクトルが作り出す平行六面体(へいこうろくめんたい)を描いています．つまり行列式 $\det(\vec{a}, \vec{b}, \vec{c})$ はその平行六面体の（符号付き）体積を計算するものなのです．

　3 成分の行列式にも 2 成分のケースと同様に，任意のベクトル $\vec{a}, \vec{b}, \vec{c}, \vec{d}$ および任意のスカラー $\alpha, \beta, \gamma$ について次の性質が成り立ちます．

**交代法則**

$$\det\left(\vec{b}, \vec{a}, \vec{c}\right) = -\det\left(\vec{a}, \vec{b}, \vec{c}\right)$$

## 一致退化法則

$$\det\left(\vec{a}, \vec{a}, \vec{b}\right) = 0$$

## 分配法則

$$\det\left(\vec{a} + \vec{d}, \vec{b}, \vec{c}\right) = \det\left(\vec{a}, \vec{b}, \vec{c}\right) + \det\left(\vec{d}, \vec{b}, \vec{c}\right)$$

$$\det\left(\vec{a}, \vec{b} + \vec{d}, \vec{c}\right) = \det\left(\vec{a}, \vec{b}, \vec{c}\right) + \det\left(\vec{a}, \vec{d}, \vec{c}\right)$$

$$\det\left(\vec{a}, \vec{b}, \vec{c} + \vec{d}\right) = \det\left(\vec{a}, \vec{b}, \vec{c}\right) + \det\left(\vec{a}, \vec{b}, \vec{d}\right)$$

## スカラー倍法則

$$\det\left(\alpha\vec{a}, \vec{b}, \vec{c}\right) = \alpha \times \det\left(\vec{a}, \vec{b}, \vec{c}\right)$$

$$\det\left(\vec{a}, \beta\vec{b}, \vec{c}\right) = \beta \times \det\left(\vec{a}, \vec{b}, \vec{c}\right)$$

$$\det\left(\vec{a}, \vec{b}, \gamma\vec{c}\right) = \gamma \times \det\left(\vec{a}, \vec{b}, \vec{c}\right)$$

クラメールの公式も同様に成立します．証明は全く同様の方法でできるので皆さんでやってみてください．

ではこれらの3次元の行列式はどのように計算するのでしょうか．それを考えるために，まずは次のような単純なベクトルを考えます．

$$\vec{a} = \begin{bmatrix} a_1 \\ 0 \\ 0 \end{bmatrix}$$

このようなベクトルと二つのベクトル，$\vec{b}, \vec{c}$ がなす平行六面体を考えてみましょう．これは図 13.9 で考えることができます．$\vec{a}$ は $\vec{0}$ から垂直に上方向にあるので，図 13.9 の右図の平行六面体の体積は「底面積×高さ」，ということになります．この場合の高さは $a_1$ で，底面積は $\vec{b}$ と $\vec{c}$ がなす面積と考えることができます．この面積は高さの成分，つまりベクトルの1つ目の成分は無関係です．ゆえに2つ目の成分と3つ目の成分からなるベクトル，$\begin{bmatrix} b_2 \\ b_3 \end{bmatrix}$ と $\begin{bmatrix} c_2 \\ c_3 \end{bmatrix}$ の行列式，$\det\left(\begin{bmatrix} b_2 \\ b_3 \end{bmatrix}, \begin{bmatrix} c_2 \\ c_3 \end{bmatrix}\right)$ がその底面積に相当することになります．ゆえにこの平行六面体の体積を表す行列式は次のように計算できること

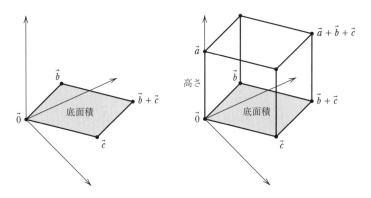

図 13.9　3 次元の行列式（$a_2 = a_3 = 0$ のとき）

になります.

$$\det\left(\begin{bmatrix} a_1 \\ 0 \\ 0 \end{bmatrix}, \begin{bmatrix} b_1 \\ b_2 \\ b_3 \end{bmatrix}, \begin{bmatrix} c_1 \\ c_2 \\ c_3 \end{bmatrix}\right) = a_1 \det\left(\begin{bmatrix} b_2 \\ b_3 \end{bmatrix}, \begin{bmatrix} c_2 \\ c_3 \end{bmatrix}\right) \tag{13.4}$$

　さて，この関係を使って，一般の行列式を計算してみましょう.注意する
のは以下の関係です.

$$\vec{a} = \begin{bmatrix} a_1 \\ 0 \\ 0 \end{bmatrix} + \begin{bmatrix} 0 \\ a_2 \\ a_3 \end{bmatrix}$$

よって，一般の行列式は分配法則と交代法則を使って次のように展開できま
す.各々（おのおの）の数式を見比べて，どこで分配法則と交代法則と式 (13.4) とが使わ
れているかメモしながら見てみましょう.

$$\det\left(\begin{bmatrix} a_1 \\ a_2 \\ a_3 \end{bmatrix}, \begin{bmatrix} b_1 \\ b_2 \\ b_3 \end{bmatrix}, \begin{bmatrix} c_1 \\ c_2 \\ c_3 \end{bmatrix}\right) = \det\left(\begin{bmatrix} a_1 \\ 0 \\ 0 \end{bmatrix}, \begin{bmatrix} b_1 \\ b_2 \\ b_3 \end{bmatrix}, \begin{bmatrix} c_1 \\ c_2 \\ c_3 \end{bmatrix}\right) + \det\left(\begin{bmatrix} 0 \\ a_2 \\ a_3 \end{bmatrix}, \begin{bmatrix} b_1 \\ b_2 \\ b_3 \end{bmatrix}, \begin{bmatrix} c_1 \\ c_2 \\ c_3 \end{bmatrix}\right)$$

$$= a_1 \det\left(\begin{bmatrix} b_2 \\ b_3 \end{bmatrix}, \begin{bmatrix} c_2 \\ c_3 \end{bmatrix}\right) + \det\left(\begin{bmatrix} 0 \\ a_2 \\ a_3 \end{bmatrix}, \begin{bmatrix} b_1 \\ b_2 \\ b_3 \end{bmatrix}, \begin{bmatrix} c_1 \\ c_2 \\ c_3 \end{bmatrix}\right)$$

$$= a_1 \det\left(\begin{bmatrix} b_2 \\ b_3 \end{bmatrix}, \begin{bmatrix} c_2 \\ c_3 \end{bmatrix}\right) - \det\left(\begin{bmatrix} b_1 \\ b_2 \\ b_3 \end{bmatrix}, \begin{bmatrix} 0 \\ a_2 \\ a_3 \end{bmatrix}, \begin{bmatrix} c_1 \\ c_2 \\ c_3 \end{bmatrix}\right)$$

$$= a_1 \det\left(\begin{bmatrix} b_2 \\ b_3 \end{bmatrix}, \begin{bmatrix} c_2 \\ c_3 \end{bmatrix}\right) - \det\left(\begin{bmatrix} b_1 \\ 0 \\ 0 \end{bmatrix}, \begin{bmatrix} 0 \\ a_2 \\ a_3 \end{bmatrix}, \begin{bmatrix} c_1 \\ c_2 \\ c_3 \end{bmatrix}\right) - \det\left(\begin{bmatrix} 0 \\ b_2 \\ b_3 \end{bmatrix}, \begin{bmatrix} 0 \\ a_2 \\ a_3 \end{bmatrix}, \begin{bmatrix} c_1 \\ c_2 \\ c_3 \end{bmatrix}\right)$$

$$= a_1 \det\left(\begin{bmatrix} b_2 \\ b_3 \end{bmatrix}, \begin{bmatrix} c_2 \\ c_3 \end{bmatrix}\right) - b_1 \det\left(\begin{bmatrix} a_2 \\ a_3 \end{bmatrix}, \begin{bmatrix} c_2 \\ c_3 \end{bmatrix}\right) - \det\left(\begin{bmatrix} 0 \\ b_2 \\ b_3 \end{bmatrix}, \begin{bmatrix} 0 \\ a_2 \\ a_3 \end{bmatrix}, \begin{bmatrix} c_1 \\ c_2 \\ c_3 \end{bmatrix}\right)$$

$$= a_1 \det\left(\begin{bmatrix} b_2 \\ b_3 \end{bmatrix}, \begin{bmatrix} c_2 \\ c_3 \end{bmatrix}\right) - b_1 \det\left(\begin{bmatrix} a_2 \\ a_3 \end{bmatrix}, \begin{bmatrix} c_2 \\ c_3 \end{bmatrix}\right) + \det\left(\begin{bmatrix} 0 \\ a_2 \\ a_3 \end{bmatrix}, \begin{bmatrix} 0 \\ b_2 \\ b_3 \end{bmatrix}, \begin{bmatrix} c_1 \\ c_2 \\ c_3 \end{bmatrix}\right)$$

$$= a_1 \det\left(\begin{bmatrix} b_2 \\ b_3 \end{bmatrix}, \begin{bmatrix} c_2 \\ c_3 \end{bmatrix}\right) - b_1 \det\left(\begin{bmatrix} a_2 \\ a_3 \end{bmatrix}, \begin{bmatrix} c_2 \\ c_3 \end{bmatrix}\right) - \det\left(\begin{bmatrix} 0 \\ a_2 \\ a_3 \end{bmatrix}, \begin{bmatrix} c_1 \\ c_2 \\ c_3 \end{bmatrix}, \begin{bmatrix} 0 \\ b_2 \\ b_3 \end{bmatrix}\right)$$

$$= a_1 \det\left(\begin{bmatrix} b_2 \\ b_3 \end{bmatrix}, \begin{bmatrix} c_2 \\ c_3 \end{bmatrix}\right) - b_1 \det\left(\begin{bmatrix} a_2 \\ a_3 \end{bmatrix}, \begin{bmatrix} c_2 \\ c_3 \end{bmatrix}\right) + \det\left(\begin{bmatrix} c_1 \\ c_2 \\ c_3 \end{bmatrix}, \begin{bmatrix} 0 \\ a_2 \\ a_3 \end{bmatrix}, \begin{bmatrix} 0 \\ b_2 \\ b_3 \end{bmatrix}\right)$$

$$= a_1 \det\left(\begin{bmatrix} b_2 \\ b_3 \end{bmatrix}, \begin{bmatrix} c_2 \\ c_3 \end{bmatrix}\right) - b_1 \det\left(\begin{bmatrix} a_2 \\ a_3 \end{bmatrix}, \begin{bmatrix} c_2 \\ c_3 \end{bmatrix}\right) + \det\left(\begin{bmatrix} c_1 \\ 0 \\ 0 \end{bmatrix}, \begin{bmatrix} 0 \\ a_2 \\ a_3 \end{bmatrix}, \begin{bmatrix} 0 \\ b_2 \\ b_3 \end{bmatrix}\right)$$
$$+ \det\left(\begin{bmatrix} 0 \\ c_2 \\ c_3 \end{bmatrix}, \begin{bmatrix} 0 \\ a_2 \\ a_3 \end{bmatrix}, \begin{bmatrix} 0 \\ b_2 \\ b_3 \end{bmatrix}\right)$$

$$= a_1 \det\left(\begin{bmatrix} b_2 \\ b_3 \end{bmatrix}, \begin{bmatrix} c_2 \\ c_3 \end{bmatrix}\right) - b_1 \det\left(\begin{bmatrix} a_2 \\ a_3 \end{bmatrix}, \begin{bmatrix} c_2 \\ c_3 \end{bmatrix}\right) + c_1 \det\left(\begin{bmatrix} a_2 \\ a_3 \end{bmatrix}, \begin{bmatrix} b_2 \\ b_3 \end{bmatrix}\right)$$
$$+ \det\left(\begin{bmatrix} 0 \\ c_2 \\ c_3 \end{bmatrix}, \begin{bmatrix} 0 \\ a_2 \\ a_3 \end{bmatrix}, \begin{bmatrix} 0 \\ b_2 \\ b_3 \end{bmatrix}\right)$$

最後に出てきた行列式, $\det\left(\begin{bmatrix} 0 \\ c_2 \\ c_3 \end{bmatrix}, \begin{bmatrix} 0 \\ a_2 \\ a_3 \end{bmatrix}, \begin{bmatrix} 0 \\ b_2 \\ b_3 \end{bmatrix}\right)$ の値は 0 です. なぜならば, これらのベクトルはすべて, 第一成分が 0 になっています. これは高さの成分が 0, つまりこれらのすべてのベクトルが同一平面上[*13] にあることを意味します. 同一平面上にあるベクトルがいくら集まっても体積は生まれないので行列式の値は 0 になるというわけです. したがって, 一般の行列式は次のように展開することができます.

$$\det\left(\begin{bmatrix} a_1 \\ a_2 \\ a_3 \end{bmatrix}, \begin{bmatrix} b_1 \\ b_2 \\ b_3 \end{bmatrix}, \begin{bmatrix} c_1 \\ c_2 \\ c_3 \end{bmatrix}\right) = a_1 \det\left(\begin{bmatrix} b_2 \\ b_3 \end{bmatrix}, \begin{bmatrix} c_2 \\ c_3 \end{bmatrix}\right) - b_1 \det\left(\begin{bmatrix} a_2 \\ a_3 \end{bmatrix}, \begin{bmatrix} c_2 \\ c_3 \end{bmatrix}\right)$$
$$+ c_1 \det\left(\begin{bmatrix} a_2 \\ a_3 \end{bmatrix}, \begin{bmatrix} b_2 \\ b_3 \end{bmatrix}\right)$$

---

[*13]　複数のベクトルが同一平面上にあるというは平面（板みたいなもの）にそれらのベクトルが乗っかっているイメージです. 同じ板の表面にある点を結んでも立体はできませんね？

この計算を**余因子展開**<ruby>余<rt>よ</rt>因<rt>いん</rt>子<rt>し</rt>展<rt>てん</rt>開<rt>かい</rt></ruby>と呼びます．最後はよく知った 2 成分の行列式に分解できるのでそれぞれを計算すれば 3 成分の行列式を計算することができるようになるわけです．4 成分以上の行列式も同じように 3 成分の行列式に展開することができるので余因子展開を何回か計算すれば計算できます．

# 13.3　線形関数と行列

## 13.3.1　線 形 関 数

ベクトルを見てきたのでそのベクトルについての関数を考えたいとなるのは世の常です．例えば，今ある材料（小麦粉と卵）からどれだけクッキーとケーキを作ることができるのか，というのは材料のベクトルからクッキーとケーキの量の組み合わせという別のベクトルに対応させる関数と考えることができるのです．

では実際にベクトル関数を考えてみましょう．いま，$\begin{bmatrix} x_1 \\ x_2 \end{bmatrix}$ を $\begin{bmatrix} y_1 \\ y_2 \end{bmatrix}$ に対応させるような関数，つまり

$$\begin{bmatrix} y_1 \\ y_2 \end{bmatrix} = f\left(\begin{bmatrix} x_1 \\ x_2 \end{bmatrix}\right)$$

を考えます．とはいえいきなり一般の関数を扱うのは困難です．というわけで次の性質を持った関数を考えます．

**分配法則**　任意のベクトル $\begin{bmatrix} a \\ b \end{bmatrix}$，$\begin{bmatrix} c \\ d \end{bmatrix}$ について，$f\left(\begin{bmatrix} a \\ b \end{bmatrix} + \begin{bmatrix} c \\ d \end{bmatrix}\right) = f\left(\begin{bmatrix} a \\ b \end{bmatrix}\right) + f\left(\begin{bmatrix} c \\ d \end{bmatrix}\right)$ が成り立つ．

**スカラー倍法則**　任意のベクトル $\begin{bmatrix} a \\ b \end{bmatrix}$ と任意のスカラー $\alpha$ について，$f\left(\alpha \begin{bmatrix} a \\ b \end{bmatrix}\right) = \alpha \cdot f\left(\begin{bmatrix} a \\ b \end{bmatrix}\right)$ が成り立つ．

これらの性質を満たす関数のことを**線形関数**と呼びます．

さて，この線形関数の性質を見ていきます．線形関数の分配法則とスカラー倍法則を駆使すれば $\begin{bmatrix} x_1 \\ x_2 \end{bmatrix} = \begin{bmatrix} x_1 \\ 0 \end{bmatrix} + \begin{bmatrix} 0 \\ x_2 \end{bmatrix}$ であることから以下のような展開ができます．

$$f\left(\begin{bmatrix} x_1 \\ x_2 \end{bmatrix}\right) = f\left(\begin{bmatrix} x_1 \\ 0 \end{bmatrix}\right) + f\left(\begin{bmatrix} 0 \\ x_2 \end{bmatrix}\right) \qquad \text{(分配法則)}$$

$$= x_1 \cdot f\left(\begin{bmatrix} 1 \\ 0 \end{bmatrix}\right) + x_2 \cdot f\left(\begin{bmatrix} 0 \\ 1 \end{bmatrix}\right) \qquad \text{(スカラー倍法則)}$$

つまり $\begin{bmatrix} x_1 \\ x_2 \end{bmatrix}$ を関数 $f$ で変形させたものは $f\left(\begin{bmatrix} 1 \\ 0 \end{bmatrix}\right)$ と $f\left(\begin{bmatrix} 0 \\ 1 \end{bmatrix}\right)$ さえ定まっていれば計算することができます．$\begin{bmatrix} 1 \\ 0 \end{bmatrix}$ や $\begin{bmatrix} 0 \\ 1 \end{bmatrix}$ は（正規直交基底の）単位ベクトルと呼ばれます．

いま，$f\left(\begin{bmatrix} 1 \\ 0 \end{bmatrix}\right) = \begin{bmatrix} a \\ b \end{bmatrix}$，$f\left(\begin{bmatrix} 0 \\ 1 \end{bmatrix}\right) = \begin{bmatrix} c \\ d \end{bmatrix}$ という値とすれば

$$f\left(\begin{bmatrix} x_1 \\ x_2 \end{bmatrix}\right) = x_1 \begin{bmatrix} a \\ b \end{bmatrix} + x_2 \begin{bmatrix} c \\ d \end{bmatrix}$$

と，ベクトル $\begin{bmatrix} a \\ b \end{bmatrix}$ と $\begin{bmatrix} c \\ d \end{bmatrix}$ の線形和で書けることになります．というわけで $\begin{bmatrix} a \\ b \end{bmatrix}$ と $\begin{bmatrix} c \\ d \end{bmatrix}$ に着目した記法を考えます．これらのベクトルを横に二つ並べ，

$$\begin{bmatrix} \begin{bmatrix} a \\ b \end{bmatrix}, & \begin{bmatrix} c \\ d \end{bmatrix} \end{bmatrix}$$

と書きます．これを**行列**と呼びます．内側のカッコを外して

$$\begin{bmatrix} a & c \\ b & d \end{bmatrix}$$

と書くことが多いです．横の数字を**行**，縦の数字を**列**と呼びます（図 13.10 参照）．二つ併せて行列というわけです．1 行 1 列目の数字は 1,1 成分，2 行 1 列目の数字は 2,1 成分，などと呼びます．1,1 成分や 2,2 成分のように $n$ 行 $n$ 列目の数字はまとめて**対角成分**と呼ばれます．

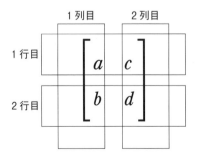

**図 13.10　行と列**

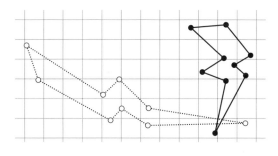

**図 13.11　行列計算と図の変形**

さて，$f\left(\begin{bmatrix} x_1 \\ x_2 \end{bmatrix}\right)$ という計算は行列 $\begin{bmatrix} a & c \\ b & d \end{bmatrix}$ を使って以下のように書きます．

$$\begin{bmatrix} a & c \\ b & d \end{bmatrix} \begin{bmatrix} x_1 \\ x_2 \end{bmatrix} = x_1 \begin{bmatrix} a \\ b \end{bmatrix} + x_2 \begin{bmatrix} c \\ d \end{bmatrix} = \begin{bmatrix} ax_1 + cx_2 \\ bx_1 + dx_2 \end{bmatrix}$$

これは見た目として行列とベクトルのかけ算のように見えるため，行列とベクトルのかけ算とそのまま呼ぶことがあります．

　ではこのような行列の計算はどんな意味を持つのでしょうか．実は行列計算とは拡大や縮小，回転や反転などを意味しています．例えば図 13.11 では実線で書かれた図の節点（黒丸）の座標ベクトルにそれぞれ行列 $\begin{bmatrix} 0.5 & -2 \\ -1 & 0.5 \end{bmatrix}$ をかけ，そのベクトルに点（白丸）を打って点線で結んでいます．実線の図形が変換前のもので，点線の図形が変換後のものです．これを見ればわかるとおり点線の図形は実線の図形を反転させたあと，左右に引き伸ばしたものになっています．

　この計算をもう少し見てみましょう．行列計算がどのようなものとして定義されていたかを思い出すと，行列 $\begin{bmatrix} 0.5 & -2 \\ -1 & 0.5 \end{bmatrix}$ の $\begin{bmatrix} 0.5 \\ -1 \end{bmatrix}$ の部分は「$\begin{bmatrix} 1 \\ 0 \end{bmatrix}$ を $\begin{bmatrix} 0.5 \\ -1 \end{bmatrix}$ に変形させる」という意味を持っています．同様に $\begin{bmatrix} -2 \\ 0.5 \end{bmatrix}$ の部分は「$\begin{bmatrix} 0 \\ 1 \end{bmatrix}$ を $\begin{bmatrix} -2 \\ 0.5 \end{bmatrix}$ に変形させる」という意味を持っています．図 13.12 はこの変形を図示したものです．変形前と変形後の点は同じ記号で書いています．この行列は「左下めがけて図を反転させて（マイナス方向の拡大とも言える）さらに左右に引き伸ばす」と作用しているのです．ちなみにこの引き伸ばした先の平行四辺形の（符号付き）面積は行列式 $\det\left(\begin{bmatrix} 0.5 \\ -1 \end{bmatrix}, \begin{bmatrix} -2 \\ 0.5 \end{bmatrix}\right)$ で計算することができます．いちいちカッコを書くと面倒ですのでもう $\det\left(\begin{bmatrix} 0.5 & -2 \\ -1 & 0.5 \end{bmatrix}\right)$ と書いてしまいましょう．そうすれば行列式を行列から計算されるものと考えること

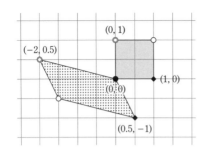

他の図の変形も動画で見てみましょう↑

**図 13.12　行列による変形**

ができます．要するに行列式は「行列が歪めた図形の面積を示すものだ」と
解釈することができます[*14]．

　さて，行列とベクトルの「かけ算」を見てきましたが，ちまちまひとつず
つ座標を作用させるのは，特に図形を引き伸ばしたりするには面倒です．と
いうことで複数の座標を表すベクトルを一気に変形させる方法を考えます．
いま，ベクトル $\begin{bmatrix} b_1 \\ b_2 \end{bmatrix}$, $\begin{bmatrix} c_1 \\ c_2 \end{bmatrix}$, $\begin{bmatrix} d_1 \\ d_2 \end{bmatrix}$ を行列 $\begin{bmatrix} a_{11} & a_{12} \\ a_{21} & a_{22} \end{bmatrix}$ を使って一気に変形させます．
この操作は作用させるはうのベクトルはひとまとめにして，$\left[ \begin{bmatrix} b_1 \\ b_2 \end{bmatrix}, \begin{bmatrix} c_1 \\ c_2 \end{bmatrix}, \begin{bmatrix} d_1 \\ d_2 \end{bmatrix} \right]$
と書いて，

$$\begin{bmatrix} a_{11} & a_{12} \\ a_{21} & a_{22} \end{bmatrix} \left[ \begin{bmatrix} b_1 \\ b_2 \end{bmatrix}, \begin{bmatrix} c_1 \\ c_2 \end{bmatrix}, \begin{bmatrix} d_1 \\ d_2 \end{bmatrix} \right]$$

と表記します．$\begin{bmatrix} a_{11} & a_{12} \\ a_{21} & a_{22} \end{bmatrix} \begin{bmatrix} b_1 \\ b_2 \end{bmatrix} = b_1 \begin{bmatrix} a_{11} \\ a_{21} \end{bmatrix} + b_2 \begin{bmatrix} a_{12} \\ a_{22} \end{bmatrix}$ と計算できることを思い出し
てください．$\begin{bmatrix} c_1 \\ c_2 \end{bmatrix}, \begin{bmatrix} d_1 \\ d_2 \end{bmatrix}$ に作用させたものも同様に計算できます．そしてその
計算結果を次のように横に並べていきます．

$$\left[ b_1 \begin{bmatrix} a_{11} \\ a_{21} \end{bmatrix} + b_2 \begin{bmatrix} a_{12} \\ a_{22} \end{bmatrix}, c_1 \begin{bmatrix} a_{11} \\ a_{21} \end{bmatrix} + c_2 \begin{bmatrix} a_{12} \\ a_{22} \end{bmatrix}, d_1 \begin{bmatrix} a_{11} \\ a_{21} \end{bmatrix} + d_2 \begin{bmatrix} a_{12} \\ a_{22} \end{bmatrix} \right]$$

もうちょっと計算すれば以下のようになります．

$$\left[ \begin{bmatrix} b_1 a_{11} + b_2 a_{12} \\ b_1 a_{21} + b_2 a_{22} \end{bmatrix}, \begin{bmatrix} c_1 a_{11} + c_2 a_{12} \\ c_1 a_{21} + c_2 a_{22} \end{bmatrix}, \begin{bmatrix} d_1 a_{11} + d_2 a_{12} \\ d_1 a_{21} + d_2 a_{22} \end{bmatrix} \right]$$

そうです．これが複数のベクトルを一気に行列に作用させた計算結果になる
のです．まとめれば以下のとおりです．

---

[*14] 歴史的には行列式が先に生まれましたが，現在の線形代数の教科書では行列を先に勉強する
　　順番のほうがポピュラーです．行列式を先にやる構成は小島（2002）を踏襲しています．

$$\begin{bmatrix} a_{11} & a_{12} \\ a_{21} & a_{22} \end{bmatrix} \left[ \begin{bmatrix} b_1 \\ b_2 \end{bmatrix}, \begin{bmatrix} c_1 \\ c_2 \end{bmatrix}, \begin{bmatrix} d_1 \\ d_2 \end{bmatrix} \right]$$

$$= \left[ \begin{bmatrix} b_1 a_{11} + b_2 a_{12} \\ b_1 a_{21} + b_2 a_{22} \end{bmatrix}, \begin{bmatrix} c_1 a_{11} + c_2 a_{12} \\ c_1 a_{21} + c_2 a_{22} \end{bmatrix}, \begin{bmatrix} d_1 a_{11} + d_2 a_{12} \\ d_1 a_{21} + d_2 a_{22} \end{bmatrix} \right]$$

ところでカッコの中にカッコが入っているのも不格好なのでカッコを外して次のように書きます.

$$\begin{bmatrix} a_{11} & a_{12} \\ a_{21} & a_{22} \end{bmatrix} \begin{bmatrix} b_1 & c_1 & d_1 \\ b_2 & c_2 & d_2 \end{bmatrix}$$

$$= \begin{bmatrix} b_1 a_{11} + b_2 a_{12} & c_1 a_{11} + c_2 a_{12} & d_1 a_{11} + d_2 a_{12} \\ b_1 a_{21} + b_2 a_{22} & c_1 a_{21} + c_2 a_{22} & d_1 a_{21} + d_2 a_{22} \end{bmatrix}$$

これは行列同士のかけ算の結果, 行列ができたようにも見えるので, **行列のかけ算**と呼ばれています.

■**転 置 行 列**　行列の行と列を入れ替えたものは**転置行列**と呼ばれます. 例えば $\begin{bmatrix} 1 & 2 \\ 3 & 4 \end{bmatrix}$ の転置行列は $\begin{bmatrix} 1 & 3 \\ 2 & 4 \end{bmatrix}$ です. 行列 $A$ の転置は記号では $A^{\mathsf{T}}$ と書きます[*15]. 行と列の数が揃っていなくても転置行列は定義できます. 以下が例です.

$$\begin{bmatrix} 1 & 2 \\ 3 & 4 \\ 5 & 6 \end{bmatrix}^{\mathsf{T}} = \begin{bmatrix} 1 & 3 & 5 \\ 2 & 4 & 6 \end{bmatrix}$$

行ベクトル $(x, y)$ の転置は列ベクトル $\begin{bmatrix} x \\ y \end{bmatrix}$ ということもできますので, スペースを節約したいときに $\begin{bmatrix} x \\ y \end{bmatrix}$ の代わりに $(x, y)^{\mathsf{T}}$ と書くこともあります. 逆に $\begin{bmatrix} x \\ y \end{bmatrix}^{\mathsf{T}} = (x, y)$ です.

## 13.3.2　行列の演算

行列を複数のベクトルに作用させた結果,「行列同士のかけ算」に見えます. そこで行列同士の四則演算のようなものを定義すれば便利なことがたくさんあります.

---

[*15]　$A'$ と書く人もいますがこれは結構まぎらわしいです.

■**行列の和**　かけ算は前節でやったとおりですので，今度は足し算を考え
てみましょう．これは次のように定義されます．

$$\begin{bmatrix} a_{11} & a_{12} \\ a_{21} & a_{22} \end{bmatrix} + \begin{bmatrix} b_{11} & b_{12} \\ b_{21} & b_{22} \end{bmatrix} = \begin{bmatrix} a_{11}+b_{11} & a_{12}+b_{12} \\ a_{21}+b_{21} & a_{22}+b_{22} \end{bmatrix}$$

つまりはそれぞれの成分ごとを足す，単純な足し算です．注意してほしいの
は行列の列や行の数が違えば足し算は定義できないということです．

■**行列のスカラー倍**　行列そのものに実数をかけることもできます．これは
スカラー倍と呼ばれ，ベクトルのスカラー倍と同様に次のように定義されま
す（$k$ は実数）．

$$k\begin{bmatrix} a_{11} & a_{12} \\ a_{21} & a_{22} \end{bmatrix} = \begin{bmatrix} ka_{11} & ka_{12} \\ ka_{21} & ka_{22} \end{bmatrix}$$

■**行列の積（注意事項）**　行列のかけ算については上で書いたとおりですが，
注意したいのは，例えば次のような計算はできません．

$$\begin{bmatrix} a_{11} & a_{12} \\ a_{21} & a_{22} \end{bmatrix} \begin{bmatrix} b_{11} & b_{12} \\ b_{21} & b_{22} \\ b_{31} & b_{32} \end{bmatrix}$$

定義に従えば，$\begin{bmatrix} a_{11} & a_{12} \\ a_{21} & a_{22} \end{bmatrix}$ を $\begin{bmatrix} b_{11} \\ b_{21} \\ b_{31} \end{bmatrix}$ と $\begin{bmatrix} b_{12} \\ b_{22} \\ b_{32} \end{bmatrix}$ に作用させます．しかし $\begin{bmatrix} b_{11} \\ b_{21} \\ b_{31} \end{bmatrix}$ に作
用させるときには $\begin{bmatrix} a_{11} \\ a_{21} \end{bmatrix}$ に $b_{11}$ を，$\begin{bmatrix} a_{12} \\ a_{22} \end{bmatrix}$ に $b_{21}$ を，$b_{31}$ に対応するベクトルを
それぞれかけて足し合わせたいわけですが，その対応するベクトルがありま
せん．それゆえそういったかけ算は定義できないのです．

　$n$ 行 $m$ 列の行列のことを $n \times m$ **行列**と呼びます．行列のかけ算は一般に
$n \times m$ 行列と $m \times k$ 行列の間に定義されます．順番としては $n \times m$ 行列を
左，$m \times k$ 行列を右にします．そうして計算した結果生まれた行列は $n \times k$
行列になります．これも行列のかけ算がどのようなものであったかを思い出
していただくと納得ができるはずです．

　また「行列のかけ算」は普通の実数のかけ算と違い，両方の順番でかけ算
ができる場合でもかける順番によって計算結果が異なります．例えば次の行

列のかけ算を計算してみましょう.

$$\begin{bmatrix} 1 & 2 \\ 3 & 0 \end{bmatrix} \begin{bmatrix} -1 & 1/2 \\ 4 & 5 \end{bmatrix}$$

この計算方法は次のとおりです.

$$\begin{bmatrix} 1 & 2 \\ 3 & 0 \end{bmatrix} \begin{bmatrix} -1 & 1/2 \\ 4 & 5 \end{bmatrix} = \begin{bmatrix} \begin{bmatrix} 1 & 2 \\ 3 & 0 \end{bmatrix} \begin{bmatrix} -1 \\ 4 \end{bmatrix}, \begin{bmatrix} 1 & 2 \\ 3 & 0 \end{bmatrix} \begin{bmatrix} 1/2 \\ 5 \end{bmatrix} \end{bmatrix}$$

$$= \begin{bmatrix} -1 \begin{bmatrix} 1 \\ 3 \end{bmatrix} + 4 \begin{bmatrix} 2 \\ 0 \end{bmatrix}, \frac{1}{2} \begin{bmatrix} 1 \\ 3 \end{bmatrix} + 5 \begin{bmatrix} 2 \\ 0 \end{bmatrix} \end{bmatrix}$$

$$= \begin{bmatrix} \begin{bmatrix} -1+8 \\ -3+0 \end{bmatrix}, \begin{bmatrix} 1/2+10 \\ 3/2+0 \end{bmatrix} \end{bmatrix} = \begin{bmatrix} 7 & 21/2 \\ -3 & 3/2 \end{bmatrix}$$

一方で順序を逆にすると

$$\begin{bmatrix} -1 & 1/2 \\ 4 & 5 \end{bmatrix} \begin{bmatrix} 1 & 2 \\ 3 & 0 \end{bmatrix} = \begin{bmatrix} \begin{bmatrix} -1 & 1/2 \\ 4 & 5 \end{bmatrix} \begin{bmatrix} 1 \\ 3 \end{bmatrix}, \begin{bmatrix} -1 & 1/2 \\ 4 & 5 \end{bmatrix} \begin{bmatrix} 2 \\ 0 \end{bmatrix} \end{bmatrix}$$

$$= \begin{bmatrix} 1 \begin{bmatrix} -1 \\ 4 \end{bmatrix} + 3 \begin{bmatrix} 1/2 \\ 5 \end{bmatrix}, 2 \begin{bmatrix} -1 \\ 4 \end{bmatrix} + 0 \begin{bmatrix} 1/2 \\ 5 \end{bmatrix} \end{bmatrix}$$

$$= \begin{bmatrix} \begin{bmatrix} -1+3/2 \\ 4+15 \end{bmatrix}, \begin{bmatrix} -2 \\ 8 \end{bmatrix} \end{bmatrix} = \begin{bmatrix} 1/2 & -2 \\ 19 & 8 \end{bmatrix}$$

と全く異なる計算結果になります. これは行列のかけ算は左右の項で意味が違うことから来ています. 順序が変われば計算結果も全く違うものになってしまうのです (偶然一致する場合はあります).

■逆 行 列 最後に行列のかけ算の逆の演算として, **逆行列**というものを紹介します. これは例えば $\begin{bmatrix} a_{11} & a_{12} \\ a_{21} & a_{22} \end{bmatrix}$ というような行と列の成分の数が揃っているような行列について次のように定義される行列 $\begin{bmatrix} b_{11} & b_{12} \\ b_{21} & b_{22} \end{bmatrix}$ のことを言います.

$$\begin{bmatrix} a_{11} & a_{12} \\ a_{21} & a_{22} \end{bmatrix} \begin{bmatrix} b_{11} & b_{12} \\ b_{21} & b_{22} \end{bmatrix} = \begin{bmatrix} 1 & 0 \\ 0 & 1 \end{bmatrix} \tag{13.5}$$

$\begin{bmatrix} 1 & 0 \\ 0 & 1 \end{bmatrix}$ は**単位行列**と呼ばれます. 単位行列は行列演算においては「実数でいう 1 の役割」(乗法の単位元) を果たします. 実際単位行列は次の性質を満たします.

$$\begin{bmatrix} a_{11} & a_{12} \\ a_{21} & a_{22} \end{bmatrix} \begin{bmatrix} 1 & 0 \\ 0 & 1 \end{bmatrix} = \begin{bmatrix} 1 & 0 \\ 0 & 1 \end{bmatrix} \begin{bmatrix} a_{11} & a_{12} \\ a_{21} & a_{22} \end{bmatrix} = \begin{bmatrix} a_{11} & a_{12} \\ a_{21} & a_{22} \end{bmatrix}$$

行列のかけ算が $\begin{bmatrix} 1 \\ 0 \end{bmatrix}$ を $\begin{bmatrix} a_{11} \\ a_{21} \end{bmatrix}$, $\begin{bmatrix} 0 \\ 1 \end{bmatrix}$ を $\begin{bmatrix} a_{12} \\ a_{22} \end{bmatrix}$ に写すものだったことを思い出せばこの結果は自然ですね*16.

したがって，式 (13.5) で定義される逆行列とは $\begin{bmatrix} a_{11} & a_{12} \\ a_{21} & a_{22} \end{bmatrix}$ という行列によって歪んだ平行四辺形をもとの正方形に戻すような変形を表現する行列だと考えてください．

逆行列は記号では $\begin{bmatrix} a_{11} & a_{12} \\ a_{21} & a_{22} \end{bmatrix}^{-1}$ というように $-1$ 乗みたいに表記されます．普通のかけ算の逆数が $-1$ 乗で表記されるのと対応させているわけですね．

ではこの逆行列をどうやって計算すればよいでしょうか？ 答えは定義式にあります．式 (13.5) を書き下すと

$$\left[\begin{bmatrix} a_{11} & a_{12} \\ a_{21} & a_{22} \end{bmatrix}\begin{bmatrix} b_{11} \\ b_{21} \end{bmatrix}, \begin{bmatrix} a_{11} & a_{12} \\ a_{21} & a_{22} \end{bmatrix}\begin{bmatrix} b_{12} \\ b_{22} \end{bmatrix}\right] = \begin{bmatrix} 1 & 0 \\ 0 & 1 \end{bmatrix}$$

$$\left[\begin{bmatrix} a_{11} \\ a_{21} \end{bmatrix}b_{11} + \begin{bmatrix} a_{12} \\ a_{22} \end{bmatrix}b_{21}, \begin{bmatrix} a_{11} \\ a_{21} \end{bmatrix}b_{12} + \begin{bmatrix} a_{12} \\ a_{22} \end{bmatrix}b_{22}\right] = \begin{bmatrix} 1 & 0 \\ 0 & 1 \end{bmatrix}$$

つまりは次の二組の連立方程式が成り立つことになります．

$$\begin{cases} a_{11}b_{11} + a_{12}b_{21} = 1 \\ a_{21}b_{11} + a_{22}b_{21} = 0 \end{cases}$$

$$\begin{cases} a_{11}b_{12} + a_{12}b_{22} = 0 \\ a_{21}b_{12} + a_{22}b_{22} = 1 \end{cases}$$

クラメールの公式を使えば以下のように計算することができます．

$$b_{11} = \frac{\det\left(\begin{bmatrix} 1 & a_{12} \\ 0 & a_{22} \end{bmatrix}\right)}{\det\left(\begin{bmatrix} a_{11} & a_{12} \\ a_{21} & a_{22} \end{bmatrix}\right)}, \quad b_{12} = \frac{\det\left(\begin{bmatrix} 0 & a_{12} \\ 1 & a_{22} \end{bmatrix}\right)}{\det\left(\begin{bmatrix} a_{11} & a_{12} \\ a_{21} & a_{22} \end{bmatrix}\right)},$$

$$b_{21} = \frac{\det\left(\begin{bmatrix} a_{11} & 1 \\ a_{21} & 0 \end{bmatrix}\right)}{\det\left(\begin{bmatrix} a_{11} & a_{12} \\ a_{21} & a_{22} \end{bmatrix}\right)}, \quad b_{22} = \frac{\det\left(\begin{bmatrix} a_{11} & 0 \\ a_{21} & 1 \end{bmatrix}\right)}{\det\left(\begin{bmatrix} a_{11} & a_{12} \\ a_{21} & a_{22} \end{bmatrix}\right)}.$$

注意すべきは行列式が $0$ のとき，逆行列は分母が $0$ になってしまうので計算できなくなります．行列式が $0$ というのが平行四辺形が潰れてしまうことで

---

*16 同じように $3 \times 3$ の行列に対する単位行列は $\begin{bmatrix} 1 & 0 & 0 \\ 0 & 1 & 0 \\ 0 & 0 & 1 \end{bmatrix}$ です．$4 \times 4$ などもっと成分の数が大きくなっても同様に定義されます．

あるということを思い出せば, 潰れた平行四辺形は引き伸ばしても回転させてももとの平行四辺形には戻せない, というのがここの直観ですね.

# 13.4 ベクトルの大きさと内積

この節ではベクトルについて, その大きさと二つのベクトルがなす角度というものについて学習します.

## 13.4.1 ベクトルの大きさ

ベクトルの大きさは基本的にはその線分の長さをもって測ることができます. 図 13.13 にあるように, ベクトル $\begin{bmatrix} a \\ b \end{bmatrix}$ の大きさは三平方の定理より $\sqrt{a^2+b^2}$ と計算することができます. 一般にベクトル, $\vec{a}$ が与えられたとき, ベクトルの大きさを $|\vec{a}|$ と表記します[*17]. 絶対値のような記号を使いますがこれが表現するのはあくまでベクトルの大きさです[*18,*19,*20].

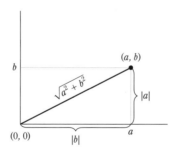

**図 13.13 ベクトルの大きさ**

---

[*17] $\|\vec{a}\|$ と書くこともあります.

[*18] 成分の数が三つ以上の場合も同様に計算できます. 一般に成分を $k$ 個持つベクトルの場合, あるベクトル $\vec{a}$ の大きさは $|\vec{a}| = \sqrt{(a_1)^2 + \cdots + (a_k)^2}$ と定義されます. ただし第 $n$ 番目の成分を $a_n$ と書くものとします.

[*19] (ユークリッド) ノルムと呼ぶこともあります.

[*20] ベクトルの大きさを測る方法はこれだけではなく, 例えば $\max\{|a_1|, \ldots, |a_n|\}$ (つまり成分の絶対値のうち, 一番大きいもの) や $|a_1| + |a_2| + \cdots + |a_n|$ (つまり成分の絶対値の和) などがよく使われます. 前者を最大値ノルム, 後者をマンハッタンノルムと呼びます.

### 13.4.2 内 積

次に二つのベクトルがなす角度について考えます．角度の中でも直角は特別です．ということで二つのベクトルがなす角が直角になる条件を考えてみましょう．図 13.14 は直角に交わる二つのベクトル，$\begin{bmatrix} a \\ b \end{bmatrix}$ と $\begin{bmatrix} c \\ d \end{bmatrix}$ を描いています．この場合，三平方の定理より，図のように $|\begin{bmatrix} a \\ b \end{bmatrix}|^2 + |\begin{bmatrix} c \\ d \end{bmatrix}|^2 = (|\begin{bmatrix} a \\ b \end{bmatrix}| - |\begin{bmatrix} c \\ d \end{bmatrix}|)^2$ が成立することになります．これを書き下せば

$$a^2 + b^2 + c^2 + d^2 = (a - c)^2 + (b - d)^2$$

ということになります．右辺は $a^2 - 2ac + c^2 + b^2 - 2bd + d^2$ となるのでこれを代入して計算すれば以下の式が得られます．

$$ac + bd = 0$$

これが二つのベクトルのなす角が直角になる条件というわけです．これは各ベクトルの第 $n$ 成分同士をかけ合わせて足したものとなります．この計算のことを**内積**と呼びます．ベクトル $\vec{a}$ と $\vec{b}$ の内積は $\vec{a} \cdot \vec{b}$ と書きます[21]．

内積には任意のベクトル $\vec{a}, \vec{b}$ とスカラー $k$ について成り立つ次の法則があります．

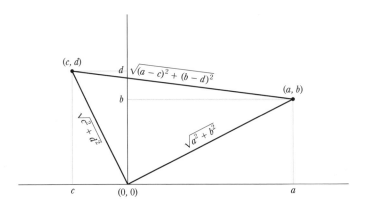

**図 13.14　直角に交わるベクトル**

---

[21] $\langle \vec{a}, \vec{b} \rangle$ と書く人もいます．

交換法則　$\vec{a} \cdot \vec{b} = \vec{b} \cdot \vec{a}$

分配法則　$\vec{a} \cdot (\vec{b} + \vec{c}) = \vec{a} \cdot \vec{b} + \vec{a} \cdot \vec{c}$

スカラー倍法則　$\vec{a} \cdot (k\vec{b}) = k(\vec{a} \cdot \vec{b})$

二乗法則　$\vec{a} \cdot \vec{a} = |\vec{a}|^2$

　基本的には内積は角度を表します．角度が開けば開くほど内積の値は小さくなり（90 度を超えればマイナスの値になる），角度が閉じてゆくにつれ，内積の値は大きくなり，ちょうど一致するときには二乗法則により，ベクトルの大きさそのもの（の二乗）になります．

　二乗法則によればベクトルの大きさが大きくなるにつれ，内積の値も大きくなる傾向があるので，内積をそれぞれのベクトルの大きさで割ったものを考えます．つまり，この値です．

$$\frac{\vec{a} \cdot \vec{b}}{|\vec{a}||\vec{b}|}$$

これが二つのベクトルがなす角度を表現するものとなります[*22]．ベクトルの成分が二つの場合は角度というものは図示できますが，三つ以上になると図示が困難になります．こういった場合には $\frac{\vec{a} \cdot \vec{b}}{|\vec{a}||\vec{b}|}$ を角度として定義することで，図を使わずに角度を測ることができます．

　また，二つのベクトルが例えば $\vec{a} = \alpha\vec{b}$ であった場合，$\alpha > 0$ ならば $\frac{\vec{a} \cdot \vec{b}}{|\vec{a}||\vec{b}|} = 1$，$\alpha < 0$ ならば $\frac{\vec{a} \cdot \vec{b}}{|\vec{a}||\vec{b}|} = -1$ をとり，$\vec{a}, \vec{b}$ が直角に交わる場合には $\frac{\vec{a} \cdot \vec{b}}{|\vec{a}||\vec{b}|} = 0$ となります．$\vec{a} = \alpha\vec{b}$ というのは $\alpha > 0$ であれば二つのベクトルがかなり似通っていることを意味します．なぜなら，例えば $\vec{a}$ の 1 番目の成分が大きく，2 番目の成分が小さいのであれば $\vec{b}$ もそうだからです．逆に $\alpha < 0$ であれば $\vec{b}$ の 1 番目の成分が小さく，2 番目の成分が大きくなるので $\vec{a}$ と $\vec{b}$ は全く逆の動きをすることになります．つまり $\frac{\vec{a} \cdot \vec{b}}{|\vec{a}||\vec{b}|}$ は二つのベクトル $\vec{a}, \vec{b}$ の似ている度合いの指標として使うことができます．このため，例えば二つ

---

[*22]　実際，この値は二つのベクトルがなす角度のコサインと一致します．コサインについては高校数学 I，II を参照のこと．本書では使用しません．

の文書がどれだけ似ているかなどを判断するために使われたりします（**コサイン類似度**）[*23].

# 13.5　練 習 問 題

**問題 200**　ベクトル，$\begin{bmatrix} 1 \\ 0 \end{bmatrix}$，$\begin{bmatrix} 0 \\ 1 \end{bmatrix}$ が一次独立であることを示しなさい．

**問題 201**　ベクトル，$\begin{bmatrix} 1 \\ 0 \end{bmatrix}$，$\begin{bmatrix} 2 \\ 0 \end{bmatrix}$ が一次従属であることを示しなさい．

**問題 205**　ベクトル $\vec{a}, \vec{b}$ が平行であるとは $\vec{a} = t\vec{b}$ となる実数 $t$ が存在することを言う．成分が三つのベクトルを考える．$\vec{a}, \vec{b}, \vec{c}$ が互いに平行ではないが，$\vec{a}, \vec{b}, \vec{c}$ が一次従属となる例を挙げなさい．

**問題 214**　$A = \begin{bmatrix} a_{11} & a_{21} \\ a_{12} & a_{22} \end{bmatrix}$ とする．$\det(A) \neq 0$ であるとき，クラメールの公式を用いて逆行列を計算しなさい（行列式の展開計算はしなくてよい）．

**問題 218**　どんなベクトル $x = \begin{bmatrix} x_1 \\ x_2 \end{bmatrix}$ についても $(x_1, x_2) \cdot (Ax) > 0$ となる行列 $A$ を正値定符号行列と呼ぶ．（$Ax$ がベクトルになることに注意する．$(x_1, x_2) \cdot (Ax)$ は $(x_1, x_2)$ と $(Ax)$ の内積である．）$A = \begin{bmatrix} a_{11} & a_{21} \\ a_{12} & a_{22} \end{bmatrix}$ とし，また $a_{12} = a_{21}$ であるとき，$a_{11} > 0$ かつ $\det(A) > 0$ ならば $A$ は正値定符号行列であることを示しなさい．

---

[*23]　他にも統計学で出てくる相関係数とも関係します．例えば小島（2002）を参照のこと．

# 14 多変数の微分

## 14.1 多変数関数

　今までは変数が一つしかない関数を扱ってきました．この節では変数が複数ある関数，**多変数関数**を考えます．例えば次のようなものです．

**例 1.** $f(x,y) = x + y$

**例 2.** $f(x,y,z) = x^2 + y^2 + z$

**例 3.** $f(x,y) = xy$

**例 4.** $f(x,y) = x^2 y^3$

経済学でよくある例として，投入物が複数ある生産を挙げることができます．例えば，ある財を生産するには三つの要素，原材料，電気，そして人の労力，労働量が必要であるとします．原材料の投入量を $q_s$，使用する電気の量を $q_e$，労働量を $q_\ell$ としたとき，どれだけ作ることができるか（生産量）というのは例えば $f(q_s, q_e, q_\ell) = (q_s)^{1/3}(q_e)^{1/6}(q_\ell)^{1/2}$ という関数によって決まるとしましょう．この場合，動かす変数が複数（三つ）ありますので多変数関数といえます．

# 14.2 多変数関数の微分

　次に多変数関数の微分を考えます．微分とは要は「傾き」ですが，多変数関数ともなると平面の図で書くことが困難になります．したがって多変数関数の傾きを考えるとき，まず複数あるうちの一つの変数のみの微分を考えてみます．これは注目する変数のみに着目した通常の微分と何も違いはありません．こういった作業を**偏微分**すると呼びます．数式で書くと次のとおりです．簡単化のため二変数関数 $f(x, y)$ を考えます．

　$f(x, y)$ を $x$ で偏微分するとは次の極限を求めることです．

$$\lim_{h \to 0} \frac{f(x+h, y) - f(x, y)}{h}$$

　またこの極限を関数として考えたものを**偏導関数**と呼びます．記号では次のように書きます．

$$\frac{\partial f(x, y)}{\partial x} = \lim_{h \to 0} \frac{f(x+h, y) - f(x, y)}{h}$$

$\partial$ はラウンドディー，パーシャルなどと呼ばれます．ギリシャ文字の $\alpha$ や英アルファベットの $a$ とは異なる文字です[*1]．この記号 $\frac{\partial f(x,y)}{\partial x}$ は「$f(x, y)$ を $x$ で偏微分したもの」という意味です．$f'$ と書いていては $x$ で微分したものか $y$ で微分したものかが判別不能ですのでこのようにします．$x$ を下につけて $f_x$ と書くこともあります[*2]．

　一変数関数における二回微分に対応するものも同様にして定義されます．$\frac{\partial^2 f(x,y)}{\partial x^2}$ は $\frac{\partial f(x,y)}{\partial x}$ をさらに $x$ で偏微分したものです．同じように $\frac{\partial^2 f(x,y)}{\partial x \partial y}$ は $\frac{\partial f(x,y)}{\partial x}$ をさらに $y$ で偏微分したものです．他の記号についても同様に定義します．変数が二つあるので二回微分するやり方が四通りあり，四種類のものが出てくるわけです[*3,*4]．例を見てみましょう．

---

[*1] 元々は $d$ を丸く変形したものです．

[*2] 他にも $D_x f$ と書いたり，また，$x$ は 1 番目の変数ですので $f_1$ や $D_1 f$ と書いたりします．$y$ の場合は $f_y$ や $D_y f$，$f_2$ や $D_2 f$ などです．好きな書き方で構いませんが，ひとこと，「偏微分の記号として○○を使う」などという宣言があるといいです．

[*3] ただし**ヤングの定理**と呼ばれる命題によると一定の条件下では微分の順序は考えなくてもいい，つまり $\frac{\partial^2 f(x,y)}{\partial x \partial y} = \frac{\partial^2 f(x,y)}{\partial y \partial x}$ であることが知られています．

**例 1.** $f(x,y) = x^{1/3}y^{2/3}$

一回の偏微分，二回の偏微分はそれぞれ次のようにします．

$$\frac{\partial f(x,y)}{\partial x} = \frac{1}{3}x^{(1/3-1)}y^{2/3}, \qquad \frac{\partial f(x,y)}{\partial y} = \frac{2}{3}x^{1/3}y^{(2/3-1)}$$

$$\frac{\partial^2 f(x,y)}{\partial x^2} = \frac{1}{3}\cdot\left(-\frac{2}{3}\right)x^{(1/3-2)}y^{2/3}, \qquad \frac{\partial^2 f(x,y)}{\partial x \partial y} = \frac{1}{3}\cdot\frac{2}{3}x^{(1/3-1)}y^{(2/3-1)}$$

$$\frac{\partial^2 f(x,y)}{\partial y \partial x} = \frac{1}{3}\cdot\frac{2}{3}x^{(1/3-1)}y^{(2/3-1)}, \qquad \frac{\partial^2 f(x,y)}{\partial y^2} = \frac{2}{3}\cdot\left(-\frac{1}{3}\right)x^{1/3}y^{(2/3-2)}$$

ご覧のとおり，$x$ に関する偏微分は $y$ をただの文字（$x$ に関係ない定数）として扱って普通の微分をしているわけです．$y$ についても同様です．

----

さて，各変数で偏微分したもののペアを考えます．二変数関数では次のようなものです．

$$\left(\frac{\partial f(x,y)}{\partial x}, \frac{\partial f(x,y)}{\partial y}\right)$$

これを勾配ベクトルと呼びます．記号では

$$\nabla f(x,y) = \left(\frac{\partial f(x,y)}{\partial x}, \frac{\partial f(x,y)}{\partial y}\right)$$

と書きます．$\nabla$ はナブラと呼びます．つまりこれは $x$ 方向の傾きと $y$ 方向の傾きをペアにしたものと言えます．関数の増加分を $x$ 方向の増加と $y$ 方向の増加に分解して考えるのです

なぜ分解して考える必要があるのかと疑問に思うかもしれません．これを考えるために地図の上を移動する人を考えてみてください．例えば $x$ 方向に増えるというのを東に移動，$y$ 方向に増えるというのを北に移動することだと思いましょう．そして，関数の値を地面の高さ（標高）だと思ってください．山登りをイメージすればいいですね．そうすると，変数の増やし方（つ

----

*4 多変数関数の二回微分の表示の仕方は他に $\frac{\partial^2 f(x,y)}{\partial x \partial y}$ を $f_{xy}(x,y)$ など下添字で書く方法や $D_{xy}f(x,y)$ など $D$ を使って書く方法があります．また，$x$ は 1 番目の変数，$y$ は 2 番目の変数であるのでそのことを使って，$\frac{\partial^2 f(x,y)}{\partial x \partial y}$ を $f_{12}(x,y)$ や $D_{12}f(x,y)$ などと書く流儀もあります．繰り返しになりますが最初にそれらが何を意味するのかが書いてあり，統一されていれば何を使っても構いません．

まり移動の仕方）というのは何通りもあります．東にずっと行ってもいいですし，北東方向に進んでもいいです．そのときの標高の増え方というのはおそらく全然違うでしょう．北に山があるときに東に進んでも全く山登りしたことにはなりませんが，北に進めば別です．このように移動方向によって関数の増え方は全然違うのでいろんな移動方法を考えなくてはいけません．ただし，東と北の二つの方向に移動した場合の増え方さえわかっていれば十分です．例えば南西方向に行くのであれば東にマイナス 1，北にマイナス 1 移動すればいいわけです．このように東と北の二つの方角に移動したときの標高の増え方の組み合わせ（これが勾配ベクトルに当たるわけです）を考えればいろんな方角に行ったときの増え方を表現することができるわけです．

さて，ここで偏微分を使えば関数の増加分の近似（一変数関数における一次のテイラー展開に相当するもの）としては次のように書くことができます．

$$f(x',y') - f(x,y) \approx \frac{\partial f(x,y)}{\partial x}(x' - x) + \frac{\partial f(x,y)}{\partial y}(y' - y)$$

つまり，$f$ の増加分は $x$ 方向の増加分に $\frac{\partial f(x,y)}{\partial x}$ をかけたものと $y$ 方向の増加分に $\frac{\partial f(x,y)}{\partial y}$ をかけたものを足したものになります．これによって $(x,y)$ という点から $(x',y')$ という点に変化したときの $f$ の増加分を偏微分という道具を使って書き直すことができました．これが第一歩です．

## 14.2.1　チェーンルール

偏微分は計算としてはほとんど一変数関数の微分と同じなので同じような公式が成立します．ただし合成関数の微分についてはもう少し話が広がります．これを見るために次のような状況を考えてみましょう．$u$, $v$ が両方 $x$, $y$ の関数であるとします．また，$f$ が $u$ と $v$ の関数であるとしましょう．つまり，$f(u(x,y),v(x,y))$ という形であったとします．このとき，多変数版の合成関数の微分の公式というべき次の公式が成り立ちます．

$$\frac{\partial f(u,v)}{\partial x} = \frac{\partial f(u,v)}{\partial u}\frac{\partial u(x,y)}{\partial x} + \frac{\partial f(u,v)}{\partial v}\frac{\partial v(x,y)}{\partial x}$$

$$\frac{\partial f(u,v)}{\partial y} = \frac{\partial f(u,v)}{\partial u}\frac{\partial u(x,y)}{\partial y} + \frac{\partial f(u,v)}{\partial v}\frac{\partial v(x,y)}{\partial y}$$

これを**チェーンルール**または**連鎖律**といいます.

この式の直観は次のとおりです. $f$ に影響を与えるには $u$ を通じた影響と $v$ を通じた影響の二手に分かれます. $x$ は $u$ と $v$ の両方を動かします. $x$ が動くことでまず, $u$ が $\frac{\partial u(x,y)}{\partial x}$ だけ動き, その $u$ が動いた分だけ $f$ が $\frac{\partial f(u,v)}{\partial u}$ だけ動くので $u$ を通じたルートでは $\frac{\partial f(u,v)}{\partial u}\frac{\partial u(x,y)}{\partial x}$ だけ $f$ を動かすということになるわけです. $v$ を通じたルートでも全く同様です.

# 14.3 多変数関数の最大値

一変数関数の場合と同様に多変数関数にも最大値を定義することができます. 簡単のため二変数関数で考えてみましょう. 関数 $f$ が点 $(x^*, y^*)$ で最大値をとるとは, 定義域の中にあるすべての $(x, y)$ について次の不等式を満たすことです.

$$f(x^*, y^*) \geqq f(x, y)$$

また $f$ が点 $(x^*, y^*)$ で最大値をとるなら次の事実が言えます.

---

**定理8.** $f$ が点 $(x^*, y^*)$ で最大値 (あるいは最小値) をとるとする. このとき, 以下の等式が成立する.

$$\frac{\partial f(x^*, y^*)}{\partial x} = \frac{\partial f(x^*, y^*)}{\partial y} = 0$$

---

つまり最大化解では, 各変数で微分したものがいずれも $0$ になるのです. 直観的にもそうでしょう. もし $\frac{\partial f(x^*, y^*)}{\partial x} > 0$ だと $x$ を少し増やせば $f$ が増えるので $(x^*, y^*)$ は最大化解ではありません. もし $\frac{\partial f(x^*, y^*)}{\partial y} < 0$ だと $y$ を少し減らせば $f$ が増えるのでやはり最大化解ではありません.

# 14.4　多変数関数における凹関数 ☆

11.5 節では一変数の場合に凹関数を定義しましたが，多変数の場合にも
凹関数を定義することができます．そのためにいくらか準備をします．二点
$(x,y)$ と $(x',y')$ と $0 \leqq \alpha \leqq 1$ を満たす任意の $\alpha$ について，点 $(\alpha x + (1-\alpha)x',$
$\alpha y + (1-\alpha)y')$ を二点 $(x,y)$ と $(x',y')$ の**凸結合**といいます．この凸結合を
使って，多変数の場合の凹関数を定義します．

---

**定義 6.** 関数 $f$ が凹関数であるとは任意の二点 $(x,y)$ と $(x',y')$ と $0 \leqq \alpha \leqq 1$
を満たすすべての $\alpha$ について，以下の不等式を満たすことを言う．

$$f(\alpha x + (1-\alpha)x', \alpha y + (1-\alpha)y') \geqq \alpha f(x,y) + (1-\alpha)f(x',y')$$

---

$f$ が凹関数であることの必要十分条件の一つは一変数の場合と同様に，す
べての $(x,y), (x',y')$ について次の不等式が成り立つことです．

$$f(x',y') - f(x,y) \leqq \frac{\partial f(x,y)}{\partial x}(x'-x) + \frac{\partial f(x,y)}{\partial y}(y'-y)$$

したがって，一変数の場合と同様に，$f$ が凹関数であれば一階条件，$\frac{\partial f(x^*,y^*)}{\partial x}$
$= \frac{\partial f(x^*,y^*)}{\partial y} = 0$ が $f$ を最大化するための必要十分条件となることが示せます．

# 14.5　応用：要素需要の決定

多変数関数の最大化問題の経済学への応用として，複数の材料を使う場合
の最適生産問題（利潤を最大化するためにどれだけ材料を投入すればいい
か）があります．簡単に見ていきましょう．

ある財を生産するために必要な材料（これを投 入 物，あるいは生産要素
と呼びます）が二種類あるとします．通常，経済学ではそれらは資本$K$と労
働$L$であるとされます*5．これらを投入することで$f(K,L)$だけの財が生産

されるとします．一方で，生産要素を投入するにはそれだけお金がかかります．資本を $K$ だけ使用するには費用が $rK$ だけかかるとします．$r$ を**レンタル率**と呼びます．また労働を $L$ だけ使用するには費用が $wL$ だけかかるとします．$w$ を**賃金率**と呼びます[*6,*7]．いま企業は（独占企業の場合と異なり），自分がいくら作っても価格は変化しないと思っているとしましょう．この想定は**価格受容者**の仮定と呼ばれます．これらの要素を合わせると企業の利潤は，価格受容者を仮定すると次の式で書くことができます．

$$\pi(K,L) = \underbrace{p \cdot f(K,L)}_{\text{収入}} - \underbrace{(rK + wL)}_{\text{費用}}$$

例として $f(K,L) = K^\alpha L^\beta$ として，企業の利潤最大化問題を解いてみましょう．$\alpha + \beta < 1, \alpha > 0, \beta > 0$ である場合，利潤関数 $\pi(K,L)$ は凹関数になることが知られています．したがって一階条件が最大化のための必要十分条件となります．その一階の条件から次の連立方程式を得ることができます．

$$\begin{cases} p\dfrac{\partial f(K,L)}{\partial K} - r = 0 \\[2mm] p\dfrac{\partial f(K,L)}{\partial L} - w = 0 \end{cases} \Rightarrow \begin{cases} \dfrac{\partial f(K,L)}{\partial K} = \dfrac{r}{p} \\[2mm] \dfrac{\partial f(K,L)}{\partial L} = \dfrac{w}{p} \end{cases}$$

レンタル率を価格 $p$ で割ったもの，$\dfrac{r}{p}$ は**実質レンタル率**と呼ばれます．世の中の価格をこの商品の価格 $p$ で標準化しているのです．同様に $\dfrac{w}{p}$ は**実質賃金率**と呼ばれます．逆に考えれば実質レンタル率は $\dfrac{\partial f(K,L)}{\partial K}$（これは**資本の限界生産性**という）によって決まり，実質賃金率は $\dfrac{\partial f(K,L)}{\partial L}$（これは**労働の限界生産性**という）によって決まるということです．

これは，$f(K,L) = K^\alpha L^\beta$ であることを考えると，それぞれ偏微分することで以下の式を得ます．

$$p\alpha K^{\alpha-1}L^\beta = r$$
$$p\beta K^\alpha L^{\beta-1} = w$$

---

[*5] 資本は工場や機械などの設備，労働は人間が働くことによる部分です．詳しくはミクロ経済学の教科書で学んでください．

[*6] $r,w$ はそれぞれ rental rate（レンタル率），wage rate（賃金率）の頭文字です．

[*7] $r$ は機械を借りるときのレンタル料，$w$ は労働者に払う賃金のようなものです．

上の連立方程式を解くと次のようになります.

$$\frac{\alpha}{\beta}\frac{L}{K} = \frac{r}{w} \quad \Rightarrow \quad L = \frac{\beta}{\alpha}\frac{r}{w}K$$

これを一階条件[*8]に代入して整理すると,利潤 $\pi$ を最大にする $K$ と $L$ が求められます.最大化解は特別な値なのでそれぞれ $K^*$ と $L^*$ と名付けましょう[*9].

$$K^* = p^{\frac{1}{1-(\alpha+\beta)}}\, r^{-\frac{1-\beta}{1-(\alpha+\beta)}}\, w^{-\frac{\beta}{1-(\alpha+\beta)}}\, \alpha^{\frac{1-\beta}{1-(\alpha+\beta)}}\, \beta^{\frac{\beta}{1-(\alpha+\beta)}} \tag{14.1}$$

$$L^* = p^{\frac{1}{1-(\alpha+\beta)}}\, r^{-\frac{\alpha}{1-(\alpha+\beta)}}\, w^{-\frac{1-\alpha}{1-(\alpha+\beta)}}\, \alpha^{\frac{\alpha}{1-(\alpha+\beta)}}\, \beta^{\frac{1-\alpha}{1-(\alpha+\beta)}} \tag{14.2}$$

こうして求めた最適な投入量 $K^*$ と $L^*$ は**要素需要関数**と呼ばれます.価格 $p$ とレンタル率 $r$,賃金率 $w$ が決まれば投入量が決まる関数というわけです[*10,*11].関数っぽく書くためにそれぞれ $K^*(p, r, w), L^*(p, r, w)$ と表記することもあります.

# 14.6　応用：同次関数

基本的な経済学では生産関数は**同次関数**であると仮定されます.資本と労働を変数とする関数 $f$ が同次関数であるとは任意の正の数 $\alpha$ と資本と労働の投入量 $K, L$ について,$f(\alpha K, \alpha L) = \alpha^n f(K, L)$ を満たすことを言います.これは $n$ 次同次関数と呼ばれます.

$n$ 次同次関数には次の性質があります.恒等式 $f(\alpha K, \alpha L) = \alpha^n f(K, L)$ の両辺を $\alpha$ で微分してみましょう.するとチェーンルールより次の式が得られます.

---

[*8]　どちらでもいいですが,例えば $p\alpha K^{\alpha-1}L^{\beta} = r$ に代入してみましょう.

[*9]　詳細な計算はややこしいので**ウェブ付録の第III部**に載せています.

[*10]　レンタル率と賃金率をまとめて要素価格ともいいます.

[*11]　$\alpha$ や $\beta$ にも依存しているじゃないかと言われればそのとおりですが,これは生産関数のパラメータで経済状況によって変化するものではありません.したがって経済状況と生産の関係に関心がある経済学者は $p, r, w$ といった経済状況に関する変数に注目するのです.またこれらはある種の価格でもあります.需要関数として見るときには価格と生産の関係に注目するので,$\alpha, \beta$ でなく $p, r, w$ を変数として考えるのです.ただし,技術革新の影響などを考えたいときには $\alpha$ や $\beta$ などを企業が動かせる変数として考えることもあります.

$$\frac{\partial f(\alpha K, \alpha L)}{\partial K}K + \frac{\partial f(\alpha K, \alpha L)}{\partial L}L = n\alpha^{n-1}f(K,L)$$

$$\Rightarrow \quad \frac{\partial f(K,L)}{\partial K}K + \frac{\partial f(K,L)}{\partial L}L = nf(K,L) \qquad (\alpha = 1 \text{とおく})$$

という結果が得られます．これは**同次関数に関するオイラーの定理**と呼ばれます．このとき，$n = 1$ とおけば次の等式が成立することになります．

$$\frac{\partial f(K,L)}{\partial K}K + \frac{\partial f(K,L)}{\partial L}L = f(K,L)$$

さらに最適な要素投入量においては $\frac{\partial f(K,L)}{\partial K} = \frac{r}{p}$, $\frac{\partial f(K,L)}{\partial L} = \frac{w}{p}$ が成立することからそれらを上の式に代入すれば以下のように変形できます．

$$\frac{r}{p}K + \frac{w}{p}L = f(K,L) \quad \Rightarrow \quad rK + wL = pf(K,L)$$

$rK + wL = pf(K,L)$ という式の右辺は売上金額（つまり価格 × 生産量）に相当します．つまり売上金額は資本に対する支払い $rK$ と労働に対する支払い $wL$ に完全に分配されます．この結果は**完全分配定理**と呼ばれています．

# 14.7　陰関数と微分

11.7 節の効用最大化問題を思い出してください．一階の条件を使えば，効用を最大化する消費量 $q$ の条件は以下のように書くことができます．

$$v'(q) = p$$

ここで注意しておきたい点は $p$ が違えば効用を最大化する $q$ も異なるということです．例えば価格が 0 であれば無限に消費したいだろうと思うでしょうし，逆に価格が無限大であれば一切消費したくないと思うでしょう．ここで疑問として挙がるのは「$p$ が変化したときには効用を最大化する $q$ はどのように動くのか」というものです．それは需要関数がどのような形状をしているのか，という問いにもつながります．

ここでは変数 $x$ とパラメータ $\alpha$ の関数 $f$ を考えます．パラメータとは，例

えばメインに $x$ を動かしてあれこれ考えるときに，動かさないほうの変数を
そう呼びます．例えば先の $v'(q) = p$，少し変形して $v'(q) - p = 0$ の左辺を $q$
と $p$ の関数として $f(q,p) = v'(q) - p$ と書けばメインの変数 $q$，パラメータ $p$
の関数としてみることができます．効用最大化問題では消費者は消費量 $q$ を
選ぶという意味で動かしますが，価格 $p$ は動かすことができません．そう
いった意味で $p$ はパラメータです．

さて変数 $x$ とパラメータ $\alpha$ の関数 $f$ について $f(x,\alpha) = 0$ という式が必ず成
り立つ $x$ を $\alpha$ の関数とみなして，$g(\alpha)$ と書きます．つまり $g(\alpha)$ を
$f(g(\alpha),\alpha) = 0$ を満たすものとして定義します．$f(g(\alpha),\alpha) = 0$ という書き方は
関数 $g$ の**陰関数**（あるいは**陰伏関数**）表示と呼びます．いわば注目したい
変数を $g(\alpha)$ と書き直した状態で，$g(\alpha)$ の方程式になっている状態ですね．
これに対して，方程式 $f(x,\alpha) = 0$ を $x$ について解いてから $x$ を $g(\alpha)$ に直せば
$g(\alpha) = $ ナントカカントカ（右辺に $x$ や $g$ は含まない）という書き方にできま
す．これは**陽関数**表示と呼びます．今まで見てきたのはすべて陽関数表示の
関数ですが，例えば一階条件だけがわかっている状況では陽関数としてキレ
イに書けるとは限りません．そこで，関数を陰関数表示のまま微分する方法
があります．

チェーンルールを使って $f(g(\alpha),\alpha) = 0$ を $\alpha$ で微分してみましょう．これ
はどんな $\alpha$ についても成立しているので両辺を微分することができます．さ
て，この微分により次の等式が成り立つことがわかります[*12]．

$$\frac{\partial f}{\partial x}(g(\alpha),\alpha)g'(\alpha) + \frac{\partial f}{\partial \alpha}(g(\alpha),\alpha) = 0 \tag{14.3}$$

よって式 (14.3) を $g'(\alpha)$ について解けば

$$g'(\alpha) = -\frac{\frac{\partial f}{\partial \alpha}(g(\alpha),\alpha)}{\frac{\partial f}{\partial x}(g(\alpha),\alpha)}$$

と書くことができるのです．このような微分の方法を**陰関数微分**と呼びます．

これを効用最大化問題に当てはめてみます．まず $v'(q) = p$ という式が成り
立つ $q$ を $D(p)$ と書きます．すると次の等式が成り立ちます．

---

[*12] $\frac{\partial f}{\partial x}(g(\alpha),\alpha)$ は $f$ を $x$ で偏微分したものに $x = g(\alpha)$ を代入したものです．同様に，$\frac{\partial f}{\partial \alpha}(g(\alpha),\alpha)$ は $f$ を $\alpha$ で偏微分したものに $x = g(\alpha)$ を代入したものです．

$$v'(D(p)) - p = 0$$

これの両辺を $p$ で微分すると合成関数の微分の公式から次の関係式が得られます.

$$v''(D(p)) \times [D'(p)] - 1 = 0 \quad \Rightarrow \quad D'(p) = \frac{1}{v''(D(p))}$$

$v$ は通常は凹関数と想定されるので二回微分 $v''$ の値はマイナスです[13]. そのことから需要関数 $D$ を $p$ で微分したものはマイナス, つまり「$D$ は $p$ が増えると減少する関数である」と言えます.

需要関数が価格 $p$ の減少関数であるという性質は需要法則と呼ばれ, 近代経済学においては重要な性質です. この事実は陰関数の微分と凹関数の性質により, 需要関数を直接求めることなく証明できるというわけです.

--------------------------------------------------

陰関数は連立方程式の解としても定義されます. 例えば要素需要関数を考えましょう. この一階条件は

$$p\frac{\partial f(K,L)}{\partial K} = r \tag{14.4}$$

$$p\frac{\partial f(K,L)}{\partial L} = w \tag{14.5}$$

と書くことができました. この二つの等式を満たす $K = K^*(p,r,w)$, $L = L^*(p,r,w)$ が要素需要関数と呼ばれていたのでした. ここでは $K = K^*(p,r,w)$, $L = L^*(p,r,w)$ がそれぞれ陰関数として定義されます.

さて, これらの陰関数を $p, r, w$ などのパラメータで微分することを考えてみましょう. 例として, 式 (14.4) と式 (14.5) の両辺をそれぞれ $r$ で微分することを考えます. それらを計算すればチェーンルールを用いることで次の二つの等式, 式 (14.6) と式 (14.7) が得られます[14].

--------

[13] 凹関数に限らず(つまり目的の関数の二回微分に正の部分があったとしても), 関数の最大化解における二回微分は負であることが知られています. これは**二階条件**, あるいは**二階の必要条件**と呼ばれます(ただし最大化解だけでなく極大化解においても同じく関数の二回微分は負になります). したがって, $v$ が凹関数でなくても最大化解, $D(p)$ における二回微分は $v''(D(p)) < 0$ となります.

[14] 1,2 行目の式 (14.6) は $p\frac{\partial f(K,L)}{\partial K} = r$ の両辺を $r$ で微分したもので, 3, 4 行目の式 (14.7) は $p\frac{\partial f(K,L)}{\partial L} = w$ の両辺を $r$ で微分したものです.

$$p\frac{\partial^2 f(K^*(p,r,w),L^*(p,r,w))}{\partial K^2}\frac{\partial K^*(p,r,w)}{\partial r}$$
$$+p\frac{\partial^2 f(K^*(p,r,w),L^*(p,r,w))}{\partial K\partial L}\frac{\partial L^*(p,r,w)}{\partial r}=1 \tag{14.6}$$

$$p\frac{\partial^2 f(K^*(p,r,w),L^*(p,r,w))}{\partial K\partial L}\frac{\partial K^*(p,r,w)}{\partial r}$$
$$+p\frac{\partial^2 f(K^*(p,r,w),L^*(p,r,w))}{\partial L^2}\frac{\partial L^*(p,r,w)}{\partial r}=0 \tag{14.7}$$

ただし $\frac{\partial^2 f(K^*(p,r,w),L^*(p,r,w))}{\partial K^2}$ は $\frac{\partial f(K,L)}{\partial K}$ をさらに $K$ で偏微分したものに $K=K^*(p,r,w)$ と $L=L^*(p,r,w)$ を代入したものです．他の記号についても同様です．

さて，式 (14.6) と式 (14.7) を連立させて解くことができれば $K^*(p,r,w)$ を $r$ で微分したものと $L^*(p,r,w)$ を $r$ で微分したものを一度に計算することができます．実際クラメールの公式を使えば以下のとおりです．

$$\frac{\partial K^*(p,r,w)}{\partial r}=\frac{\frac{\partial^2 f(K^*(p,r,w),L^*(p,r,w))}{\partial L^2}}{p\det(H)}$$

$$\frac{\partial L^*(p,r,w)}{\partial r}=\frac{-\frac{\partial^2 f(K^*(p,r,w),L^*(p,r,w))}{\partial K\partial L}}{p\det(H)}$$

ただし $H$ は下記のように定義される行列です[*15]．

$$H=\begin{bmatrix}\dfrac{\partial^2 f(K^*(p,r,w),L^*(p,r,w))}{\partial K^2}&\dfrac{\partial^2 f(K^*(p,r,w),L^*(p,r,w))}{\partial K\partial L}\\[2ex]\dfrac{\partial^2 f(K^*(p,r,w),L^*(p,r,w))}{\partial L\partial K}&\dfrac{\partial^2 f(K^*(p,r,w),L^*(p,r,w))}{\partial L^2}\end{bmatrix}$$

この方法の良いところは実際に要素需要関数を陽関数として計算しなくても微分値の符号がわかるというところです．

実際にこれを計算してみましょう．いま，$f(K,L)=K^\alpha L^\beta$ とします．そうすると偏微分は以下のとおりです．

---

[*15]　ちなみに行列 $H=\begin{bmatrix}\frac{\partial^2 f(K^*(p,r,w),L^*(p,r,w))}{\partial K^2}&\frac{\partial^2 f(K^*(p,r,w),L^*(p,r,w))}{\partial K\partial L}\\\frac{\partial^2 f(K^*(p,r,w),L^*(p,r,w))}{\partial L\partial K}&\frac{\partial^2 f(K^*(p,r,w),L^*(p,r,w))}{\partial L^2}\end{bmatrix}$ は**ヘッセ行列**，その行列式 $\det(H)$ は**ヘッシアン**と呼ばれ，関数 $f$ が凹関数かどうかの判定条件にも使われます．

$$\frac{\partial^2 f(K,L)}{\partial K^2} = \alpha(\alpha-1)K^\alpha L^\beta K^{-2}, \quad \frac{\partial^2 f(K,L)}{\partial K \partial L} = \alpha\beta K^\alpha L^\beta K^{-1}L^{-1},$$

$$\frac{\partial^2 f(K,L)}{\partial L \partial K} = \alpha\beta K^\alpha L^\beta K^{-1}L^{-1}, \quad \frac{\partial^2 f(K,L)}{\partial L^2} = \beta(\beta-1)K^\alpha L^\beta L^{-2}$$

したがって必要な行列式は次のように計算することができます.

$$\det(H) = K^{2\alpha-2}L^{2\beta-2}\alpha\beta(1-\alpha-\beta)$$

$$\frac{\partial^2 f(K^*(p,r,w),L^*(p,r,w))}{\partial L^2} = \beta(\beta-1)K^\alpha L^\beta L^{-2}$$

これらを使えば $\frac{\partial K^*(p,r,w)}{\partial r}$ を次のように計算できます.

$$\begin{aligned}
\frac{\partial K^*(p,r,w)}{\partial r} &= \frac{\frac{\partial^2 f(K^*(p,r,w),L^*(p,r,w))}{\partial L^2}}{p\det(H)} \\
&= \frac{\beta(\beta-1)K^\alpha L^\beta L^{-2}}{pK^{2\alpha-2}L^{2\beta-2}\alpha\beta(1-\alpha-\beta)} \\
&= \frac{(\beta-1)}{pK^{-2}K^\alpha L^\beta \alpha(1-\alpha-\beta)}
\end{aligned}$$

ただし $K = K^*(p,r,w)$ かつ $L = L^*(p,r,w)$ です. これによれば, もし $\alpha, \beta > 0$, かつ $\alpha+\beta < 1$ であれば $\beta < 1$ であるので, $\frac{\partial K^*(p,r,w)}{\partial r} < 0$ ということがわかります. これは直接 $K^*(p,r,w)$ を求めなくてもできます. 式 (14.1) と式 (14.2) で見たとおり, $K^*(p,r,w)$ は非常に複雑な形をしていたので, これを計算しなくていいというのは利点ですね.

このように外部のパラメータの変化によって解がどのように変化するのかを調べることを**比較静学**と呼びます.

# 14.8 練 習 問 題

**問題 222** 次の関数を $x$ および $y$ で偏微分しなさい.

1. $x^2 y$
2. $x + y^2$
3. $x^{\frac{1}{3}} y^{\frac{2}{3}}$
4. $x^{\frac{1}{2}} + 2y^{\frac{1}{2}}$

**問題 223** 関数 $g$ を次のように定義する.

$$g(a) = f(ax + (1-a)x', ay + (1-a)y')$$

この関数を二次の項までテイラー展開すると以下のとおりである.

$$g(a) = g(0) + g'(0)a + \frac{g''(c)a^2}{2}$$

ただし $c$ は $c \in (0, a)$ となる実数である. これを計算し, $a = 1$ を代入することで, 二変数関数のテイラー展開を行いなさい.

**問題 224** 次の生産関数について, 要素需要関数を求めなさい.

1. $f(K, L) = K^{0.4} L^{0.5}$
2. $f(K, L) = K^{1/2} + L^{1/2}$

**問題 228** 次の生産関数について, $\frac{\partial K(p, r, w)}{\partial r}$ を計算しなさい.

1. $f(K, L) = K^{0.4} L^{0.5}$
2. $f(K, L) = K^{1/2} + L^{1/2}$

# 15 制約付き最適化問題

## 15.1 制約付き最適化問題・例と定義

前章では何の条件もなく関数の最大化問題を考えていましたが，この章では制約のある最適化問題を考えます．制約とは，変数が満たしていなければいけない条件です．経済学では例えば次のようなものがあります．

**効用最大化問題** 予算内で効用が最大になる消費計画を選ぶ.

財をいくつもいくつも消費できるならば効用はいくらでも高くできるかもしれませんが，現実には消費はそのようにはできません．普通私たちがモノやサービスを消費するときには予算に直面します．つまり購入するつもりのモノやサービスにかかる総額が自分の所得を超えていてはいけません．そういった制約に直面した状態で自分の効用が最も高くなるものを求めることが効用最大化問題です．より具体的には次の問題が例にあるでしょう．

------------------------------------------------------------

**例1.** 昼食のメニュー

ひとくちに昼食メニューの選択と言っても様々な選択肢があります．ちょっと気の利いたお店だとご飯の量を好きに選ぶことができるし，色々なおかずを組み合わせることができます．ただし，好きなメニューを好きなだけというわけには行きません．我々は日々の予算を超えて昼食代に使うこと

はできないのです．予算内でどの食品をどれだけ選ぶかがここでの問題となります[*1]．

## 例2. 働く時間と休む時間（労働と余暇）

労働時間を選ぶことも消費者の問題の一つです．働くのは疲れるので嫌だが，全く働かなければ給与が出ないので余暇を楽しむことができない，労働（お金）と余暇のトレードオフ[*2]がここに発生しています．どれだけ働くか，そしてどれだけ余暇をとるかがここでの問題となります．

## 例3. 今日の消費と明日以降の消費（貯蓄問題）

毎日の消費にどれだけの予算を費やすか，というものも典型的な消費者の問題です．借金をすれば今日だけで将来獲得できるであろうすべての所得を使い切ってしまうことは可能かもしれませんが，おそらく望ましくありません．また今日一億円手に入ったとしても今日だけで使い切ることはおそらくほとんどありえません．たいていの人は一部を貯蓄に回すでしょう．いくら貯蓄すべきかは将来どれだけの消費を予定しているかによって決まります．一生を通じて生涯獲得できる所得の中で毎日いくら消費するかを決めることがここでの問題となるわけです．

最適化問題は最大化問題に限りません．以下の最小化問題は経済学でもよく出てきます．

**費用最小化問題** 生産量を固定し，その生産量を達成する投入量の中で最も費用が少なくなる投入量を選ぶ．

ある一定量の財を作るとき，その量だけ作るときにかかる費用はいくらでも高くすることができます．適当に無駄遣いすれば可能です．ところが普通

---

[*1] 他にも別の制約，例えばカロリー制限という制約もあるかもしれませんがここでは考えないでおきます．

[*2] あちらが立てばこちらが立たぬ，くらいの意味です．

は企業は資源を節約し，生産するためにかかる費用を最小化しようと考えます．これが費用最小化問題です．

------

さて数式を使って具体的に考えていきましょう．効用最大化問題を例にします．これは次のような問題です．

$$\max_{q_x, q_y} u(q_x, q_y) \quad \text{s.t.} \quad p_x q_x + p_y q_y = I \tag{15.1}$$

式 (15.1) の「max〜」という書き方は「$q_x$ と $q_y$ を動かして $u(q_x, q_y)$ の最大値を求めなさい．ただし（s.t. 以下の）制約 $p_x q_x + p_y q_y = I$ を満たす範囲で $q_x$ と $q_y$ を考えなさい」ということを意味しています[*3]．ここで $q_x$ は財 $x$ の，$q_y$ は財 $y$ の消費量のことで，$p_x$ は財 $x$ の，$p_y$ は財 $y$ の価格です[*4]．$u(q_x, q_y)$ は財 $x$ を $q_x$ だけ，財 $y$ を $q_y$ だけ消費したときの効用の大きさです．また $I$ は所得の額です[*5]．

# 15.2　ラグランジュの未定乗数法

制約付きの最適化問題を解く最も一般的な方法が**ラグランジュの未定乗数法**と呼ばれる方法です[*6]．次の問題を考えましょう．最大化（あるいは最小化）したい関数を $f(x, y)$ とします（これを**目的関数**と呼びます）．動かせる変数はここでは $x$ と $y$ です．そして，満たすべき制約（**制約条件**）を $g(x, y) = 0$ とします．例えば効用最大化問題のケースであれば動かせる変数は $q_x, q_y$ で $g(q_x, q_y) = I - p_x q_x - p_y q_y$ です．$g(q_x, q_y) = 0$ であれば $I = p_x q_x + p_y q_y$ であることを確かめてください．

さて，一般的な制約付き最大化問題 $\max_{x, y} f(x, y)$ s.t. $g(x, y) = 0$ について次の

------

[*3]　s.t. は subject to の略で，s.t. の右側が制約条件になります．
[*4]　数列の表記と同様に，$q$ や $p$ の右下についてくる小さな $x$ や $y$ は**添字**と呼ばれます．そうする理由はこういう表記を使わないと文字が足りなくなってしまうからです．これによって $q_x$ と $q_y$ は同じ $q$ を使っていても違う記号だということができます．また，添字に数字を使えば $q_1, q_2, \ldots$ というように数列のように無限に扱えます．
[*5]　income の頭文字の $i$ から来ています．money の $m$ を使う人も多いです．
[*6]　後で述べるようにこの方法は限られた状況でしか使えませんが，学部レベルの経済学のほとんどの問題には使えます．

定理が成り立ちます.

---

**定理 9.** $f, g$ が連続微分可能であるとする[*7]. もし最大化解 $(x^*, y^*)$ が内点であれば,次の等式を満たす実数 $\lambda$ が存在する.

$$\frac{\partial f(x^*, y^*)}{\partial x} + \lambda \times \frac{\partial g(x^*, y^*)}{\partial x} = 0$$

$$\frac{\partial f(x^*, y^*)}{\partial y} + \lambda \times \frac{\partial g(x^*, y^*)}{\partial y} = 0$$

$$g(x^*, y^*) = 0$$

---

上の二式は制約付き最適化問題の一階条件と呼ばれています.もちろん一階条件ですので必要条件であるだけで,十分条件ではないことに注意しなくてはなりません.しかし例えば目的関数が凹関数などの条件を満たしていればこれらは十分条件になります.

ところで一階条件を導出するには次の関数を $x, y$ および $\lambda$ で偏微分して $0$ とおけばいいことがわかります.

$$L(x, y, \lambda) = f(x, y) + \lambda \times g(x, y)$$

このように目的関数と制約条件から新たな関数 $L$(**ラグランジュ関数**,**ラグランジアン**)を作り,それがあたかも制約のない最大化問題のようにして解く方法を**ラグランジュの未定乗数法**と呼びます.ここで $\lambda$ は**ラグランジュ乗数**と呼ばれます.この関数 $L$ には次の意味があります.

---

制約条件 $g(x, y) = 0$ からはみ出せば,$\lambda$ だけの罰金を課す.我々は罰金のことを考えながらなるべく $f$ を最大化しようとする.

---

例えば効用最大化問題のケースであれば,$g(q_x, q_y) = I - p_x q_x - p_y q_y$ ですので,予算からはみ出せば $g(q_x, q_y) < 0$ となります.このときの罰金は

---

[*7] 連続微分可能とは導関数が連続関数であることを言います.本書ではそんなに気にしなくてもいいです.

$-\lambda \cdot g(q_x, q_y)$ となるわけで，これだけ効用から引かれるわけですね．こういった意味でラグランジュ乗数法とはペナルティー付きの関数を最大化しようとしている方法だと解釈できます[*8].

ラグランジュ乗数法をベクトルを使って理解することもできます．ラグランジュの一階条件を書き直すと次のとおりです．

$$\frac{\partial f(x^*, y^*)}{\partial x} = -\lambda \times \frac{\partial g(x^*, y^*)}{\partial x}$$

$$\frac{\partial f(x^*, y^*)}{\partial y} = -\lambda \times \frac{\partial g(x^*, y^*)}{\partial y}$$

この二式をベクトルを使って書き表せば以下のようになります．

$$\left(\frac{\partial f(x^*, y^*)}{\partial x}, \frac{\partial f(x^*, y^*)}{\partial y}\right) = -\lambda\left(\frac{\partial g(x^*, y^*)}{\partial x}, \frac{\partial g(x^*, y^*)}{\partial y}\right)$$

$\nabla$ を使って書くと，$\left(\frac{\partial f(x^*, y^*)}{\partial x}, \frac{\partial f(x^*, y^*)}{\partial y}\right) = \nabla f(x^*, y^*)$ であり，また $\left(\frac{\partial g(x^*, y^*)}{\partial x}, \frac{\partial g(x^*, y^*)}{\partial y}\right) = \nabla g(x^*, y^*)$ と書けますのでラグランジュの一階条件は $\nabla f(x^*, y^*) = -\lambda \nabla g(x^*, y^*)$ と書き直すことができます．

$\nabla g(x, y)$ というものは $g$ の値が増える $(x, y)$ の方向を示しています．これに対して $\nabla f(x, y)$ は $f$ の値が増える $(x, y)$ の方向です．$\nabla f(x^*, y^*) = -\lambda \nabla g(x^*, y^*)$ ということは $\nabla f(x, y)$ と $\nabla g(x, y)$ の増える方向のベクトルが一致しているということです．$\nabla f(x, y)$ と $\nabla g(x, y)$ が指し示す方向が一致していれば $f$ の値を増やすことがそのまま $g$ の値を増やすことにつながるので（その $(x, y)$ の周辺では），$g(x, y) = 0$ を保ったまま $f$ の値を増やすことが不可能ということです．最大化解ではそのようになっているはずだということですね．

■**注　意**　制約条件は一つだけでなく，複数あっても構いません．その場合，ラグランジュ乗数を制約条件の数だけ増やして同様に対応します．また変数の数も二つに限ることなく，一般の $m$ 個であっても同様です．

---

[*8]　このときの罰金の大きさは問題を解く前には決まっていません．制約 $g(x, y) = 0$ からはみ出ることの利益と罰金が釣り合うように自動的に決まってくるのです．こういう意味で「未定」乗数法という名前がついています．

定理 10. 目的関数 $f$,および制約条件を表す関数 $g_1, g_2, \ldots, g_n$ が連続微分可能であるとする[9]。もし最大化解 $(x_1^*, \ldots, x_m^*)$ が内点であれば,すべての $i \in \{1, \ldots, m\}$ について次の等式を満たす実数 $\lambda$ が存在する.

$$\frac{\partial f(x_1^*, \ldots, x_m^*)}{\partial x_i} + \lambda_1 \times \frac{\partial g_1(x_1^*, \ldots, x_m^*)}{\partial x_i} + \cdots + \lambda_n \times \frac{\partial g_n(x_1^*, \ldots, x_m^*)}{\partial x_i} = 0$$

$$g_1(x_1^*, \ldots, x_m^*) = \cdots = g_n(x_1^*, \ldots, x_m^*) = 0$$

## 15.3　応用：効用最大化問題

効用最大化問題にラグランジュ乗数法を適用することを考えます。つまり次のようにします.

$$L(q_x, q_y, \lambda) = \underbrace{u(q_x, q_y)}_{\text{目的関数}} + \lambda \underbrace{(I - p_x q_x - p_y q_y)}_{\text{制約条件}}$$

それぞれ一階の条件を求めて,その連立方程式を解けば予算制約の中で効用を最大化する消費計画 $q_x^*, q_y^*$ を求めることができます。こうして求められた最適な消費計画は価格 $p_x, p_y$ や所得 $I$ に依存する関数になります。これを（マーシャル型）需要関数と呼びます.

実際に $u(q_x, q_y) = (q_x)^{1/2}(q_y)^{1/2}$ である場合について効用最大化問題を解いてみましょう。ただし $p_x > 0, p_y > 0$ かつ $I > 0$ とします。この問題の一階条件は次の三つの式になります[10].

---

[9]　この場合の制約とは $g_1(x_1, \ldots, x_m) = g_2(x_1, \ldots, x_m) = \cdots = g_n(x_1, \ldots, x_m) = 0$ というものです。ただし,$m \leqq n$ である場合,制約式を連立方程式とみなして解くことだけで解が求まってしまったり,そもそも制約式を満たすものすら存在しないこともあります。制約式を満たすものが存在しない場合は解そのものも存在しなくなります.

[10]　$(q_x)^{1/2}(q_y)^{1/2}$ を $q_x$ で偏微分すれば $\frac{1}{2}(q_x)^{-1/2}(q_y)^{1/2}$ ですが,ここはこれを $\frac{1}{2}(q_x)^{1/2}(q_y)^{1/2}(q_x)^{-1}$ と書いてみます（指数法則により $(q_x)^{-1/2} = (q_x)^{1/2}(q_x)^{-1}$ であることと,項の順番を入れ替えていることに注意）。こうすれば $(q_x)^{1/2}(q_y)^{1/2}$ の部分が $q_y$ で偏微分したものと共通になるので割り算がやりやすくなります.

$$\frac{1}{2}(q_x)^{1/2}(q_y)^{1/2}(q_x)^{-1} - \lambda p_x = 0$$

$$\frac{1}{2}(q_x)^{1/2}(q_y)^{1/2}(q_y)^{-1} - \lambda p_y = 0$$

$$I - p_x q_x - p_y q_y = 0$$

上二つの式は次の二式と同値です.

$$\frac{1}{2}(q_x)^{1/2}(q_y)^{1/2}(q_x)^{-1} = \lambda p_x \tag{15.2}$$

$$\frac{1}{2}(q_x)^{1/2}(q_y)^{1/2}(q_y)^{-1} = \lambda p_y \tag{15.3}$$

次に式 (15.2) を式 (15.3) で辺々割ることを考えます*11. つまり左辺は左辺同士, 右辺は右辺同士で割ります. すると次のようになります.

$$\frac{\frac{1}{2}(q_x)^{1/2}(q_y)^{1/2}(q_x)^{-1}}{\frac{1}{2}(q_x)^{1/2}(q_y)^{1/2}(q_y)^{-1}} = \frac{p_x}{p_y}$$

$$\Rightarrow \quad \frac{(q_x)^{-1}}{(q_y)^{-1}} = \frac{p_x}{p_y}$$

$$\Rightarrow \quad \frac{q_y}{q_x} = \frac{p_x}{p_y}$$

$$\Rightarrow \quad p_y q_y = p_x q_x$$

最後に得られた式, $p_y q_y = p_x q_x$ を使って需要関数を求めます. この式を予算制約 $p_x q_x + p_y q_y = I$ に代入します. すると次のようになります.

$$p_x q_x + p_y q_y = I$$

$$\Rightarrow \quad p_x q_x + p_x q_x = I$$

$$\Rightarrow \quad 2p_x q_x = I$$

$$\Rightarrow \quad q_x = \frac{I}{2p_x}$$

こうして得られた $q_x = \frac{I}{2p_x}$ が財 $x$ のマーシャル型需要関数になります.「関数」であることを意識させるために次のように書くこともあります.

---

*11  式 (15.3) が 0 でないことを確かめないといけませんが, $p_y > 0$, $q_x > 0$, および $q_y > 0$ であることを確認できれば, 式 (15.3) は 0 ではないので OK です. 例えば $q_x = 0$ なら効用値は 0 になる一方でほんのわずかに消費すれば効用値は正になるので $q_x = 0$ は最大化解となりません. $q_y = 0$ のときも同様です.

$$d_x(p_x, p_y, I) = \frac{I}{2p_x}$$

同様に財 $y$ のマーシャル型需要関数も求めます[*12].

# 15.4 不等号制約 ☆

制約が等号ではなく $g(x, y) \geqq 0$ という形であればどうすればいいか？ と疑問に思うことがあるかもしれません．この場合は実はラグランジュ未定乗数法は必ずしも有効ではありません．次の例を見てみましょう．

**例 1.** $\displaystyle\max_{x,y} -(x-2)^2 - (y-1)^2$ s.t. $x + 2y \leqq 5$

この問題にラグランジュ乗数法を使うと

$$-2(x-2) = \lambda \quad \text{かつ} \quad -2(y-1) = 2\lambda$$

となるので，$2(x-2) = (y-1)$，つまり $y = 2x - 3$ が成立することになります．$x + 2y - 5 = 0$ から $x + 4x - 6 - 5 = 0$ となるので $5x = 11$，つまり $x = 11/5, y = 7/5$ となりますが，実際にはこの問題の解は明らかに $x = 2$，$y = 1$ です．この解は制約条件をちゃんと満たしています．

---

次の例もラグランジュ乗数法を使うと深刻な問題があります．

**例 2.** $\displaystyle\max_{x,y} 2x + y$ s.t. $x + 2y \leqq 5$, $x \geqq 0$, $y \geqq 0$.

この問題にラグランジュ乗数法を使うと得られる一階条件は $\begin{cases} 2 = \lambda \\ 1 = 2\lambda \end{cases}$ となり，この式を成り立たせる $\lambda$ そのものが存在しません．一方で，このときの最大化解は $x = 5, y = 0$ です．

---

[*12] 別解として，目的関数に対数をとって $\ln(u(q_x, q_y)) = \ln((q_x)^{1/2}(q_y)^{1/2}) = \frac{1}{2}\ln(q_x) + \frac{1}{2}\ln(q_y)$ としてしまってから考えてもいいです（この変形は対数法則を使っています）．対数凹関数のときの話と同じで，$u(q_x, q_y)$ を最大化するものも $\ln(u(q_x, q_y))$ を最大化するものも同じだからです．$\ln$ はかけ算を足し算にしてくれるのでこちらのほうが微分がやりやすい場合があります．

こういったことが起きる原因は上記の問題の最大化解が制約条件を等号で満たしていないことや，端点解が原因です．このような問題に対処するため，不等号制約の最適化問題を考える必要が出てくるわけです．これについては次の必要条件が成り立ちます[*13, *14].

---

**定理 11（フリッツ・ジョン）.** $(x^*, y^*)$ において連続微分可能である $f, g$ を考える．$(x^*, y^*)$ が制約 $g(x, y) \geqq 0$ のもとでの $f$ の最大化解であるとする．このとき，次の条件を成り立たせる実数 $\lambda_0, \lambda_1$ が存在する．

1. 次の等式が成立する．

$$\lambda_0 \times \frac{\partial f(x^*, y^*)}{\partial x} + \lambda_1 \times \frac{\partial g(x^*, y^*)}{\partial x} = 0 \tag{15.4}$$

$$\lambda_0 \times \frac{\partial f(x^*, y^*)}{\partial y} + \lambda_1 \times \frac{\partial g(x^*, y^*)}{\partial y} = 0 \tag{15.5}$$

$$\lambda_1 \times g(x^*, y^*) = 0 \tag{15.6}$$

2. $\lambda_0 \geqq 0, \lambda_1 \geqq 0$ かつ $\lambda_0, \lambda_1$ の少なくともどちらかは正である．

---

式 (15.4) および式 (15.5) は一階条件，式 (15.6) は相補スラック条件と呼ばれています．また，$\lambda_0, \lambda_1$ はラグランジュ乗数と呼ばれています．これらの条件はまとめてフリッツ・ジョン条件と呼ばれます．

新しく出てきたものは相補スラック条件ですが，これは次のような意味です．まず，最大化解 $(x^*, y^*)$ において $g(x^*, y^*) = 0$ が満たされていれば，相補スラック条件は自動的に満たされるので OK です．一方で，制約は $g(x, y) \geqq 0$ であるので，最大化解 $(x^*, y^*)$ でも $g(x^*, y^*) > 0$ となる可能性があります．ここがラグランジュ乗数法と違うところです．この場合，相補スラック条件は $\lambda_1 = 0$ を意味します．これは次のような直観で説明できます．まずラグランジュ乗数がペナルティー付きの最大化問題の「罰金」の部分であるということを思い出してください．つまり $g(x, y) = 0$ という状態からほんの少しでも離れれば罰金 $\lambda_1 \cdot g(x, y)$ がかかるので，それを気にしながら最大化を考

---

[*13] 例えば永谷（1998）や宮川（2022）を参照すること．

[*14] 制約が複数ある場合にも適用できます．ただし制約が複数ある場合，不等号制約と等号制約が混ざることもあります．その場合にも適用できるものとしてフロモヴィッツ=マンガサリアン条件が知られています．

えるというのがラグランジュ乗数法の直観でした。いま、$g(x^*, y^*) > 0$という不等式が満たされているのならば、$(x, y)$ が $(x^*, y^*)$ からほんの少しだけ離れたとしても依然として、制約 $g(x, y) \geq 0$ は満たされたままです。この場合、ちょっと動いても制約に違反する心配はないので、罰金であるラグランジュ乗数は 0 ということです。

特に一定の条件のもとでは $\lambda_0 > 0$ が保証でき、このときの条件は**カルーシュ=クーン=タッカー条件**（通称 KKT 条件）と呼ばれます[*15]。$\lambda_0 > 0$ を保証する条件はいくらか考えられており、**制約想定**と呼ばれています。

制約が増えればその分だけラグランジュ乗数と相補スラック条件を増やします。ただしこのときは「$\lambda_0, \lambda_1$ の少なくともどちらかは正」の部分の条件は「少なくとも一つのラグランジュ乗数が正」になります。

■**不等号制約下の最適化問題の例と解き方**　不等号制約下の最適化問題の例として、次のものを考えます。

$$\max_{x,y} \ln(x) + y \quad \text{s.t.} \quad m \geq px + y, \quad x \geq 0, \quad y \geq 0.$$

ただし、$p, m > 0$ とします。こういった問題では最大化解が存在することが知られているのでそれを前提とします。

この問題における制約は三つで、$m \geq px + y$, $x \geq 0$ および $y \geq 0$ です。このとき、フリッツ・ジョン条件は次の5式です。

$$\lambda_0 \frac{1}{x} = \lambda_1 p - \lambda_2 \qquad (x \text{ の一階条件}) \tag{15.7}$$

$$\lambda_0 = \lambda_1 - \lambda_3 \qquad (y \text{ の一階条件}) \tag{15.8}$$

$$\lambda_1(m - px - y) = 0 \qquad (\text{相補スラック条件1}) \tag{15.9}$$

$$\lambda_2 x = 0 \qquad (\text{相補スラック条件2}) \tag{15.10}$$

$$\lambda_3 y = 0 \qquad (\text{相補スラック条件3}) \tag{15.11}$$

ただし制約 $m - px - y \geq 0$ に対するラグランジュ乗数は $\lambda_1$, $x \geq 0$ に対するラグランジュ乗数は $\lambda_2$, $y \geq 0$ に対するラグランジュ乗数は $\lambda_3$ です。

---

[*15]　$\lambda_0 > 0$ と言えるときは $\lambda_0 = 1$ とおいても構いません。フリッツ・ジョンの一階条件の両辺を $\lambda_0$ で割って $\lambda_1/\lambda_0$ を新しい $\lambda_1$ だと思えば $\lambda_0 = 1$ としたものと同じであるからです。

まず, 最適解においては $\lambda_2 = 0$ を示します. これを示すために, もし $\lambda_2 > 0$ だとしてみましょう. すると式 (15.10) から $x = 0$ となります. 一方で, $x = 0$ とすれば $\ln(0) + y = -\infty$ になります. ほんのわずかでも $x > 0$ とすれば $\ln(x) + y > -\infty$ となるので明らかに $x = 0$ は最大化解ではありません. したがって, 最適化解では $x > 0$ となり, 式 (15.10) から $\lambda_2 = 0$ がわかります.

次に $\lambda_0 > 0$ を示します. もしそうでなければ $\lambda_0 = 0$ ですが, これは $\lambda_2 = 0$ から式 (15.7) より $\lambda_1 = 0$ であり, これを式 (15.8) に代入すれば $\lambda_3 = 0$ を得ます. これはラグランジュ乗数のうち, 一つは正でなければいけないという条件に反します. したがって $\lambda_0 > 0$ です. また, $\lambda_0 > 0, x > 0$ および $\lambda_2 = 0$ から再び式 (15.7) より $\lambda_1 > 0$ が言えます. よって式 (15.9) から $m - px - y = 0$ です. これにより $y = m - px$ がわかります.

さて $\lambda_3$ が正かゼロかがまだ言えていません. これは $y = 0$ か $y > 0$ かが関わってきます. もし, $y = 0$ が解であれば $x = m/p$ です. 一方で, $y > 0$ であれば式 (15.11) より, $\lambda_3 = 0$ です. よって, 式 (15.8) より $\lambda_0 = \lambda_1$ で, これを式 (15.7) に代入すれば $x = 1/p$ です. $y = m - px$ より $y > 0$ であるなら $x = 1/p$ となるので $y = m - 1$ となります. これは $m > 1$ のとき, $y > 0$ となります. これでフリッツ・ジョン条件を満たす候補が二つに絞れました. $y = 0, x = m/p$ と, $y = m - 1, x = 1/p$ です.

さて, $y = 0, x = m/p$ と, $y = m - 1, x = 1/p$ のどちらが目的関数の値を大きくしているのかを比べます. $y = m - 1, x = 1/p$ のほうが目的関数の値が大きくなっているという条件は次のとおりです.

$$\ln(1/p) + m - 1 \geqq \ln(m/p)$$
$$\Rightarrow \quad 0 - \ln(p) + m - 1 \geqq \ln(m) - \ln(p)$$
$$\Rightarrow \quad m - 1 \geqq \ln(m)$$
$$\Rightarrow \quad m - \ln(m) - 1 \geqq 0$$

さて, この不等式がどのようなときに成立するかを考えます. そのために関数 $h$ を $h(m) = m - \ln(m) - 1$ と定義します. この関数は $m$ で微分すれば $h'(m) = 1 - 1/m$ となり, $m > 1$ のとき, 正となります. つまり, $m > 1$ のときは $h(m) > h(1)$ というわけです[*16]. また $h(1) - 0$ ですので, $m > 1$ であ

れば $h(m) > 0$ であることが言えます．したがって，$y = m - 1, x = 1/p$ のほうが最大化解となるわけです．

一方で，$m < 1$ のとき，$x = 1/p$ とすれば $y = m - 1 < 0$ となるので不適です．したがって，$y = 0, x = m/p$ だけがフリッツ・ジョン条件を満たしているので，それが最大化解になります．まとめると次のとおりです．

1. $m > 1$ のとき，最大化解は $y = m - 1, x = 1/p$
2. $m < 1$ のとき，最大化解は $y = 0, x = m/p$

## 15.5 包絡線定理とラグランジュ乗数の意味 ☆

再び効用最大化問題を考えます．需要関数 $d_x(p_x, p_y, I)$, $d_y(p_x, p_y, I)$ を元の効用関数 $u$ に代入すると

$$v(p_x, p_y, I) = u(d_x(p_x, p_y, I), d_y(p_x, p_y, I))$$

となり，最大化された効用関数の値をあたかも価格や所得の関数とみなすことができます．これを**間接効用関数**と呼びます．さて，間接効用関数を価格や所得などのパラメータで微分するとどのようになるのでしょうか．

より一般的に考えます．関数 $f(x, y, \alpha)$ を考えます．$\alpha$ はパラメータです．例えば効用最大化問題における価格や所得などです．関数 $f$ を $x, y$ を動かして最大化する場合，一階条件から次の等式が成り立ちます．

$$\frac{\partial f(x^*(\alpha), y^*(\alpha), \alpha)}{\partial x} = \frac{\partial f(x^*(\alpha), y^*(\alpha), \alpha)}{\partial y} = 0$$

**14.7** 節で学んだように最大化解 $(x^*(\alpha), y^*(\alpha))$ はパラメータ $\alpha$ に依存しているのでそれらの関数と書くことができます．さて，その最大化解を元の目的関数に代入したものは $f(x^*(\alpha), y^*(\alpha), \alpha)$ ですが，これはパラメータ $\alpha$ の関数とみなすことができるので $g(\alpha)$ とおいてみます．このとき $g(\alpha) = f(x^*(\alpha), y^*(\alpha), \alpha)$ を $\alpha$ で微分しましょう．チェーンルールより以下のような計算がで

---

[*16] 微分が正になるということはその関数の値は増加していくということです．

きます.

$$\frac{dg(\alpha)}{d\alpha} = \frac{\partial f(x^*(\alpha), y^*(\alpha), \alpha)}{\partial x} \frac{\partial x^*(\alpha)}{\partial \alpha} + \frac{\partial f(x^*(\alpha), y^*(\alpha), \alpha)}{\partial y} \frac{\partial y^*(\alpha)}{\partial \alpha}$$

$$+ \frac{\partial f(x^*(\alpha), y^*(\alpha), \alpha)}{\partial \alpha}$$

ところが一階条件により

$$\frac{\partial f(x^*(\alpha), y^*(\alpha), \alpha)}{\partial x} = \frac{\partial f(x^*(\alpha), y^*(\alpha), \alpha)}{\partial y} = 0$$

であるので結局, 次の形になってしまいます.

$$\frac{dg(\alpha)}{d\alpha} = \frac{\partial f(x^*(\alpha), y^*(\alpha), \alpha)}{\partial \alpha}$$

このように最大化解を目的関数に代入した関数は最大化解が動く効果を無視して微分計算ができます. この結果を**包絡線定理**と呼びます.

　包絡線定理をラグランジュ関数に適用して考えましょう. 特に効用最大化問題を考えます. いま, 制約は $g(x,y) = I - p_x q_x - p_y q_y$ です. このとき, ラグランジュ関数に最適解である需要関数 $d_x(p_x, p_y, I)$, $d_y(p_x, p_y, I)$ を代入すれば次のとおりです (ただし長いので $(p_x, p_y, I)$ を省略しています).

$$L(d_x, d_y, \lambda) = u(d_x, d_y) + \lambda(I - p_x d_x - p_y d_y) \tag{15.12}$$

また予算制約を満たすこと (つまり $I - p_x d_x - p_y d_y = 0$) と間接効用関数の定義 ($v(p_x, p_y, I) = u(d_x(p_x, p_y, I), d_y(p_x, p_y, I))$) から次の事実が言えます.

$$L(d_x(p_x, p_y, I), d_y(p_x, p_y, I), \lambda) = v(p_x, p_y, I)$$

つまりラグランジュ関数の値は間接効用関数の値そのものというわけです. さてこのラグランジュ関数を $I$ で微分することを考えましょう. $L(q_x, q_y, I) = u(q_x, q_y) + \lambda(I - p_x q_x - p_y q_y)$ であったことを思い出してください. $q_x = d_x(p_x, p_y, I)$, $q_y = d_y(p_x, p_y, I)$ を代入すればこれが $v(p_x, p_y, I)$ に等しくなります. したがって間接効用関数を $I$ で微分すると式 (15.12) の右辺を $I$ で微分したものに等しくなり, それは次のように計算できます[*17].

$$\frac{\partial v(p_x, p_y, I)}{\partial I} = \frac{\partial L(d_x, d_y, \lambda)}{\partial I}$$

$$= \underbrace{\left(\frac{\partial u(d_x, d_y)}{\partial q_x} - p_x\right)}_{\text{一階条件から0}} \frac{\partial d_x}{\partial I} + \underbrace{\left(\frac{\partial u(d_x, d_y)}{\partial q_y} - p_y\right)}_{\text{一階条件から0}} \frac{\partial d_y}{\partial I} + \lambda$$

$$= \lambda$$

つまりラグランジュ乗数は「所得を少し増やしたときに間接効用がどれだけ増加するか」を表現しています．**所得の限界効用**，つまりほんの少し所得が増加したことの嬉しさを表すとも言われます[*18]．目的関数が効用関数でなく一般的なものであったとしても同じ解釈ができます．このように制約条件がわずかに緩んだときの目的関数の増分を**シャドウ・プライス**と呼び，それがラグランジュ乗数，$\lambda$ になります．

# 15.6 応用：一般均衡理論 ★

第2章では財が一種類の場合の市場均衡を考察しました．この章では財が複数ある場合に，複数の市場を同時に均衡させることを考えます．こういったことを考える理論を**一般均衡理論**と呼びます．

一般均衡理論の最も単純な形の一つは**純粋交換経済**と呼ばれるものです．この経済では複数の人々が初期に自分自身で財を保有していて，それを市場でお互いに交換します．初期に持っている財を初期保有と呼び，消費者 $h$ が持っている財 $x$ の量を $e_{hx}$，$y$ の量を $e_{hy}$ と書きます[*19]．消費者 $h$ はこの財を売りに出して，その所得を元に自分の最もほしい比率で財を購入します．し

---

[*17] 正しくは $d_x = d_x(p_x, p_y, I)$ ですが，スペースの節約のために $(p_x, p_y, I)$ の部分を省略しています．また，$\frac{\partial u(d_x, d_y)}{\partial q_x}$ は $u(q_x, q_y)$ を $q_x$ で偏微分した後に $q_x = d_x$ を代入したものです．

[*18] ラグランジュ乗数法の解説のときにはラグランジュ乗数 $\lambda$ は予算制約 $I = p_x q_x + p_y q_y$ からはみ出たときの罰則だと説明しました．この関係を考えてみましょう．所得 $I$ がほんの少し増えることと，予算をほんの少しオーバーすることは実質的には同じです．どちらにしても財の購入に使える金額がほんのちょっと増えるからですね．「罰則」の観点からすると，予算オーバーすることの嬉しさと罰則が釣り合っていないと予算は守ってくれません．したがって，罰則の大きさは予算オーバーすることの嬉しさと一致する必要があります．予算オーバーすることと所得がほんのちょっと増えることが同じであるということはわずかに予算オーバーしたことの嬉しさと所得がちょっと増えたことの嬉しさは同じはずで，それがラグランジュ乗数 $\lambda$ になるというわけです．

[*19] 添字が複雑になってきましたが $e_{hx}$ や $e_{hy}$ のそれぞれが一つの文字です．

たがってこの消費者 $h$ の予算制約は次のようになります.

$$p_x q_{hx} + p_y q_{hy} = p_x e_{hx} + p_y e_{hy}$$

ただしここでは $q_{hx}, q_{hy}$ は財 $x$ と $y$ の購入量です. さてこの経済の均衡を考えましょう. 消費者 $h$ は $I = p_x e_{hx} + p_y e_{hy}$ を所得と考え, 効用を最大化するように消費計画を決めます. この最大化解, つまり需要は $d_{hx}, d_{hy}$ で書くことにします. 財市場は均衡していなければいけません. つまりすべての人々が需要する財の合計量（これを総需要と呼びます）が元の初期保有の合計量（これを総供給と呼びます）と一致していなければいけません. つまり全体で $m$ 人いるとすれば次の二式が成立します.

$$\sum_{h=1}^{m} d_{hx} = \sum_{h=1}^{m} e_{hx} \quad \text{(財 } x \text{ の総需要と総供給の一致条件)}$$

$$\sum_{h=1}^{m} d_{hy} = \sum_{h=1}^{m} e_{hy} \quad \text{(財 } y \text{ の総需要と総供給の一致条件)}$$

これらの条件が, 価格 $p_x, p_y$ で満たされる状態を**完全競争均衡**, あるいは**ワルラス均衡**と呼びます. 一階条件を使ってワルラス均衡を表現すると, 次の条件が成り立っていなければいけません.

$$\left. \begin{array}{l} \dfrac{\partial u_h(q_{hx}, q_{hy})}{\partial q_{hx}} = \lambda_h p_x \\[2mm] \dfrac{\partial u_h(q_{hx}, q_{hy})}{\partial q_{hy}} = \lambda_h p_y \end{array} \right\} \quad \text{(消費者 } h \text{ の効用最大化の一階条件)}$$

$$\left. \begin{array}{l} \displaystyle\sum_{h=1}^{m} q_{hx} = \sum_{h=1}^{m} e_{hx} \\[4mm] \displaystyle\sum_{h=1}^{m} q_{hy} = \sum_{h=1}^{m} e_{hy} \end{array} \right\} \quad \text{(財市場の均衡条件)}$$

それでは一般均衡で達成される財配分にはどんな特徴があるでしょうか? その一つの特徴として, そのような財配分が社会的にどれだけ善いかということを調べてみます. 社会の状態の善さを判断する一つの基準には**社会厚生関数**（しゃかいこうせいかんすう）というものがあります. その中で最も有名なものの一つが**（ウェイト付き）功利主義型社会厚生関数**（こうり）と呼ばれるものです. これは次の形で表現されます.

$$W(u_1, \ldots, u_m) = w_1 u_1 + \cdots + w_m u_m$$

ここで $w_h$ は $h$ をどれだけ重視しているかを表すウェイト（重要さの程度）です．つまりは各人の効用にウェイトをつけて足し合わせたものを社会の幸福度合として測るということを考えます[20]．このときの $W(u_1, \ldots, u_m)$ を**社会厚生**と呼びます．社会厚生を最大化するように財を配分するというものは一つの社会の目標であると考えられます．

さて次のような制約付きの社会厚生最大化問題を考えてみましょう．

$$\max_{q_{1x}, q_{1y}, \ldots, q_{mx}, q_{my}} w_1 u_1(q_{1x}, q_{1y}) + \cdots + w_m u_m(q_{mx}, q_{my})$$

$$\text{s.t.} \begin{cases} \displaystyle\sum_{h=1}^{m} q_{hx} = \sum_{h=1}^{m} e_{hx} \\ \displaystyle\sum_{h=1}^{m} q_{hy} = \sum_{h=1}^{m} e_{hy} \end{cases}$$

これは全部で $\displaystyle\sum_{h=1}^{m} e_{hx}$ だけある財 $x$ と $\displaystyle\sum_{h=1}^{m} e_{hy}$ だけある財 $y$ を適切に各個人に配分して社会厚生を最大にしようという計画です．

この問題の一階条件は次のとおりです．

$$\left. \begin{array}{l} w_h \dfrac{\partial u_h(q_{hx}, q_{hy})}{\partial q_{hx}} = \lambda_x \\[3mm] w_h \dfrac{\partial u_h(q_{hx}, q_{hy})}{\partial q_{hy}} = \lambda_y \end{array} \right\}$$ （社会厚生最大化問題の一階条件）

$$\left. \begin{array}{l} \displaystyle\sum_{h=1}^{m} q_{hx} = \sum_{h=1}^{m} e_{hx} \\ \displaystyle\sum_{h=1}^{m} q_{hy} = \sum_{h=1}^{m} e_{hy} \end{array} \right\}$$ （社会厚生最大化問題の制約条件）

下の二式の社会厚生最大化問題の制約条件はワルラス均衡の財市場均衡条件と同じです．では上の二式の社会厚生最大化問題の一階条件をワルラス均衡での一階条件の二式と比べてみましょう．

---

[20] 例えばすべての $h$ について $w_h = 1$ であれば平等に各人の効用を足し合わせていますが，$w_1 = 1$ で残りの $h$ については $w_h = 0$ であれば 1 番目の人のみの効用を考える社会（あとはどうでもいい）ということになります．基本的には $w_h$ が（他者に比べて）高いとその人を重視していることになります．

$$w_h \frac{\partial u_h(q_{hx}, q_{hy})}{\partial q_{hx}} = \lambda_x$$
$$w_h \frac{\partial u_h(q_{hx}, q_{hy})}{\partial q_{hy}} = \lambda_y$$

(社会厚生最大化問題の一階条件)

$$\frac{\partial u_h(q_{hx}, q_{hy})}{\partial q_{hx}} = \lambda_h p_x$$
$$\frac{\partial u_h(q_{hx}, q_{hy})}{\partial q_{hy}} = \lambda_h p_y$$

(ワルラス均衡での一階条件)

これは $w_h = \frac{1}{\lambda_h}$, $\lambda_x = p_x$, $\lambda_y = p_y$ と考えるとこの二つの一階条件は一致します！ これは**根岸の定理**と呼ばれている結果です.

　この解釈は次のとおりです. ワルラス均衡配分は所得の限界効用の逆数をウェイトとした社会厚生関数を最大化する配分と一致します. つまり所得の限界効用が低い人を重視した配分になっています. またワルラス均衡価格は資源の制約が緩んだとき, どれだけ社会厚生が増加するかを示したものになります. つまり, ある財の価格が高いということはその財の初期保有量がほんの少しでも増えたとき, それによる社会的な幸福が増大する幅が大きいという意味になります.

# 15.7　練 習 問 題

**問題 234**　効用関数が $u(q_x, q_y) = (q_x)^{1/3}(q_y)^{2/3}$ であったとする. このときマーシャルの需要関数を求めなさい.

**問題 251**　消費者が二人（アダムとイヴ）とする. アダムの効用関数は $u_\mathcal{ア}(q_{\mathcal{ア}x}, q_{\mathcal{ア}y}) = (q_{\mathcal{ア}x})^{1/4}(q_{\mathcal{ア}y})^{1/4}$ であり, イヴの効用関数は $u_\mathcal{イ}(q_{\mathcal{イ}x}, q_{\mathcal{イ}y}) = (q_{\mathcal{イ}x})^{1/6}(q_{\mathcal{イ}y})^{1/3}$ とする. アダムの初期保有は $(e_{\mathcal{ア}x}, e_{\mathcal{ア}y}) = (0, 4)$, イヴの初期保有は $(e_{\mathcal{イ}x}, e_{\mathcal{イ}y}) = (2, 0)$ とする.

1. 与えられた価格において, アダムの需要関数を求めなさい.
2. 与えられた価格において, イヴの需要関数を求めなさい.
3. ワルラス均衡配分を求めなさい.

# 16 動学システムと最適化

## 16.1 （離散）動学システム

ある関数 $f$ について，$x_{t+1} = f(x_t)$ というように定義される数列を考えます．このような式は**漸化式**，あるいは**再帰関係式**と呼びます．また，このように決められる数列を**動学システム**と呼びます[*1]．

以下は経済学における例です．

### 蜘蛛の巣過程

価格はどのように市場均衡価格にたどり着くのか，という問いを考えます．そのため，例えば次のストーリーを考えましょう．生産者は前日の価格を見て，それが最適になる供給量を決めます．一方で，消費者はあくまで今日の価格で需要量を決めます．したがって $t$ 日目の価格を $p_t$ とすれば，$D(p_t) = S(p_{t-1})$ となるように今日の価格 $p_t$ が決まります．$D$ の逆関数[*2]を $D^{-1}$ とすれば $p_t = D^{-1}(S(p_{t-1}))$ と書けることになります．このような価格決定の過程を**蜘蛛の巣過程**と呼びます．$D^{-1} \circ S$ を $f$ とおけば価格の数列 $(p_t)_t$ は動学システムになります．

---

[*1] 力学系ともいいます．
[*2] 逆関数 $D^{-1}(q)$ とは $q = D(p)$ となる $p$ のことであることを思い出しましょう．

# 16.2 定常状態・不動点・安定性

等式 $x = f(x)$ を満たす $x$ を $f$ の不動点と呼びます。もし，動学システムにおいて $x_t$ が不動点にたどり着けばそこから動くことはありません。なぜならば，$x_{t+1} = f(x_t)$ と決まるわけですが，$x_t$ が $f$ の不動点であれば $x_t = f(x_t)$ であるので，$x_{t+1} = x_t$ となってしまうからですね。動学システムのこのような状態は**定常状態**と呼ばれます。不動点にたどり着けば定常状態のまま動かないわけで，そこが数列 $(x_t)_t$ の極限にもなります。

蜘蛛の巣過程を例にして考えます。蜘蛛の巣過程の不動点が存在したとすれば $p = D^{-1}(S(p))$ が成立します。変形すれば $D(p) = S(p)$ であり [*3]，これは市場均衡価格であることを意味します。

数列が不動点にたどり着けばそこから動かなくなりますが，それでは果たしてその不動点にたどり着くことが実際できるのかどうかについてはさらに考えるべき事柄です。その鍵となるのが安定性の概念です。動学システムにおいて，$f$ の不動点 $x^*$ が**（大域）安定的**であるとは任意の初項 $x_1$ から出発した数列の極限が $x^*$ となることを言います。これに対して，$f$ の不動点 $x^*$ が**局所安定的**であるとは初項 $x_1$ が $x^*$ に十分近いときに $x_1$ から出発した数列の極限が $x^*$ となることを言います。不動点が安定であれば，何らかのショックによって $x$ が不動点からずれたとしても，そこから始まる数列が動学システムによってまたその不動点に戻っていきます。そういった意味で，安定というわけです。

では不動点が安定となるためにはどんな条件が必要でしょうか。一つの条件は微分を使って表すことができます。一般に $x^*$ が局所安定であれば $|f'(x^*)| < 1$ です。この理由は次のとおりです。まず安定となるためには十分大きい $t$ について $x_{t+1}$ と $x_t$ の差が縮まる，つまり $|f(x_{t+1}) - x_{t+1}| < |f(x_t) - x_t|$ でなければいけません。また，安定であれば $x_{t+1} = f(x_t)$ かつ $x_{t+1} \to x^*$ となります。これより不等式 $|f(x_{t+1}) - x_{t+1}| < |f(x_t) - x_t|$ を変形すれば以下の

---

[*3] $p = D^{-1}(S(p))$ の両辺をそれぞれ $D$ に作用させれば $D(p) = D(D^{-1}(S(p)))$ であり，逆関数の性質から $D(D^{-1}(q)) = q$ であることを使います。

ような式変形ができることになります.

$$|f(x_{t+1}) - x_{t+1}| < |f(x_t) - x_t|$$

$$\Rightarrow \quad \frac{|f(x_{t+1}) - x_{t+1}|}{|f(x_t) - x_t|} < 1 \qquad \left(\text{両辺を } |f(x_t) - x_t| \text{ で割る}\right)$$

$$\Rightarrow \quad \frac{|f(x_{t+1}) - f(x_t)|}{|x_{t+1} - x_t|} < 1 \qquad \left(x_{t+1} = f(x_t) \text{ を使う}\right)$$

$$\Rightarrow \quad \underbrace{\lim_{t \to \infty} \frac{|f(x_{t+1}) - f(x_t)|}{|x_{t+1} - x_t|}}_{\text{微分の定義と同じ!}} < 1 \qquad \left(t \to \infty \text{ の極限をとる}\right)$$

$$\Rightarrow \quad |f'(x^*)| < 1$$

これに対して,不動点の大域安定性を保証する条件というものはあるのでしょうか.代表的なものは $f$ が縮小写像であるというものです. $f$ が縮小写像であるとは任意の $x, y$ について $|f(x) - f(y)| < \alpha|x - y|$ となる $\alpha < 1$ が($x, y$ のとり方に依存せず)存在することをいいます.

$f$ が縮小写像であるとき $f$ によって生み出される動学システムはどうなるでしょうか.いま, $x_t$ と $x_{t+1}$ の差 $|x_{t+1} - x_t|$ を考えます. $x_{t+1} = f(x_t), x_t = f(x_{t-1})$ であるので $f$ が縮小写像であることを繰り返し適用すれば

$$|x_{t+1} - x_t| = |f(x_t) - f(x_{t-1})| < \alpha|x_t - x_{t-1}| < \alpha^{t-1}|x_2 - x_1|$$

となります[5].したがって $t \to \infty$ とすれば $\alpha < 1$ より $\alpha^{t-1} \to 0$ であるので $x_{t+1}$ と $x_t$ の差はなくなり,1点に収束することになります[6].注目すべきはこれはどこから始まってもそうなることです.仮に初項が $x_1$ と $x_1'$ の二つ

---

[4] $t \to \infty$ とすると, $x_{t+1} \to x^*$ となります.ということは $|x_{t+1} - x_t| \to 0$ ということでもあります.つまり同じ値に収束するので差が0になるということですね.この場合, $x_{t+1} - x_t = h$ とすれば $x_{t+1} = x_t + h$ と書け, $t \to \infty$ なら $h \to 0$ が言えることになります.これにより $\lim_{t \to \infty} \frac{|f(x_{t+1}) - f(x_t)|}{|x_{t+1} - x_t|} = \lim_{h \to 0} \frac{|f(x_t + h) - f(x_t)|}{|h|}$ と書き直せることがわかります.これは微分の絶対値ですね.

[5] $\alpha|x_t - x_{t-1}| < \alpha^{t-1}|x_2 - x_1|$ の部分は次のような方法を使っています.まず $x_t = f(x_{t-1})$, $x_{t-1} = f(x_{t-2})$ であることと $f$ が縮小写像であることを使って $\alpha|x_t - x_{t-1}| = \alpha|f(x_{t-1}) - f(x_{t-2})| < \alpha^2|x_{t-1} - x_{t-2}|$ とできます.あとはこの作業を何回も繰り返せば最終的に $\alpha^{t-1}|x_2 - x_1|$ までたどり着きます.

[6] この数列のように $n, m$ の両方が無限にいくにつれ $x_n$ と $x_m$ の差が0に収束する数列をコーシー列と呼びます.

16

動学システムと最適化

だったとして，これに $f$ を何回も作用させたあとの差 $|x_{t+1} - x'_{t+1}|$ はどうなるでしょうか？ これはやはり先ほどと同じように

$$|x_{t+1} - x'_{t+1}| = |f(x_t) - f(x'_t)| < \alpha|x_{t-1} - x'_{t-1}| < \alpha^t|x_1 - x'_1|$$

となるので $t$ を十分大きくすれば $f$ によって生み出される初項の異なる二つの数列 $x_t$ と $x'_t$ は同じところに収束します．したがって，$f$ が縮小写像であればその収束先は一つの不動点にたどり着き，その不動点は大域安定であることが言えます．この結果は**バナッハの不動点定理**（あるいは縮小写像定理）と呼ばれ，経済学の至るところで応用されています[*7].

# 16.3 周期点とカオス ☆

$f(x) = y, f(y) = x$ となる点 $x, y$ を考えます．動学システムがこのような状態にたどり着くと，$x$ と $y$ を交互に繰り返すことになります．このような点は**2周期点**と呼ばれます．例えば $f(x) = 1 - x$ とすると，$f(0) = 1$ かつ $f(1) = 0$ ですので 0 と 1 は 2 周期点となります．同様に，$y_2 = f(y_1), y_3 = f(y_2), \ldots, y_1 = f(y_n)$ であり，$y_1, \ldots, y_n$ が互いに異なるとき，$\{y_1, \ldots, y_n\}$ は $n$ 周期点と呼ばれます．1 周期点は不動点です．動学システムは周期点と定常状態の他に，**カオス**と呼ばれる状態があります．これは次の条件を満たすことを言います．$x_t = f(x_{t-1})$ および $x'_t = f(x'_{t-1})$ となる数列について，$x_1 \neq x'_1$ であれば

1. 十分大きい $t$ について $x_t$ と $x'_t$ は十分離れている．
2. 十分大きい $t$ について $x_t$ と $x'_t$ は十分近づく．
3. これらの $x_t$ は $t$ が大きくても周期点から離れることがある．

例えば $f(x) = ax(1 - x)$ であるとき，この関数を**ロジスティック写像**と呼びます．$a$ が 4 に近ければカオスが発生することが知られています．**図 16.1**

---

[*7] 似たような方法で不動点がただ一つであることも示すことができます．（背理法を使って，もし二つあると矛盾が生じることを示します）

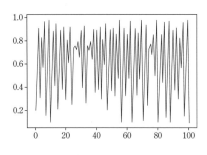

図 16.1　ロジスティック写像によって
生み出される数列の挙動

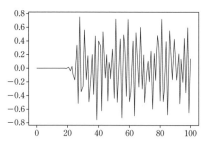

図 16.2　初期値のわずかな差による
挙動の差

はその動きを示しています．正確に言えば $a = 3.9$ のときのロジスティック写像によって生み出される数列の値を示します（横軸は $t$）．また図 16.2 は初項が 0.000001 だけ違ったとき，数列の差がどのようになるのかを示したものです．この図が示すように初項がわずかでも違えば，同じ関数によって動学システムが決まっているのにもかかわらず（初期には差がほとんどありませんが）全く異なる挙動を示します．このような性質はカオスの**初期値敏感性**と呼ばれます．一般的には 3 周期点が存在すればカオスが発生することが知られています（**李=ヨークの定理**）*8.

# 16.4　動学最適化問題 ✭

この章の最後に，時間を通じた最適化問題，いわゆる**動学的最適化問題**を考えます．例えば次のような問題を考えてください．

資産が $A$ だけあり，毎年それを切り崩して生活している人を考えます．$t$ 年の消費を $C_t$，$t$ 年までに残っている資産を $A_t$ と書くことにします．$t$ 年の消費は $A_t$ に依存することになるので $A_t$ の関数として $C_t = C(A_t)$ と書けます．そうすれば次の年の資産 $A_{t+1}$ は次のように書けます．

---

*8　3 周期点は特別で $f$ が連続かつ 3 周期点があれば任意の周期 $n$ について $n$ 周期点が存在することが知られています（**シャルコフスキーの定理**）．詳しくはグランモン（2013）などを参照してください．

$$A_{t+1} = A_t - C(A_t)$$

よって，$f(A) = A - C(A)$ と考えれば，資産の数列 $(A_t)_t$ がある種の動学システムになることを確認できます．

問題は消費者はどのように資産を切り崩すのがベストかというところで，このようなことを考えるのが動学的最適化問題です．

動学的最適化問題の一例として次のような問題を考えます．

$$\max_{x_1, x_2, \ldots} u(x_1) + \delta u(x_2) + \delta^2 u(x_3) + \cdots + \delta^k u(x_{k+1}) + \cdots$$
$$\text{s.t.} \quad x_1 + x_2 + \cdots = A \tag{16.1}$$

つまりは「資産をちょうど使い切るように目的関数を最大化する $x_1, x_2, \ldots$ を決めなさい」ということです．ただしすべての $i$ について $0 \leq x_i \leq A$ であるとします[*9]．ここでの $\delta$ は割引因子になり，この目的関数は効用の割引現在価値の総和を表していることになります．ただし消費する期間（人生）が無限に続くことに注意してください[*10]．

さて，これをどう解くかということを考えます．消費する期間が無限に続くということは変数が無限にあるのでラグランジュ乗数法は使えません．このとき，役に立つのが**ベルマンの最適性原理**と呼ばれるものです．この考えを説明するために，式 (16.1) の目的関数に注目してください．もしこの最大化問題の解が $x_1 = x_1^*$ を満たせば式 (16.1) は次のように変形できます．

$$u(x_1^*) + \delta \times \max_{x_2, x_3, \ldots} \left[ u(x_2) + \delta u(x_3) + \cdots + \delta^{k-1} u(x_{k+1}) + \cdots \right]$$
$$\text{s.t.} \quad x_2 + x_3 + \cdots = A - x_1^* \tag{16.2}$$

ただし第 2 項目の max 以降は s.t. 以下の制約条件を満たす上での $u(x_2) + \delta u(x_3) + \cdots + \delta^{k-1} u(x_{k+1}) + \cdots$ の最大値という意味です．式 (16.2) のように第 2 項目以降をカッコでくくればこの角カッコの中身は式 (16.1) と同じような問題が繰り広げられているということになります．これは $x_k$ が無限に続い

---

[*9] つまりマイナスの消費や資産総額を超える消費はできないとします．

[*10] 人生は無限には続かないと思われるかもしれませんが，これはいつ人生が終わるかわからない（$\delta$ は人生が終わる確率である）ということを表現しているとも言えます．

ていることによります．ただしこの場合は資産が $A$ から第 1 期の消費額を引いた $A - x_1^*$ になることに注意してください．制約も第 1 期の消費を除いた第 2 期から始まっています．

さてここで，達成できる効用の最大値が資産 $A$ の関数であると考えれば，そのときの最大値を以下のように $W(A)$ とおくことができます．

$$W(A) = \max_{x_1, x_2, \ldots} u(x_1) + \delta u(x_2) + \delta^2 u(x_3) + \cdots + \delta^k u(x_{k+1}) + \cdots$$
$$\text{s.t.} \quad x_1 + x_2 + \cdots = A$$

そうすると，第 2 項目以降が資産が $A - x_1^*$ である以外は式 (16.1) と同じ問題になるということより，以下の等式が言えます[*11]．

$$W(A - x_1) = \max_{x_2, x_3, \ldots} \left[ u(x_2) + \delta u(x_3) + \cdots + \delta^{k-1} u(x_{k+1}) + \cdots \right]$$
$$\text{s.t.} \quad x_2 + x_3 + \cdots = A - x_1$$

したがって，第 2 項目以降を $\delta$ でくくれば，以下のように式 (16.2) を変形できることになります．

$$W(A) = \max_{x_1} [u(x_1) + \delta \times W(A - x_1)] \tag{16.3}$$

式 (16.1) の最大化問題をこのような形に変形できることを**ベルマンの最適性原理**と呼び，式 (16.3) を**ベルマン方程式**と呼びます[*12]．またここで出てくる $W$ は**価値関数**と呼ばれます．ベルマン方程式を使った最適化問題の解法を**ダイナミック・プログラミング**（動的計画法）と呼びます．

ベルマン方程式の特徴は関数の定義の中にその関数自身が含まれていることです．こういったものは**再帰的**であるといいます．このような考え方によって動学システムにおける問題を比較的簡単に扱うことができるようになります．マクロ経済学などでは非常によく使われます．

---

[*11] ここで考える期間が無限であるというところが効いています．

[*12] 詳細は例えば Ok（2006）の Chapter E などを参照してください．

## 16.5 応用：最適貯蓄問題 ☆

ベルマンの最適性原理をどのように使うかを例を使って説明します.
$u(x) = \ln(x)$ とします. すると, ベルマン方程式は

$$W(A) = \max_x[\ln(x) + \delta W(A - x)]$$

となります. ただし, $W$ の中に $A, x$ の両方が入っているのが面倒なので
$A - x = y$ と置き換え, 問題を次のように置き換えます. これは $y$ を貯蓄額
と考えれば自然なことです.

$$W(A) = \max_y[\ln(A - y) + \delta W(y)] \tag{16.4}$$

右辺は単なる最大化問題として考えればいいので, 微分を使って考えます.
つまり以下の等式が一階条件になります.

$$\frac{1}{A - y} = \delta W'(y) \tag{16.5}$$

と言っても $W$ がどんな関数かわからないのでこれだけでは解けません. そ
こで, $W$ を適当に予想してみて, そしてそれがベルマン方程式を満たすか
どうかを確認するという方法を考えます. この手法を**推測と確認**と呼びます.
例えば $W(y) = \beta \ln(\alpha y)$ と推測します[*13]. すると式 (16.5) より一階の条件は
以下のとおりです.

$$\frac{1}{A - y} = \delta\beta\frac{1}{y} \tag{16.6}$$

式 (16.6) の解を $y^*$ とすれば $y^* = \frac{\delta\beta}{1+\delta\beta}A$ となります. これをベルマン方程式
に代入すれば以下の等式が成立することになります.

---

[*13] どこからこのような推測が出てくるのかは次のようにして考えます. まず適当な関数,
$W_0(A) = 0$ をとってきて, $W(y) = W_0(y)$ だと思って最適化問題式 (16.4) を解きます. そうすると
$\ln(A - y) + 0$ を最大化することになり, そのときの最大化解は $y = 0$ で最大値は $\ln(A - 0) = \ln(A)$
です. したがって, $W_1(A) = \ln A$ とおいて, それを $W(y) = W_1(y)$ として同じように式 (16.4) を
解きます. そうすると, そのときの最大値はある実数 $\alpha, \beta$ について, $\beta \ln(\alpha y)$ といった形になっ
ています (確かめてみましょう). これを“推測”として使用します. ちなみにそのときの最大値
を $W_2$ として, 同じように $W_3, W_4, \ldots$ と求めていけば, $W_i$ は価値関数に収束することが知られ
ており, 推測として妥当なのです (バナッハの不動点定理によって保証されます).

$$W(A) = \ln(A - y^*) + \delta W(y^*)$$

$$\Rightarrow \qquad \beta \ln \alpha A = \ln(\tfrac{1}{1+\delta\beta}A) + \delta\beta \ln(\alpha A \tfrac{\delta\beta}{1+\delta\beta}) \qquad (16.7)$$

$$\Rightarrow \qquad \beta \ln A + \beta \ln \alpha = (\delta\beta + 1)\ln A + \ln(\tfrac{1}{1+\delta\beta}) + \delta\beta \ln(\alpha \tfrac{\delta\beta}{1+\delta\beta})$$

この式がどんな $A$ についても成り立たなくてはいけないので，両辺の $\ln A$ の係数が一致するように $\beta$ の値を求めます（灰色で塗っているところを見てください）．つまり $\beta = \delta\beta + 1$，変形すると $\beta = \frac{1}{1-\delta}$ とならなければいけません．そしてそれを式 (16.7) に代入して計算すれば $\alpha = (1-\delta)\delta^{\frac{\delta}{1+\delta}}$ と計算できます[*14]．これによって，推測の式 $W(y) = \beta \ln(\alpha y)$ に求めた $\alpha, \beta$ を代入して $W(A) = \frac{1}{1-\delta}\ln(A(1-\delta)\delta^{\frac{\delta}{1+\delta}})$ が得られます．実際これはベルマン方程式を満たし，$W(A)$ が資産が $A$ のときの効用の最大値であることがわかります．

　そして，このベルマン方程式によって定義される最大化問題 $\max_{y} \ln(A - y) + \delta W(y)$ の解が最適な貯蓄額 $y$ となります．つまり，$\beta = \frac{1}{1-\delta}$ であることを使えば最適な貯蓄額は $y = \delta A$ となります．よって資産が $A$ のときの最適な消費量は $x = (1-\delta)A$ となります．これによって最適な消費量の数列を考えることができます．第 1 期に残っている資産が $A$ なので，$x_1 = (1-\delta)A$ となります．また第 1 期の貯蓄額は $\delta A$ ですので，第 2 期に残っている資産は $\delta A$ です．そうするとその $\delta$ 倍が第 2 期の貯蓄額になるので $x_2 = (1-\delta)\delta A$ であり，貯蓄額は $\delta^2 A$ となります．これが第 3 期に残っている資産になるわけですね．これを繰り返していけば第 $t$ 期に残っている資産は $\delta^{t-1}A$ であることがわかります．そしてそれを使えば $x_t = (1-\delta)\delta^{t-1}A$ となります．また，等比数列の和の公式を使い，その極限を考えれば $x_1 + x_2 + \cdots = A$ であることも確認できます．

---

[*14] 最適貯蓄額を求める上では実は $\alpha$ は必要ではありません．なので最適貯蓄額だけに興味があるのならばこの場合は $\alpha$ を求めなくてもいいです．計算の詳細はウェブ付録に載せています．

# 16.6 練習問題

**問題 253** 蜘蛛の巣過程を考える. 初日の価格を $p_1$, 需要関数を $D(p) = 10 - ap$, 供給関数を $S(p) = bp + 5$ とする.

1. $p_t$ を $a, b, p_{t-1}$ を用いて計算しなさい.

2. 蜘蛛の巣過程の不動点(つまり市場均衡)を計算しなさい.

3. 2 で求めた不動点が局所安定であるための条件を $a, b$ を用いて述べなさい.

**問題 255** $f(x) = \begin{cases} x + 1 & \text{if} \quad x \leq 1 \\ 4 - 2x & \text{if} \quad x > 1 \end{cases}$ について 3 周期点を一つ見つけなさい.

**問題 257** $u(x) = x^{1/2}$ であり, また $0 < \delta < 1$ であるとする.

$$\max_{x_1, x_2, \ldots} u(x_1) + \delta u(x_2) + \delta^2 u(x_3) + \cdots + \delta^k u(x_{k+1}) + \cdots$$
$$\text{s.t.} \quad x_1 + x_2 + \cdots = A, \quad 0 \leq x_i \leq A \ (\forall i = 1, 2, \ldots) \tag{16.8}$$

とするとき, 式 (16.8) の最大化解 $x_1, x_2, \ldots$ を求めたい.

1. ベルマン方程式を書きなさい.

2. すべての $a$ について $W_0(a) = 0$ という関数を考える. これを使って, $W_1(A) = \max_x \{u(x) + \delta W_0(A - x)\}$ と $W_1$ を定義する. $W_1$ を求めなさい.

3. 2 で求めた $W_1$ を使って, $W_2(A) = \max_x \{u(x) + \delta W_1(A - x)\}$ と $W_2$ を定義する. $W_2$ を求めなさい.

4. $W_2$ から価値関数を「推測」し, ベルマン方程式を解きなさい.

5. 式 (16.8) の最大化解 $x_1, x_2, \ldots$ を求めなさい.

# 参考・推奨書籍

本書は以下の資料に基づいています（本書の次に読むのによい本には ☆ を付しています）.

## 数学・経済数学

[1] Charalambos D. Aliprantis, and Kim C. Border（2006）*Infinite Dimensional Analysis: A Hitchhiker's Guide*, 3rd ed., Springer.

[2] Jean-Michel Grandmont（2008）"Nonlinear difference equations, bifurcations and chaos: An introduction," *Research in Economics*, 62(3), 122–177.（ジャン-ミシェール グランモン（2013）『非線型経済動学: 差分方程式・分岐・カオス』（数理経済学叢書），斉木 吉隆 訳，知泉書院）

[3] Morris W. Hirsch, Stephan Smale, and Robert L. Devaney（2012）*Differential Equation, Dynamic Systems, and an Introduction to Chaos*, 3rd ed. Academic Press.（Hirsch・Smale・Devaney（2017）『力学系入門—微分方程式からカオスまで』，桐木 紳・三波 篤郎・谷川 清隆・辻井 正人 訳，共立出版）

[4] Efe A. Ok（2006）*Real Analysis with Economic Application*, Princeton University Press.

[5] Halsey Royden and Patrick Fitzpatrick（2010）*Real Analysis*, 4th ed., Prentice Hall.

[6] 入谷 純・加茂 知幸（2016）『サピエンティア 経済数学』東洋経済新報社

[7] 内田 伏一（1986）『集合と位相』裳華房

[8] ☆ 尾山 大輔・安田 洋祐（編）（2013）『経済学で出る数学—高校数学からきちんと攻める』日本評論社

[9] ☆ 嘉田 勝（2008）『論理と集合から始める数学の基礎』日本評論社

[10] ☆ 小島 寛之（2001）『ゼロからわかる微分積分』講談社

[11] ☆ 小島 寛之（2002）『ゼロからわかる線形代数』講談社

[12] ☆ 田中 久稔（2019）『計量経済学のための数学』日本評論社

[13] 永谷 裕昭（1998）『経済数学』有斐閣

[14] 舟木 直久（2004）『確率論』朝倉書店

[15] 宮川 栄一（2022）「制約付き最大化の解法と厳密性」,『国民経済雑誌』
225 号 3 巻 31–51.

## 経 済 学

[16] Itzhak Gilboa（2009）*Theory of Decision under Uncertainty*, Cambridge University Press.（イツァーク ギルボア（2014）『不確実性下の意思決定理論』, 川越 敏司 訳, 勁草書房）

[17] Andrew Mascolell, Micheal Whinston, and Jerry Green（1995）*Microeconomic Theory*, Oxford University Press.

[18] Takashi Negishi（1960）"Welfare Economics and Existence of an Equilibrium for a Competitive Economy," *Metroeconomica*, 92–97.

[19] 伊藤 秀史・小林 創・宮原 泰之（2019）『組織の経済学』有斐閣

[20] ☆ 神取 道宏（2014）『ミクロ経済学の力』日本評論社

# 索　引

索
引

索
引

索
引

索
引

著者紹介

## 多鹿　智哉（たじか　ともや）

2012 年　神戸大学経済学部卒業
2017 年　神戸大学大学院経済学研究科博士課程後期課程修了
　　　　日本学術振興会特別研究員，一橋大学経済研究所講師，
　　　　北星学園大学講師，同准教授を経て
現　　在　日本大学経済学部准教授　博士（経済学）
　　　　主要論文

Voting on Tricky Questions, *Games and Economic Behavior*, （2022），Vol.132, pp.380–389.

Concealment as Responsibility Shifting in Overlapping Generations Organizations, *Journal of Law, Economics, and Organization*, （2022），Vol.38(2), pp.511–538.

Contribute once! Full efficiency in a dynamic contribution game, *Games and Economic Behavior*, （2020），Vol.123, pp.228–239.

経済学叢書 Introductory

## 読んで理解する 経済数学

| | |
|---|---|
| 2023 年 6 月 10 日 ⓒ | 初 版 発 行 |
| 2024 年 3 月 10 日 | 初版第 2 刷発行 |

著 者　多鹿智哉　　　　　発行者　森平敏孝

　　　　　　　　　　　　　　印刷者　小宮山恒敏

【発行】　　**株式会社 新世社**

〒151-0051　東京都渋谷区千駄ヶ谷1丁目3番25号

編集☎(03)5474-8818(代)　　サイエンスビル

【発売】　　**株式会社 サイエンス社**

〒151-0051　東京都渋谷区千駄ヶ谷1丁目3番25号

営業☎(03)5474-8500(代)　　振替　00170-7-2387

FAX☎(03)5474-8900

印刷・製本　小宮山印刷工業(株)

《検印省略》

サイエンス社・新世社のホームページのご案内

https://www.saiensu.co.jp

ご意見・ご要望は

shin@saiensu.co.jp　まで.

ISBN978-4-88384-371-8

PRINTED IN JAPAN

新経済学ライブラリ 4

# 新版 ミクロ経済学

武隈愼一 著

A5判／416頁／本体2,980円（税抜き）

初級から中級へ的確に導くことで定評あるミクロ経済学テキストの新版。金融に関する議論を追加して新たに「証券市場」の章を設け，さらに随所に記述の補充を行い，説明の仕方や構成に工夫を施して，より分かりやすく充実した内容としている。本文・図版の組版も一新し，一層の読みやすさを図った。ミクロ経済学への理解を深めることができ，大学院入学試験や公務員試験の対策に必須の書。2色刷。

【主要目次】
基礎概念と分析手法／消費者行動／企業行動／競争経済の均衡／経済厚生／不完全競争／公共経済／不確実性と情報／証券市場／国際貿易／ゲームの理論／投入産出分析

発行 新世社　　　発売 サイエンス社